Gerfried Sitar / Anna Hoffmann

MAGIE UND MACHT DES SCHREIBENS

Die schönsten Bibliotheken Österreichs

MARE BAL
TICVM.
Oost
Zee
POMERANIÆ
DVCATVS TABVLA

Gerfried Sitar / Anna Hoffmann

MAGIE UND MACHT DES SCHREIBENS

Die schönsten Bibliotheken Österreichs

Pichler Verlag

ISBN 3-85431-247-4

Pichler Verlag im Internet: www.pichlerverlag.at

Umschlag-, Buchgestaltung und Produktion: *Peter Manfredini*
Reproduktion: *Pixelstorm, Wien*
Druck und Bindung: *Druckerei Theiss GmbH, St. Stefan im Lavanttal*
Printed in Austria

ZUR GESCHICHTE DER SCHRIFT

Gotthold Ephraim Lessing schrieb einst in einem Brief an seine Schwester: „Schreibe, wie Du redest, so schreibst Du schön!" Sprache und Schrift sind seit über fünf Jahrtausenden eng miteinander verbunden und stellen wohl die beiden wichtigsten Medien in der interpersonalen Kommunikation dar. Am Wurzelpunkt der historischen Evolution der Schrift stehen „primitive" Bildzeichen aus prähistorischer Zeit. Jahrtausende vergingen, bis sich aus diesen einfachen Symbolen im Vorderen Orient die erste Buchstabenschrift – das Phönizische – konstituierte, die wiederum als Grundlage für die Entwicklung des griechischen Alphabets im 9. Jahrhundert v. Chr. diente. Dieses erste brauchbare Alphabet war wiederum das Fundament der lateinischen Schrift und stand somit am Wendepunkt der Schriftentstehung. Eine erneute revolutionäre Wende führte dann erst wieder Gutenberg im 15. Jahrhundert mit der Erfindung des Buchdrucks herbei, der die Voraussetzungen dafür schuf, dass die Kunst des Schreibens und Lesens in breiten Bevölkerungsschichten populär wurde. Die Buchdruckerkunst, die sich rasch in Europa verbreitete, bestimmte von nun an das Erscheinungsbild der Lesekultur wesentlich mit – von der Renaissance bis in die Gegenwart.

Die historisch belegbaren ältesten Zeugnisse der Schreibkunst sind so genannte „Petroglyphen", die Höhlenmalereien prähistorischer Jäger- und Sammler, die sich mit dem Lebensinhalt der Menschen dieser Zeit auseinander setzen – mit der Jagd und dem steten Überlebenskampf.

Wenn diese Zeichen auch sehr anschaulich zu schildern verstehen, so fehlt doch etwas Wesentliches – die Konvention, jene Übereinkunft, die Zeichen und Symbole allgemein verständlich macht und unmissverständlich festlegt.

Ein besonders wichtiger Fund – der Kiesel von Mas d'Azil in Südfrankreich – beweist allerdings, dass schon in der Steinzeit schriftähnliche Kurzzeichen Verwendung fanden und als Aussagemittel gedient haben. Zu den Vorstufen der Schriftentwicklung zählen auch die mnemotechnischen Zeichen zur Stützung des Gedächtnisses, zum Beispiel Wegmarkierungen, Botenstäbe zur Legitimation, die Knotenschnüre der Inka und mit aller Wahrscheinlichkeit die bemalten Kieselsteine der Jüngeren Steinzeit, die mit buchstabenähnlichen Bildern beschrieben sind. Da all diesen Gegenständen die eigentliche Bildhaftigkeit fehlt, kann und muss eine Übereinkunft vorausgesetzt werden, die dafür sorgte, dass die Zeichen allgemein verstanden werden konnten.

Wenn sich das Piktogramm durch ständige Vereinfachung zu einem stilisierten Zeichen wandelt, das zum bleibenden Symbol eines Begriffs wird, so spricht man von einem Ideogramm. Obwohl sehr abstrahiert, lassen diese Zeichen immer noch das ursprüngliche Abbild des Gegenstandes erkennen, dem nun schon ein phonetischer Wert unterlegt ist. Als Beispiel für die hoch entwickelte Bilderschrift kann die frühe chinesische Pinselschrift aufgefasst werden, bei der ähnlich klingende Worte oft mit demsel-

ben Bild ausgedrückt wurden. Die Lesbarkeit der größtenteils auf Papier und Papier-ähnlichen Stoffen geschriebenen chinesischen Texte wird zusätzlich noch durch die ungeheure Menge von Schriftzeichen erschwert – es gibt ca. 50.000 verschiedene Zeichen. Um Schreiben und Lesen zu können, war es notwendig, dass man sich mindestens 2.000–3.000 davon aneignete!

Das Schreiben mit dem Pinsel galt in China von jeher als Kunst, die den gehobenen Schichten vorbehalten war. Auch der Kaiser hat sich darin versucht. Die Kunst der chinesischen Schreiber in ihrer diffizilen Anwendung hat schließlich soweit geführt, dass auch in Teilen Chinas bereits die lateinische Schrift eingeführt wurde. Der erste chinesische Atlas in lateinischer Schrift stammt aus dem Jahre 1977 und kann wohl als Anfangspunkt von Bemühungen gesehen werden, die eine Vereinfachung der Schrift und Erleichterung im Alltag bringen sollen. Ähnliche Entwicklungen sind auch in anderen ostasiatischen Ländern festzustellen.

Die Hieroglyphenschrift des Alten Reichs: Testament des Kaiemnefert auf einem Steinblock seines Grabes in Gizeh, 5. Dynastie, 2494–2345 v. Chr.

Während des ägyptischen Feldzugs Napoleons im Jahre 1799 wurde schließlich der legendäre „Stein von Rosette“ entdeckt, dessen zweisprachige (Griechisch und Ägyptisch) und in drei Schriften (demotisch, griechisch, Hieroglyphen) abgefasste Inschrift dem französischen Sprachforscher Jean-François Champollion die Möglichkeit bot, die altägyptischen Bilderschriftzeichen, die so genannten „Hieroglyphen“ (griech. *hieros* = heilig, *glyphein* = einmeißeln), zu entziffern. Die Entstehung der Hieroglyphen verliert sich im Dunkeln einer Legende – ihr zufolge hätte der Gott Theut dem König von Theben allerlei Künste angeboten, darunter auch die Schrift. Theut hätte die Hieroglyphen als Medizin präsentiert, die das Denken steigern würde und das ägyptische Volk weiser und klüger machen sollte als alle übrigen Völker. Nach einem langen Disput soll der König, der zuerst große Bedenken hatte, schließlich eingewilligt und die Gabe des Gottes angenommen haben.

Tatsächlich erlebte auch die Hieroglyphenschrift, die etwa 700 Wort- und Silbenzeichen sowie 24 Einzellautkonsonanten umfaßte, eine Entwicklung, die vom Bilderrebus über das Ideogramm bis hin zur Begriffsschrift in Buchstabe, Silbe und Wort führte. Die Schrift ist seit ca. 3000 v. Chr. nachweisbar und war aus der ägyptischen Gesellschaft nicht mehr wegzudenken; Tempelwände und Säulen sind damit bemalt, sie findet sich aber auch in Grabkammern und an Obelisken. Die große Bedeutung der Schreiber wird uns bewusst, wenn wir die älteste Skulptur eines schreibenden Mannes betrachten, die aus 2500 v. Chr. stammt.

Ähnliche Schriftsysteme treffen wir bei den Sumerern in Mesopotamien und bei den Maya und Azteken in Mittelamerika an. Bei den Schriften dieser beiden Völker sind die bildhaften Ideogramme vorerst auf den Gegenstand, später auf das Wort bezogen, so dass eine genaue Unterscheidung ermöglicht wird. Die sumerische Schrift, ursprünglich eine reine Bilderschrift, ist wesentlich schwieriger, da die Bild-Laut-Verbindungen oft bis zur Unkenntlichkeit vereinfacht sind und identische Zeichen der Keilschrift verschiedene Idiome wiedergeben.

Von „Keilschrift“ spricht man deswegen, weil die ursprünglichen Stäbchen, mit denen in den feuchten Ton graviert wurde, durch einen Dreikantgriffel aus Bambus, Knochen oder Metall ersetzt wurden, mit dem nun kleine Keile in die Schreibunterlage eingedrückt wurden.

Der Tatsache, dass auf Ton und nicht z.B. auf Papyrus geschrieben wurde, ist es zu verdanken, dass viele Tausende dieser Tafeln von Archäologen geborgen werden konnten, weil sie bei Eroberungen nicht in der Feuersbrunst verbrannt sind. Dagegen sind die über 700.000 Papyrusrollen der weltberühmten Bibliothek von Alexandria zum größten Teil von den Flammen geraubt worden.

Eine der schönsten und ausdrucksstärksten Bilderschriften stammt aus der minoischen Hochkultur Kretas. Sie erinnert sehr stark an die ägyptischen Hieroglyphen, ist genauso formvollendet, aber völlig unabhängig davon entstanden. Der Diskus von Phaistos ist das wichtigste Dokument dieser Periode, doch es ist den Wissenschaftlern bis heute nicht gelungen, diese Schriftzeichen zu deuten.

Die Schrift wurde zum Gedächtnis: römische Grabinschrift für die Christin Ursa, Ovilava, um 400 n. Chr.

Wenn die Bild-Begriffs-Schriften auch einen wesentlichen Beitrag zur Entwicklung der Schrift geleistet haben, so sind sie dennoch sehr ferne von der Buchstabenschrift, die für jeden sprachähnlichen Laut ein Zeichen festlegt. Dies leistet erstmals die aus 22 Konsonanten bestehende phönikische Schrift, die von den Griechen übernommen und schließlich von den Römern zum „lateinischen Alphabet“ gewandelt wurde.

Mit der Expansion des Imperium Romanum gelangte die Schrift in sämtliche Provinzen und erfuhr schließlich durch die Christianisierung ihre Ausdehnung auf das gesamte Abendland. Bereits unter den Karolingern ist die lateinische Schrift bindend für die Wiedergabe verschiedenster Nationalsprachen des Reiches. Durch Handel und Schifffahrt gelangte die Schrift in viele Teile der Welt und löste bodenständige Schriftsysteme ab. Durch Missionierung und der damit verbundenen Errichtung von Schulen, erreichte die Schrift auch Gebiete, die von schriftlosen oder nur bedingt schriftkundigen Naturvölkern bewohnt wurden.

Neben der heute am weit verbreitetsten lateinischen Schrift sind auch andere Lautsysteme bekannt – die kyrillische Schrift in Russland und in den Staaten der ehemaligen Sowjetunion sowie im Balkanraum oder die arabische Schrift im Kulturbereich des Islam. Wie das Phönizische und alle semitischen Schriften sind auch die arabischen linksläufig. Zudem kann das Bilderverbot der Araber als maßgeblich dafür gesehen werden, dass die arabischen Schriften über besonders kunstvolle Buchstaben verfügen und so einen Ausgleich schaffen. Während das lateinische Alphabet sich auf wenige Buchstaben beschränkt, die in Kombination miteinander ein ausgeklügeltes System ergeben, so sind diese Schriften durch größere Komplexhaftigkeit und komplizierte Regeln bestimmt.

In Europa wurden in der Antike neben der altbewährten Papyrusrolle Holztäfelchen verwendet, die mit einer Wachsschicht überzogen waren. Mehrere dieser Täfelchen wurden durch einen Lederriemen miteinander zu Büchern verbunden. In Pompeji hat sich ein Bild einer Schreiberin aus ca. 50 n.Chr. erhalten, das ein solches Holztafelbuch zeigt. Ebenso ist das Schreibgerät zu sehen – ein Metallgriffel, mit dessen spitzem Ende die Buchstaben eingegraben und mit dessen flachem Pol etwaige Fehler wieder geglättet werden konnten. Die Römer bezeichneten diesen Griffel als *„Stiltus“* – das Wort lebt heute im „Federstiel“ weiter. Die Griechen dagegen brauchten für den Griffel das Wort γραφειν (graphis), und auch dieser Ausdruck taucht heute bei der „Graphik“ wieder auf.

Bei Griechen und Römern hat sich nach anfänglichen Schwierigkeiten die Rechtsläufigkeit der Schrift durchgesetzt. Der *lapis niger* (Schwarzer Stein), der die älteste lateinische Steininschrift trägt, zeigt ein Wechseln der Laufrichtung von Zeile zu Zeile.

Das Geheimnis der Schreibkunst war von jeher mit Macht und Ansehen verbunden und gewann innerhalb der Gesellschaft einen immer größeren Stellenwert, hielt Einzug in Politik und Wirtschaft, Wissenschaft und Kunst.

Es ist nicht zuletzt der Schrift zu verdanken, dass uns die Geschichte überliefert und tradiertes Wissen bekannt ist. Schrift ist aber auch ein Ausdruck der Persönlichkeit, die viel über Eigenschaften und Charakter einer Person aussagen kann und so zu einer persönlichen Note wird.

MÖNCHTUM UND MITTELALTERLICHE BILDUNGSTRADITION

„Die Mönche sollen studieren und Bücher abschreiben! Wer nämlich durch das Buch die Menschen zu Gott führt, tut Gutes, auch wenn er in der Ferne weilt, und er ist, obwohl an einen einzigen Ort gefesselt, dennoch in vielen Gegenden gleichzeitig anwesend.“[1] So formuliert der spätantike Geschichtsschreiber Cassiodor *(Cassiodorus)* zu Squillace in Kalabrien um 485 n. Chr. die Legitimation der Schreibkunst in den Klöstern. Es ist die Zeit, in der Benedikt, der Gründer des Benediktinerordens, in Nursia geboren wird. Später sollten es vor allem die schwarzen Mönche Benedikts sein, die der Kunst des Bücherschreibens besondere Aufmerksamkeit widmeten und so gewissermaßen zu den Rettern antiken Kulturguts wurden.

Zurück zu Cassiodor: Er spielt in der Geschichte abendländischen Mönchtums eine zentrale Rolle und trug wesentlich dazu bei, dass die Klöster die vornehmsten Bildungsstätten des frühen und hohen Mittelalters wurden. Cassiodor sammelte Mönche um sich, denen er das Studium und die Wissenschaft sowie das Abschreiben von Büchern zur Pflicht machte.

Das Imperium Romanum hatte zu diesem Zeitpunkt sein heidnisches Gewand längst abgelegt, und seit dem Toleranzedikt von Mailand 313 unter Kaiser Konstantin (306–337) hatte der Staat ein christliches Gepräge erhalten.

Der Verfall des römischen Imperiums war nicht mehr aufzuhalten. Als Kaiser Konstantin der Große 330 seine Residenz von Rom nach Byzanz verlegte, war damit der Weg für das emporstrebende Papsttum geebnet. Die Päpste wurden Quasi-Regenten. All diese Umstände begünstigten das Wachsen und Blühen der Klöster. Schließlich kann das Jahr 529 als tiefe Zäsur in der Geschichte des Bildungswesens aufgefasst werden: Mit der Schließung der Universität von Athen und der Gründung des Klosters Monte Cassino ging der Bildungsauftrag endgültig von weltlicher in geistliche Hand über.

Ähnlich wie der spätantike römische Staat um sein Überleben kämpfte, indem er neue wirtschaftliche und gesellschaftliche Verhältnisse geschaffen hatte, so lässt sich auf literarischer Ebene eine Synthese von Niedergang und Kontinuität erkennen. Das Imperium Romanum besaß seit jeher ein blühendes Bibliothekswesen, das sich einerseits im privaten Bereich ansiedelte, andererseits aber auch öffentlichen Charakter hatte, da bei Bädern, Tempeln und ähnlichen öffentlichen Gebäuden jeweils Bibliotheken eingerichtet waren. Die zunehmende Christianisierung und Hinwendung zu anderen Kulturen führte schließlich zu einer Vernachlässigung der profanen Literatur. Der Historiograf Ammianus Marcellinus prägte am Ende des 4. Jahrhunderts den Ausspruch: „Wie Gräber sind die Bibliotheken Roms verschlossen!“ Obwohl es unter der Herrschaft Konstantins des Großen in Rom bereits 28 Bibliotheken gab, wurden sie kaum benutzt, da die immer mehr zum Christentum tendierende Bevölkerung diese „heidnischen Tempel“ mied.

Gewissermaßen als Ausgleich zur römisch-„heidnischen“ Literatur bemühte sich das junge Christentum um adäquaten Ersatz. Bedeutende Schriftsteller wie Augustinus, Ambrosius und Hieronymus öffneten in ihren Werken neuen Aspekten das Tor zur Welt. Diese Autoren schätzten aber die alten Schriftsteller keineswegs gering, sondern gaben ihr Wissen um die Werke altrömischer Literatur an ihre Schüler weiter.

Seit dem späten 4. Jahrhundert traten neben die Rhetorenschulen christliche Schulen, die einerseits klassische Bildungsideale, andererseits aber auch christliche Bildung vermittelten. Da diese Schulen meist im Besitz der Stadtbischöfe waren, richtete sich das Bildungs- und Lehrniveau vor allem nach dem Zeitgeist und der subjektiven Favorisierung einzelner Wissensbereiche durch den Bischof. In manchen christlichen Schulen wurde die klassische antike Literatur sehr intensiv gepflegt, was dazu führte, dass man ein Wiederaufkeimen des „Heidentums" befürchtete. So wurde im 7. Jahrhundert Desiderius von Vienne vom Papst getadelt, weil er zu häufig in seinen Predigten die „heidnischen" Grammatiker zitierte.

Das Umfeld, in dem sich nun Schrifttum und Buchkunst entwickelte, war geprägt von aufstrebenden Städten mit oft hochstehendem Handwerk, das nicht nur die Versorgung des eigenen Marktes garantierte, sondern weit über die Grenzen desselben hinausreichte. Einen bedeutenden Einbruch erlebte diese Entwicklung allerdings, als Wirtschaftsdepression und Bevölkerungsschwund die Bedeutung der Städte minderten und der europäische Westen sich zu einem vorwiegend agrarisch ausgerichteten Territorium wandelte. Bis zu diesem Zeitpunkt oblag das Schulwesen und die Vermittlung von Bildungsgut vorwiegend den Städten. Mit dem Niedergang der Städte musste diese Aufgabe von anderen Kräften wahrgenommen werden.

Kyrillische Handschrift. Seite aus dem „Chronikon" des Joannes Zonaras, Anfang 16. Jh., Österreichische Nationalbibliothek, Codex slav. 126

Cassiodor war der Überzeugung, dass nur der Ausgleich zwischen Germanen und Romanen der antiken Kultur eine Überlebenschance einräumte. Und seine These wurde von den Staatsmännern dieser Zeit aufgenommen. König Theoderich war bemüht, diese Gegensätze zu überbrücken. Nach dessen Tod 526 war Cassiodor einer der einflussreichsten Leute am ostgotischen Hof und beeinflusste nachhaltig das politische und gesellschaftliche Geschehen. Er ließ von den Hofbeamten, vor allem vor Juristen, um etwa 430 alle Quellen römischen Rechts sammeln, damit sie nicht verloren gingen.

Cassiodor war aber auch selbst Schriftsteller. Als 553 der letzte ostgotische König Teja durch Justinian I. vertrieben wurde, zog sich Cassiodor 554 auf seine Güter nach Kalabrien zurück. Dort verfasste er die berühmte *Chronica,* ein Werk über die römische Geschichte, sowie zwölf Bücher zur Geschichte der Goten. 538 folgte Variae – ein Schriftwerk, das sich mit den Taten und der Politik Theoderichs und seiner Nachfolger beschäftigt. Bis zu seinem Tod 580 (!) verfasste er noch zahlreiche Werke.[2] Sein wichtigstes Verdienst ist aber die Gründung des „Klosters" Vivarium. Dort sammelte er Gleichgesinnte um sich, die fern von lebenserhaltenden Sorgen, sich der Kunst des Schreibens widmen konnten. Vor allem lag Cassiodor die Schaffung zuverlässiger Bibeltexte mit entsprechenden Kommentaren am Herzen. Es wurden aber auch die alten Schriften wie etwa die *Jüdischen Altertümer* eines Josephus Flavius ins Lateinische übersetzt.

Mit dem Tod Cassiodors endete das Leben in Vivarium. Die Bücher kamen in den Lateran – was aber lebendig blieb, ist die Idee des Klosters als Bildungsinstitut.

Der Ursprung des Mönchtums führt uns in die griechische Welt. Von Ägypten und Syrien aus erfasste es nach und nach die westlichen Gebiete.

Ein wesentliches Zentrum der Christianisierung und der damit verbundenen Bildungstradition war Lerins, auf einer Insel vor der Küste der Provence, das um 410 von Bischof Honoratus von Arles gegründet wurde. Die bedeutende Schule brachte große Bischofsgestalten hervor. Auch der heilige Patrick, der Apostel der Iren, erhielt hier seine Ausbildung.

Seit dem 5. Jahrhundert breitete sich das Christentum in Irland aus, das sich dort ganz deutlich vom Festland unterschied. Es gab keine Städte, die zentrale Leitungsfunktionen übernahmen, sondern Brennpunkte des geistlichen Lebens waren die Klöster, denen nicht nur die Mönche, sondern auch die Bischöfe unterstanden. Die eigentlichen Leiter der Kirche waren die Äbte.

Die individuelle Bildungstradition der irischen Klöster zeichnete sich vor allem durch das eigene Gepräge des Studiums aus. Das Latein richtete sich strikt nach klassischen Vorbildern der Antike und den christlichen Literaten der Spätantike. Bald waren die Klöster Bildungknotenpunkte ersten Ranges, in denen bedeutende Handschriften entstanden, die sich in ihrem Schriftbild prägnant von der kontinentalen Form entstanden. Erstmals traten kunstvoll gestaltete Ornamente und Bildschmuck auf.

Das Wesen des irischen Mönchtums war von starkem missionarischen Eifer geprägt. Die Mönche verließen in Gruppen ihre Inselklöster, um das Festland zu missionieren. So wurden die irischen Mönche zu Erneuerern des Christentums in Frankreich. Einer der bedeutendsten Vertreter des irischen Mönchtums wurde der heilige Kolumban, der bis 591, 30 Jahre lang als Lehrer in seinem Kloster wirkte, bevor er mit 12 Gefährten nach Gallien kam, wo er nach Bitten des Merowingerkönigs Childebert das Kloster Anegray gründete. Der Ruf dieser neugeschaffenen Zelle der Bildung verbreitete sich rasch und zahlreiche Gelehrte schlossen sich dem Heiligen an. Es folgte die Gründung von Luxeuil und Fontaines – alle drei waren im burgundischen Teil des Frankenreiches gelegen. Nach dem Tod Childeberts wurde Kolumban vertrieben und flüchtete nach Oberitalien, wo er das Kloster Bobbio errichtete. Wie Luxeuil wurde auch Bobbio eines der bedeutendsten Sammelbecken der Schreibkunst und des Bibliothekswesens des Mittelalters.

Illustration aus den karolingischen Kapitularien der Stiftsbibliothek St. Paul im Lavanttal, 9. Jh. (HS4/1)

Seit dem Beginn des 7. Jahrhunderts war in England die große Missionierung im Gange. Papst Gregor der Große (592–604)[3] entsandte Benediktinermönche, deren Hauptauftrag darin bestand, die christliche Lehre zu verkünden, aber auch Wissenschaft und Bildung zu vermitteln.

Das benediktinische Mönchtum erfreute sich umfassender Förderung durch die Päpste und konnte sich so rasch ausbreiten. England war binnen kürzester Zeit christlich – und Zentren wie Canterbury und York sowie Malmebury und Wearmouth-Yarrow wurden Nabelpunkte des Schul- und Bildungswesens, die vor allem ihrer reichen Bibliotheken wegen, bedeutend waren.

Papst Gregor III. beauftragte den angelsächsischen Missionar und Benediktinermönch Winfried Bonifatius mit der Mission der Germanen. 732 weihte er ihn zum Erzbischof und festigte damit seine Stellung. Es folgte die Ernennung zum Päpstlichen Legaten. Bonifatius organisierte das Kirchenwesen in Bayern, Hessen und Thüringen, gründete neue Bistümer in Mitteldeutschland und errichtete Klöster. Es war nicht leicht für Bonifatius gegen den Strom zu schwimmen und gegen den großen Widerstand der ansässigen Bischöfe und Kleriker seine Reformen durchzusetzen. Vor allem galt seine Sorge der Bildung und entsprechenden Schulung der Geistlichen, die auch das Schreiben lernen sollten sowie die lateinische Sprache. Erst nach seinem Tod, am 5. Juni 754[4], griffen seine Bemühungen. Mit dem Aufschwung der Klöster im 8. Jahrhundert, rückte das Studium und damit die Pflege der Bücher wieder in den Vordergrund. Vor allem die größeren monastischen Zentren verfügten über Schreibschulen, in denen Bücher nicht nur für die eigene Bibliothek angefertigt wurden, sondern auch im Auftrag fremder Besteller. Angelpunkte der Buchherstellung waren vor allem das Inselkloster Reichenau und St. Gallen, später auch die Schreibschulen in Benediktbeuern, Freising, Regensburg und Salzburg.

Hauptaugenmerk der mittelalterlichen Buchkunst lag natürlich im Gebrauch der Klöster auf theologischen Werken, insbesondere auf Abschriften der Bibel. Daneben fanden aber auch Vertreter der klassischen Literatur wie Cicero und Seneca, Horaz, Vergil und Ovid, um nur einige zu nennen, das Interesse der Bibliothekare. Dazu gesellten sich Schulautoren wie Donat und Priscian oder Martianus Capella, Schriftsteller der Spätantike, sowie die Werke der christlichen Schriftsteller und Dichter des Altertums.

Um den Aufbau und die entsprechende Ausstattung einer Bibliothek zu garantieren, bedurfte es regen Austausches der Bücher unter den Klöstern. So ist es zu erklären, dass sich Schriften aus Reichenau in St. Gallen, Salzburg und Fulda oder Bücher aus St. Gallen zum Beispiel auf der Reichenau befanden.

Auch weltliche Herrscher richteten sich Bibliotheken ein. So weiß die Geschichte von der Schriftensammlung Karls des Großen zu berichten, die in Aachen beherbergt wurde. Die Menge der Bücher soll so groß gewesen sein, dass der Gelehrte Alkuin eingestehen musste, nicht alle zu kennen.[5]

Nach dem Tod Kaiser Karls 814 führten die Bischöfe Ebo von Reims (816–835, erneut 840–845) und Drogo von Metz (823–855) sowie die Äbte Hilduin von St. Denis und Vivian von Tours sein Bildungsprogramm weiter und traten als Mäzene der Schulen auf.

König Karl II. der Kahle (843–875) unterhielt sogar eine Hofschule, aus der bedeutende Werke der Buchmalerei stammen – wie das Gebetbuch Karls des Kahlen oder der *Codex Aureus* von St. Emmeram.[6]

Unter Bischof Baturich von Regensburg (817–872) erreichte die Buchmalerei in St. Emmeram ihren Höhepunkt, während in St. Gallen die Glanzzeit der Bibliothek unter Abt Grimalt (841–872) einsetzte. In dieser Zeit verfügten die Klöster bereits über gewaltige Bibliotheken. Aber auch Privatpersonen konnten einen ansehnlichen Bücherschatz ihr Eigen nennen.

Seit der 2. Hälfte des 9. Jahrhunderts setzte ein starkes Nachlassen in der literarischen Tätigkeit und in der Produktion der Bücher ein. Das mag wohl darin begründet sein, dass nun der Hof kein großes Interesse mehr zeigte und so die nötigen und richtungsweisenden Impulse fehlten.

Die Wurzeln dieser Entwicklung reichen aber wesentlich weiter zurück und sind bereits in der ersten Hälfte des 9. Jahrhunderts zu suchen. Nach dem Tod Karls des Großen kam sein Sohn Ludwig der Fromme auf den Thron. Er war zwar sehr gebildet, doch fehlte ihm die entscheidende Durchsetzungskraft. Nach seinem Tod entbrannte zwischen seinen Söhnen ein unerbittlicher Kampf um die Herrschaft im Reich. 843 wurde zu Verdun eine Teilung des Reiches in Ostfranken und Westfranken vorgenommen. Aber damit war der Kampf noch nicht zu Ende gefochten. Nach dem Tod Karls III., dem es gelungen war, das Reich wieder unter seine Herrschaft zu bringen, erfolgte eine neuerliche Teilung. Herzog Arnulf von Kärnten übernahm den Osten, während sich der Westen Graf Odo von Paris zum König krönte.

Arnulf von Kärnten gelang es aber 896 die Kaiserkrone zu erwerben und damit die Oberhand zu gewinnen. Mit dem Tod Arnulfs im Dezember 899 ging die Karolingerherrschaft in Ostfranken zu Ende, da Ludwig, der Sohn Arnulfs, viel zu schwach war, um das Reich zu halten, die Übergriffe von außen wurden immer stärker und massiver, vor allem von Seiten der Normannen, die mit ihren schnellen Schiffen von Skandinavien aus die Meere befuhren und auf den Flüssen weit in das Land vorstießen. Sie brandschatzten und plünderten Klöster und Städte; 853 fiel ihnen Tours in die Hände, das sich von diesem schweren Schlag nicht wieder erholte. Italien und die Provence litten dagegen unter den stetigen Übergriffen der Sarazenen, und aus dem Osten stießen die Ungarn bedrohlich gegen Mitteleuropa vor.

Erst Otto dem Großen (936–973) gelang es endgültig, das Königtum zu stärken. Durch geschicktes politisches Agieren und oftmaliges schiedsrichterliches Auftreten im Streit anderer Herrscher gewann er an Ansehen und Einfluss und dieses Charisma brachte ihm schließlich im Februar 962 sogar die Kaiserkrone. Die Bischofssitze wurden nun nicht nur Stützpunkte des Königtums, sondern wuchsen auch immer mehr zu bedeutenden Bildungszentren. Erzbischof Brun von Köln, ein Bruder Ottos, zeichnete sich als besonderer Förderer von Wissenschaft und Bildung aus. Die Kathedralschulen von Magdeburg, Worms und Würzburg erlangten „Weltruhm". Vor allem die Klöster hatten über die Jahre der Wirren und des politischen Niedergangs die Wissenschaften bewahrt und waren in ottonischer Zeit – am Ende des 10. Jahrhunderts – maßgeblich für eine Renaissance des Bildungswesens und der Kunst eingetreten.

Als um 910 Herzog Wilhelm von Aquitanien seine burgundischen Besitzungen zu Cluny an Abt Berno von Beaume verschenkte, war der Grundstein für die wohl größte monastische Bewegung aller Zeiten gelegt – die Cluniazenser Reform. Diese Reform, die im Sinne der Benediktusregel einen maßvollen Ausgleich von Gebet und Arbeit propagierte, wurde in hunderten von Klöstern aufgenommen. Vor allem richtete man sich gegen das so genannte „Eigenkirchenwesen". Nach und nach verloren weltliche Obere ihren Einfluss auf die Klöster, die direkt dem Papst unterstellt wurden. wonach weltliche Obere ihren Einfluss auf die Klöster verloren und diese direkt dem Papst unterstellt wurden. Cluny wurde zum Paradebeispiel, und nacheinander unterstellten sich viele andere Klöster dem päpstlichen Schutz.

Für die Erneuerung in Deutschland wurde Gorze (Lothringen) maßgebend, das von Bischof Adalbero von Metz 933 dem Kleriker Johannes und seinen Gefährten übergeben wurde. Auch hier fasste der Gedanke von Cluny Fuß. Durch die Förderung des Bischofs und hochadeliger Familien erblühte Gorze bald zu neuem Leben und wurde zum Mittelpunkt einer geistlichen Erneuerung, die weit über die Metzer Diözesangrenzen hinausreichte.

Schon ein Jahr nach der Neugründung der Abtei kamen Mönche aus Gorze nach St. Maximin in Trier, das ebenfalls sehr rasch zu neuen Kräften gelangte. Nun ging es Schlag auf Schlag – ein Kloster nach dem anderen schloss sich der Bewegung an. Mit der kontinuierlichen Ausbreitung der Mönchsreform und der in sie verwobenen Revitalisierung der *Regula benedicti* gelangte auch das mönchische Bildungsideal zu neuer Blüte und die Kunst der Schrift zu neuen Höhepunkten.

Die mittelalterliche Schreibstube

„Wie schwer ist das Schreiben: es trübt die Augen, quetscht die Nieren und bringt zugleich allen Gliedern Qual. Drei Finger schreiben, aber der ganze Körper leidet …" So beschreibt ein Mönch im 8. Jahrhundert seine Arbeit.

Bevor durch Johannes Gutenberg im 15. Jahrhundert die Buchdruckerkunst[7] erfunden wurde (die eigentlichen Erfinder waren die Chinesen) waren Bücher ein kostbares Gut, das nur gehobenen Schichten und Klöstern zugänglich war.

Bis zum 12. Jahrhundert waren es vorwiegend die Klöster, in denen die Bücher abgeschrieben und vervielfältigt wurden. So gehörte zu jedem gut ausgestatteten Kloster das sogenannte Skriptorium – die Schreibstube. Die Beschäftigung mit der Schreibkunst hatte einen bedeutenden Stellenwert innerhalb des Mönchsverbandes und berief sich vor allem bei den Benediktinern auf die Regula Benedicti, die der geistigen Tätigkeit neben dem Gebet große Bedeutung zumaß.

Im 48 Kapitel der um 529 entstandenen Regel wehrt sich Benedikt gegen geistige Trägheit und Müßiggang und verpflichtet die Brüder, sich der Lesung und dem Studium zu widmen. Zu dieser Beschäftigung gehörte nach

Der Dominikaner Vincenz von Beauvais, Autor der bedeutendsten Enzyklopädie des Mittelalters, in seiner Schreibstube. Französische Buchmalerei, 15. Jh.

der Auffassung Benedikts auch das Abschreiben bedeutender Texte.

Die sich durch die Regel ziehende Ermahnung zur Disziplin, trifft vor allem für die Schreiber zu. Um gut lesbare Bücher zu verfertigen, war es für den Schreiber unerlässlich, dass er seine ganze Konzentration aufbrachte, um den Text fehlerfrei und gleichmäßig niederzuschreiben.

Das Ergebnis war stark an Fleiß und Können eines Schreibers gebunden. So gab es welche, die tatsächlich jahrelang über einem Werk saßen und andere, die binnen weniger Tage Meisterleistungen vollbrachten. So wird überliefert, dass der Ire Columba um 680 das *Book of Durrow* (248 Blatt) in nur 12 Tagen geschrieben habe.

Im 13. und 14, Jahrhundert legten die Lehrer an den großen Universitäten wie Paris, Bologna, Oxford und Neapel großen Wert darauf, dass die Texte nicht verfälscht wurden. Sie ließen daher von jedem Text ein korrigiertes Exemplar herstellen, das später unter der Aufsicht eines vereidigten Schreibstubenleiters kopiert wurde. Die Schreiber selbst übten ihre Kunst als Beruf aus.

Eine Papiermühle mit Bütte und Hammerstampfwerk. Holzschnitt von Elias Porzelius in „Curiöser Spiegel …", Nürnberg 1689

Im Verlauf der Zeit fächerte sich der Beruf des Schreibers weiter auf: Neben Mönchen und Nonnen waren es nun Weltgeistliche, Notare, Berufsschreiber aus dem Kleriker- und Laienstand, Lehrer und Studenten, die zur Feder griffen.

Geschrieben wurde vorzugsweise auf Pergament. Es hatte sich als geschmeidiges und haltbares Material bereits im 4. Jahrhundert gegen das brüchige Papyrus durchgesetzt. Der Name deutet bereits darauf hin, dass der Ort seiner „Entdeckung" Pergamon ist. Nachdem die Ptolemäer, die Nachfolger Alexanders des Großen, auch im Bildungsbereich einen Monopolanspruch erhoben und dem Aufbau einer großen Bibliothek in Pergamon entgegenwirken wollten, verboten sie die Ausfuhr von Papyrus aus Ägypten. König Eumenes II. (197–158) ließ nun nach einem geeigneten Ersatzmaterial suchen – und fand es in der gekalkten Tierhaut. Mit dem Verdrängen des Papyrus verschwand auch allmählich die Form der Buchrolle und machte dem Buch mit Seiten und einem festen Deckel Platz.

Erst im 13. Jahrhundert erfolgte die Ablöse des Pergaments durch Papier, das schon lange Zeit zuvor in China erfunden wurde.

Es gibt einige bildliche Darstellungen, die von der aufwendigen Herstellung der Bücher berichten. Am bekanntesten sind die Federzeichnungen einer Bamberger Ambrosiushandschrift aus dem 2. Viertel des 12. Jahrhunderts. In Medaillons werden nahezu alle Tätigkeiten gezeigt, die bei der Buchherstellung maßgeblich waren – die Konzeption, das Präparieren des Pergaments, die Zuspitzung der Gänsefeder, die Falzung der Blätter, das Heften, das Zurechthauen des hölzernen Buchdeckels (wurde nachher mit Leder überzogen) und das Anbringen der Schließen und Beschläge.

Das Buch *De diversis artibus* („Über die verschiedenen Künste") gibt im Rezept 37 an, wie man Tinte gewinnt. Als Rohmaterial dienten die Dornen des Weißdornstrauches, die, bevor sie in Wasser eingelegt wurden, ein paar Tage ablagen. Das rotbraun verfärbte Wasser wurde nun mit Rinde versetzt aufgekocht. Dieser Vorgang musste einige Male wiederholt werden, bis die Rinde völlig ausgelaugt war. Den Abschluss bildete das Einkochen der „Brühe" mit Wein – und die spätere Trocknung in der Sonne. Um mit der Tinte schreiben zu können, musste sie in Wein aufgelöst werden. Durch Beimengung verschiedener Stoffe konnten reiche Farbnuancierungen erreicht werden.

Neben der in verschiedenen Brauntönen verwendeten Weißdorntinte, gab es Tinten, die aus Ruß mit Zusatz von Gummi hergestellt wurden. Diese Tinten haben gegenüber den Brauntinten den Vorteil, dass sie nicht ausbleichen – wohl aber feuchtigkeitsempfindlich sind.

Seit dem 3. Jahrhundert verwendete man die so genannte Eisen-Gallus-Tinte. Sie besteht aus metallischen Salzen (Eisen- und Kupfersulfat), Gerbstoffen (z.B. Galläpfeln), Bindemitteln (Gummi), Lösungsmitteln (Wasser, Essig, Wein oder Bier) und verschiedenen Zusätzen. Diese Tinten sind wischfest, verbleichen aber leicht und greifen den Beschreibstoff an.

Die Ausgestaltung von Initialen, einzelnen Wörtern oder Überschriften wurde mit eigenen Tinten vorgenommen. Heute noch hat sich das Wort „Miniatur", das nichts mit einer kleinen Handschrift oder Zeichnung zu tun hat, erhalten. *Minium* oder *Mennige* war das Pigment, aus dem man die ziegelrote Farbe gewonnen hatte, mit der die „Rubriken" *(rubrum* – lat. rot) geschrieben wurden. Neben der roten Tinte stand noch eine blaue, grüne und seltener eine gelbe Tinte zur Ausführung der Buchstaben in Verwendung.

Ganz besonders schöne Blätter wurden mit Gold- und Silbertinten gearbeitet. Man unterscheidet bei diesen Tintenarten reine Gold- und Silbertinten aus den Edelmetallen, Tinten aus Gold oder Silber, die mit metallischem oder nicht-metallischem Füllmaterial versetzt sind und Ersatztinten aus anderen Metallen, pflanzlichen, tierischen oder mineralischen Stoffen. Beliebt waren auch Gold- und Silberschriften aus Blattmetall (Blattgold), die seit dem 13. Jahrhundert verwendet wurden und jeder Handschrift eine besonders feierliche Note verliehen.

Im Laufe der Zeit gesellten sich zu dargestellten Schreibmaterialien noch andere hinzu, die sich im Wesentlichen aber an den alt überlieferten Techniken orientierten.

Die Schreibstuben in den Klöstern waren sehr oft dunkle Räume, die nur schwach vom Sonnenlicht erhellt wurden. Daher ist es auch nicht verwunderlich, wenn sich der eingangs erwähnte Mönch aus dem 8. Jahrhundert über seine Tätigkeit beklagte. Mit der Erfindung des Buchdruckes verloren die Schreibstuben allmählich an Bedeutung und machten den großen Druckereien Platz.

GUTENBERG UND DER BUCHDRUCK

Vieles wäre ohne den Buchdruck nicht möglich gewesen: Die Werke bedeutender Dichter wären nur einer kleinen Schicht zugänglich gewesen; Kolumbus hätte den Seeweg nach Amerika nicht gefunden; und die Thesen Luthers wären zweifellos unbeachtet im Äther der Geschichte verhallt. Über die Eckdaten des Lebens von Gutenberg, der eigentlich Johannes Gensfleisch hieß, wissen wir wenig; sein Geburtsdatum wird um 1400 vermutet und selbst sein Todestag kann nicht eindeutig durch schriftliche Quellen belegt werden (3. Februar 1468). Dazwischen aber entspann sich ein sehr bewegtes Leben als Erfinder und Kaufmann. Vermutlich studierte Gutenberg an der Universität von Erfurt, wo eine Eintragung aus 1418 Rückschlüsse erlaubt. Zwischen 1434 und 1448 begegnen wir ihm in Straßburg, das zu den größten und weltoffensten Städten gehörte. Historische Quellen belegen, dass Gutenberg hier als Meister im „Steine polieren" tätig war – also einen Edelsteinhandel betrieb. Er stellte auch seltene Spiegel her, die für die „Heiltumsfahrt" nach Aachen 1439 bestimmt waren. Gutenberg war aber nicht nur ein geschickter Händler, sondern galt auch als gefinkelter Bankexperte, der mit reichen Bankleuten gemeinsam eine eigene Finanzierungsgesellschaft gründete. Schon damals war Gutenberg vom Gedanken besessen, das Druckerhandwerk salonfähig zu machen. Dem Drechsler Konrad Saspach zahlte er 100 Gulden, damit dieser alles herstellte, was „zu dem Drucken gehört".

Über längere Zeit wurde schon beim Gießen der Glocken mit einem Setzkasten für die Inschriften experimentiert. Dieses Verfahren wurde von Gutenberg schließlich verfeinert, indem er die Texte in kleine Einheiten, nämlich die 23 Buchstaben des lateinischen Alphabets, auflöste. Durch ein eigenes Gussverfahren konnten gleichmäßige Buchstaben erzeugt werden, die später zu Texten zusammengefügt wurden. Das Drucken als solches gab es ja schon wesentlich länger. Die Chinesen waren die ersten, die diese Technik zur Vervielfältigung benutzten. Schon im 6. Jahrhundert wurde mittels geschnitzter Holzblöcke gedruckt. Die in die Holzplatte eingeschnittenen Texte, waren aber später, für andere Schriftwerke, nicht mehr

Kunstvolle Buchgestaltung: das Bamberger Missale, fol. 198r, letztes Drittel 15. Jh., Stiftsbibliothek Göttweig

brauchbar. Gutenberg stellte mit seinem Gussverfahren erstmals viele gleiche Lettern her und begann, diese in einem Setzkasten zu ordnen. Aus dieser ersten Zeit haben sich aber leider keine Probedrucke mehr erhalten. Aber auch dieses System kannten die Chinesen bereits im 11. Jahrhundert. Die Vielzahl der chinesischen Schriftzeichen machte die Benutzung allerdings sehr kompliziert, sodass der Druck in dieser Form nur sehr selten zum Einsatz kam.

Die Produktion von Büchern scheint Gutenberg erst nach seiner Rückkunft nach Mainz 1448 aufgenommen zu haben. Ein beeindruckendes Beispiel der ersten Versuche, mit beweglichen Lettern zu drucken, ist das *Missale speciale abbreviatum* von 1450, das sich heute im Besitz des Kärntner Benediktinerstifts St. Paul befindet. Dieses Buch gilt heute als das älteste gedruckte Buch der Welt. Nach diesem ersten Buch entstand die 42-zeilige Bibel mit 1282 Seiten. Gutenberg hoffte dabei auf die Klöster als Kundschaft. Bei dieser Bibel imitierte Gutenberg die Handschrift, indem er das Schriftbild der alten Manuskripte übernahm. Mit der Hand wurden wichtige Stellen besonders betont und bildliche Darstellungen koloriert. 1454 druckte Gutenberg einen Kalender für das Jahr 1455, der als *Türkenkalender* bekannt wurde. 1457 ging ein „Aderlass- und Laxierkalender“ in Druck, der Auskunft über die günstigen Tage für den Aderlass und das Einnehmen von Abführmitteln gab. Neben den großen Druckarbeiten war es eine Fülle von Kleinschriften und Flugblättern, die in der Werkstatt Gutenbergs hergestellt wurde. Vom seinem Hauptwerk, der nach ihm benannten „Gutenberg-Bibel“, stellte der Meister etwa 180 Exemplare her, von denen nur mehr wenige erhalten sind. Enea Silvio Piccolomini, der spätere Papst Pius II., berichtet in einem Brief aus dem Jahre 1455 von der Begegnung mit einem „bewunderswerten Mann“, den er in Frankfurt im Herbst 1454 anlässlich der dortigen Messe traf. Er lobte die Regelmäßigkeit der gedruckten Bibeln und bedauerte selbst, dass er kein Exemplar mehr erwerben konnte, da diese rasch ausverkauft waren. Diese Schilderung Piccolominis ist eine der ersten von der Frankfurter Buchmesse. Trotzdem geriet Gutenberg in wirtschaftliche Schwierigkeiten, und der Bankier Johannes Fust ließ den Buchdrucker wegen einer Summe von 1600 Gulden gerichtlich belangen. Nachdem Gutenberg nicht bezahlen konnte (für etwa 500 Gulden konnte man zur damaligen Zeit ein Patrizierhaus am Marktplatz erwerben), führte Fust die Druckerei selbst weiter. Aus gesicherten Quellen geht allerdings hervor, dass Gutenberg mit einer kleineren Presse weiterdruckte und später in den Dienst des Mainzer Kurfürsten trat. Er starb 1468 als wohlhabender Mann.

Das älteste gedruckte Buch der Welt: das „Missale speciale abbreviatum“ von Johannes Gutenberg, um 1450

In Windeseile eroberte der Buchdruck die Welt und bis 1500 erschienen im gesamten etwa zehn Millionen Bücher. Diese ersten Drucke nennt man „Inkunabeln“ oder „Wiegendrucke“. Es ist klar, dass bei einer solchen Fülle von Büchern die Bibliotheken rasch zu klein wurden und Klöster sowie Fürsten daran gingen, ihre Büchersäle zu erweitern. Viele deutsche Städte wie Bamberg, Straßburg und Köln wurden zu bedeutenden Zentren der Buchdruckerei. 1464 druckten die Benediktiner von Subiaco in der Nähe von Rom ihre ersten Bücher und nach und nach wurde ganz Europa vom „Druckerfieber“ erfasst. 1468 erschienen die ersten Drucke in Basel, 1469 in Venedig, 1470 in Paris, drei Jahre später in Utrecht und Lyon. 1476 schloss sich London an, gefolgt von Wien und Lissabon. Vor allem der Humanismus mit seiner Liebe zu antiken Texten und alten Sprachen nahm die neue Möglichkeit der Verbreitung begeistert auf. Die Werke antiker Schriftsteller erfuhren in zahllosen gedruckten Exemplaren eine ungeahnte Renaissance.

ZUR GESCHICHTE DER BIBLIOTHEKEN

So weit die Geschichte des Schreibens zurückreicht, so weit kann man auch die Wurzeln der Bibliotheken verfolgen. Schon etwa 3000 v. Chr. entstand im Mittleren Osten der erste Bibliotheksraum. Die erste große Bibliothek errichtete der assyrische König Assurbanipal in Ninive; die dort gesammelten Tontafeln hatten zum Großteil juridische Texte zum Inhalt. Unter dem Pharao Ramses II. wurden etwa 20 Millionen Papyrusrollen um 1250 v. Chr. in der ältesten ägyptischen Bibliothek zusammengefasst. Die größte Bibliothek des Altertums allerdings befand sich in Alexandria. Im 3. Jahrhundert v. Chr. legte Ptolemäus I. eine umfassende Sammlung von Schriftrollen an, die als Grundlage für ein gewaltiges Studienzentrum der gesamten hellenistischen Welt dienen sollte. Der gesamte Gebäudekomplex setzte sich aus dem Forschungszentrum μυσειον *(Museion* = „Musenheiligtum"), dem Tempel mit einer 200.000 Schriftrollen umfassenden Bücherei und der Schule, in der sich 700.000 Schriftrollen befanden, zusammen. Eine Riege von vorzüglichen Gelehrten fand in den angeschlossenen Wohnräumen Unterkunft und widmete sich dem Abschreiben und Kommentieren alter Texte. Diesen Abschriften ist es heute zu verdanken, dass wertvolle Texte die Zeiten überdauerten und heute bekannt sind. Die Bibliothek von Alexandria selbst wurde im Verlauf ihrer Geschichte mehrmals teilweise oder ganz zerstört. 47 v. Chr. verbrannten während des römischen Bürgerkrieges etwa 40.000 Bände. Zuletzt wurde die Bibliothek selbst durch Kaiser Theodosius I. – einen Christen – 391 zerstört, um der „heidnischen" Welt den Todesstoß zu versetzen. Im 1. Jahrhundert v. Chr. wurde in Rom damit begonnen, eine Sammlung griechischer und lateinischer Werke zu errichten. 39 v. Chr. entstand in Rom die erste öffentliche Bibliothek. Der Gedanke einer Bildungs- und Studienanstalt wurde 356 n. Chr. durch die kaiserliche Bibliothek in Konstantinopel aufgegriffen und bis zur Mitte des 15. Jahrhunderts fortgeführt. Dem Auftrag, altes Wissen nachfolgenden Generationen zu übermitteln, fühlten sich nicht nur die christlichen Gelehrten verpflichtet, sondern auch islamische Wissenschaftler sammelten im 8. und 9. Jahrhundert alte Texte (auch mathematische) und schrieben sie ab. Schnell wuchsen an allen größeren Orten Bibliotheken und wurden mit Kostbarkeiten der Schreibkunst gefüllt. Bis zum 10. Jahrhundert galt die Bibliothek von Córdoba (Spanien) mit fast 400.000 Bänden als größte zusammenhängende Bibliothek der Welt. Die größte Büchersammlung des Christentums befand sich im Lateranpalast zu Rom. Neben die großen Klosterbibliotheken, die sich ab dem 6. Jahrhundert entwickelten, gesellten sich die Kollegienbibliotheken der bedeutenden Universitäten wie jene der Pariser Sorbonne (1257) oder die des Collegiums Carolinum in Prag (1348). Am Ende des 14. Jahrhunderts überragte die Bibliothek der Universität von Heidelberg alle anderen an Bedeutung und Größe.

Kostbare mittelalterliche Schreibkunst: das Hohe Lied Salomos (Cantico canticorum), Bibliothek des Benediktinerstifts St. Paul, 13. Jh.

Beflügelt vom Geist des Humanismus, gewann die Leidenschaft für das Sammeln von Büchern eine neue Dimension. Francesco Petrarca oder Giovanni Boccaccio legten reiche Privatsammlungen an, die schnell über die Grenzen Italiens hinaus Bekanntheit erlangten. Durch den Buchdruck konnte die Produktion von Büchern schlagartig gesteigert werden, und immer mehr Fürsten und Gelehrte kauften sich Bücher und legten Bibliotheken an. So galten etwa die Medici in Florenz als äußerst bibliophil und vereinten in ihrer Sammlung die bemerkenswertesten Exemplare der Bücherwelt (1571). Im 16. Jahrhundert entstand eine ganze Reihe fürstlicher Bibliotheken, die nicht nur das Bemühen um das Bewahren von Wissen, sondern auch den Anspruch der Macht nach außen trugen. Zu den wichtigsten Hofbibliotheken zählten die *Bibliotheca Palatina* zu Heidelberg, die Herzogliche Bibliothek in München und die Hofbibliothek in Wien. Im 17. Jahrhundert weitete sich der Kreis der vorzüglichen Büchersammlungen. Wichtige Bibliotheken wie die *Ambrosiana* in Mailand (1602), die *Angelica* in Rom (1614) und die *Bodleiana* in Oxford (1660) entstanden und bildeten wichtige Säulen im Netz der Bibliotheken, das die gesamte Welt überspannte. Mit der Öffnung dieser Bibliotheken und dem Einführen so genannter „Leihbüchereien“ war das globale Wissen der Menschheit nicht mehr einem elitären Kreis vorbehalten, sondern jedermann, der lesen konnte, hatte Zugang. Welche Bedeutung dem Wissen zugedacht wurde, wird in den phänomenalen Prachtbauten deutlich, die während der Barockzeit von genialen Architekten geplant und gebaut wurden. Gewaltige Bücherdome entstanden, die nahezu pietätvoll das gesammelte Wissen vieler Jahrhunderte mit einem würdigen Kleid umhüllten. Der Geist dieser Zeit lebt heute weiter, auch wenn die Zeiten nüchterner und zweckmäßiger geworden sind. Längst hat die Schrift andere Medien erobert und das Buch hat sein Monopol verloren. Aber trotzdem bleibt das geschriebene Wort, das Seite für Seite Bücher füllt, ein wichtiger Bestandteil der menschlichen Kultur – auch wenn es längst „Bücher“ gibt, die nicht mehr den Weg zur Druckerei finden, sondern ihren Leser via Bildschirm und Internet erreichen. Der Informationsfluss ist schneller und universeller geworden und in einer geballten Fülle von Geschriebenem wird es für den Menschen immer schwieriger zu wählen. Vielleicht ist es gerade diese Übersättigung, die manchen nach Werken alter Schriftsteller greifen lässt. Nostalgie oder Vernunft? Das Buch ist lebendig und in ihm die Gedankenwelt und Fantasie der Autoren – eine unendliche Geschichte ...

Prachtwerk der frühen Druckkunst: die berühmte deutsche Bibel aus der Offizin von Anton Koberger, Nürnberg, 1483

---

[1] *Cassiodori institutiones, lib. 1, c.29 ff., S. 73 ff.*

[2] *551–562 „Institutiones divinarum et saecularium litterarum“*

[3] *Papst Gregor beschreibt im zweiten* Buch der Dialoge *das Leben des Heiligen Benedikt von Nursia (480–547)*

[4] *Bonifatius wurde während der Mission der Friesen erschlagen.*

[5] *Alcuini epistolae, S.474 Nr. 390.*

[6] *Vgl. Bischoff 2 1986; Mütherich 1989, S. 16 ff.*

[7] *Die eigentliche Buchdruckerei – im Holzschnittverfahren, war schon um einiges älter. Gutenberg entwickelte eine Methode, wie er mit beweglichen Lettern drucken konnte.*

ÖSTERREICHISCHE NATIONALBIBLIOTHEK IN WIEN

Das Paradies habe ich mir immer als eine Art Bibliothek vorgestellt.

JORGE LUIS BORGES

Der Mythos Buch lebt! Spätestens wenn der interessierte Leser den Vorstoß in eine der großen Bücherwelten gewagt hat und mit stockendem Atem vor dem gesammelten Wissen mehrerer Epochen steht, dann wird Geschichte lebendig. Historische Persönlichkeiten gewinnen Gestalt und der feine Staub, der sich zwischen den Seiten der großen Folianten angesammelt hat, gebietet Ehrfurcht vor den Werken großer Denker.

Eine der herausragendsten Büchersammlungen der Welt befindet sich in der Wiener Hofburg. Die Anfänge dieses gewaltigen Baukomplexes werden erstmals 1279 in einer Urkunde erwähnt, eine erste Bautätigkeit auf dem Gelände kann aber schon um 1220 angenommen werden. Das Herzstück der alten Anlage bildete der Schweizerhof mit vier, heute von außen nicht mehr sichtbaren Ecktürmen und einer gotischen Kapelle, die nahezu noch in ihrem ursprünglichen Zustand erhalten ist. Im 16. Jahrhundert erfolgte die Erweiterung um zwei Gebäude – 1558 um die Stallburg und 1575 um den so genannten Amalienhof, der 1611 von Pietro Ferrabosco vollendet wurde. Die Neubauten standen ursprünglich eigenständig da, doch verlangte die praktische Verwendung die Herstellung einer Verbindung. So entstand 1660 der Leopoldinische Trakt, an den am Beginn des 19. Jahrhunderts der Zeremoniensaal angebaut wurde.

Symbol der barocken Universalbibliothek: Atlas trägt die Weltkugel.

Als einer der baufreudigsten Herrscher des Heiligen Römischen Reiches deutsch sprechender Nationen gilt Kaiser Karl VI. Er beauftragte den Hofarchitekten Joseph Emanuel Fischer von Erlach mit der großzügigen und prunkvollen Erweiterung des Bauwerkes. 1730 vollendete Fischer von Erlach den von Johann Lukas von Hildebrandt begonnenen Kanzleitrakt und vier Jahre zuvor war die Hofbibliothek nach nur drei Jahren Bauzeit fertig. Ausstattung und Fresken waren 1730 vollendet. Zusammen mit dem sogenannten Redoutensaaltrakt und dem Pacassiflügel bildet die ehemalige Hofbibliothek das einheitliche Ensemble des Josefsplatzes.

Die Geschichte der Hofbibliothek hat ihre Anfänge gewiss schon im 14. Jahrhundert. Bereits die ersten habs-

Das Programm der gewaltigen ovalen Kuppel: die Apotheose des Gründers, Kaiser Karls VI.

burgischen Herzöge besaßen Schriften, die sie über Generationen weitervererbten. Als großer Liebhaber der Buchkunst förderte Kaiser Friedrich III. (1440–1493) das Bibliothekswesen und ließ die vorhandenen Schriftwerke zusammentragen und in einem eigenen Bibliotheksbereich vereinen. Das humanistische Denken der Renaissance ergriff auch große Staatsmänner wie Kaiser Maximilian I. (1493–1519), der sich sehr für die Pflege der Wissenschaften interessierte und selbst als Auftraggeber und Autor bedeutender Werke (z.B. des *Theuerdank*) gilt. Namhafte Gelehrte hielten sich zu dieser Zeit am Hof auf und bereicherten die Gesellschaft durch ihre wichtigen Beiträge in der Auswertung der Bücherbestände. Der ursprüngliche Bibliotheksbestand, der zusätzlich durch Sammlungen bedeutender Humanisten und verschiedener Klöster bereichert wurde, war zunächst im Monoritenkloster untergebracht, ehe 1621 eine Übersiedlung in den Ostbereich des Reichskanzleitraktes der Hofburg erfolgte. Umfasste die Bibliothek 1591 noch 9.000 Bände, so wuchs der Bestand im Laufe der Jahre gewaltig an. Bereits die Vorgänger Kaiser Karls VI. verfolgten den Gedanken, über der Reitschule am Tummelplatz eine große Bibliothek zu errichten. Johann Bernhard Fischer von Erlach wurde mit der Konzeption beauftragt und stellte sich mit gewohnter Kreativität dieser Herausforderung – er starb jedoch 1723. Im selben Jahr begann sein Sohn Josef Emanuel mit dem Bau. Er bezog die bestehenden Grundmauern ein und schuf ein harmonisches Bauwerk mit einem stark vorspringenden Mittelteil und zwei sich daran anschließenden Seitenflügeln. Über dem Mittelbereich der Bibliothek öffnet sich eine gewaltige Kuppel, die nach außen durch ein eigenes Dach bewusst sichtbar gemacht wird – das gesamte Gebäude ist auf Fernwirkung bedacht. Zwei kräftige Doppelpilaster gliedern die Fassade des vorgezogenen Mittelrisalits, während oben ein Rundfenster und unterhalb ein Rechteckfenster für die Auflösung der Strenge sorgen. Eine ähnliche Segmentierung, die klar und nicht zu verspielt wirkt, weisen die Seitenflügel auf, die das reich profilierte Hauptsims als oberen Abschluss weiterziehen und von einem Walmdach überragt werden. Der Mittelteil mündet in eine hohe Attika, die in einer Aufschrift Kaiser Karl VI. als großen Mäzen des Buchwesens rühmt und erwähnt, dass er 1726 der Öffentlichkeit den Neubau zur Nutzung übergab. Darüber thront Minerva auf einer Quadriga, eine Schöpfung des Bildhauers Lorenzo Mattielli aus Vicenza.

Die Attika der Seitenflügel wird jeweils von einer großen goldenen Kugel überragt. Atlas trägt die Himmelskugel, Gaia die Erdkugel – Ssymbole des Anspruchs der barocken Bibliothek, eine Herberge des universellen Wissens zu sein.

Durch ein weites Vestibül betritt manschließlich ein repräsentatives Treppenhaus, das Besucher und Benützer zu der eigentlichen Bibliothek führt.

Der Prunksaal der Nationalbibliothek, wie er heute genannt wird, gehört sicher zu den beeindruckendsten Bibliotheksräumen dieser Welt. Er ist nicht nur ein großartiges Denkmal der Architektur des Landes, sondern auch ein Spiegel des Wissens und der Kultur. Die Ausmaße dieser „Welt der Bücher" sind wahrhaft monumental: 77,7 Meter lang, 14,2 Meter breit und im Scheitelpunkt der Kuppel 29,2 Meter hoch, die Seitenflügel sind 19,6 Meter hoch. Durch ein kunstvoll strukturiertes Marmorportal wird der Eintritt in das Eldorado der „Bücherwürmer" gewährt. Der Anblick ist unübertrefflich! Mächtige Säulen mit goldenen korinthischen Kapitellen und Pilaster gliedern den Raum und teilen ihn in fünf Abschnitte. Die wuchtigen Sockelzonen der Säulen wirken majestätisch und tragen die goldgefassten Basen der mächtigen Marmorsäulen. Eine zierlich durchbrochene Holzempore umschließt den Raum in halber Höhe. Der Blick wird aber rasch nach oben gezogen, in die ovale Kuppel mit den meisterlichen Fresken Daniel Grans – eine Apotheose Karls VI. Sämtliche Fresken des Bibliotheksaals stammen von Gran. Die Themen sind nach Abschnitten geordnet: zwischen heutigem Eingang und Kuppel befassen sich die Bilder mit kriegerischen Darstellungen – während auf der anderen Seite der Friede und Künste dargestellt sind. Den Mittelpunkt des riesigen Saales bildet die überlebensgroße Statue Karls VI. in der „Uniform" eines römischen Imperators, die ursprünglich im so genannten „Paradeisgartl" auf der Löwelbastei stand. Sämtliche andere Habsburgerstatuen stammen aus der Werkstatt Peter und Paul Strudels. An die Wände schmiegen sich die aus Nussholz gearbeiteten Bücherregale mit vorgesetzten, gepaarten Hermenpilastern, die bis zu den oberen Gesimsen durchlaufen.

Der Mittelpunkt des Prunksaales: Kaiser Karl VI. als römischer Imperator.

Die Zentralkuppel wird durch acht Okuli belichtet und überstrahlt den dezent in den Hintergrund rückenden Bibliothekssaal. Eine beeindruckende scheinarchitektonische Sockelzone, die in eine umlaufende gemalte Balustrade übergeht, führt das Meisterwerk schließlich in immer heller werdenden Farben zum Höhepunkt. Das Programm der Deckenmalereien war durch den Kaiser vorgeschrieben. Zwei schriftliche Fassungen des Programms haben sich erhalten: eine sehr ausführliche im Codex Albrecht (Conrad Adolf von Albrecht war kaiserlicher Rat) und die kürzere in einer Handschrift, die sich heute im Stift St. Florian befindet. Im Zentralbereich tragen Herakles in der Haut des Nemäischen Löwen und Apollo das Bildnis des Kaisers in einem Ovalrahmen. Dieser ist nach dem Vorbild der antiken Herrscher im Profil mit Lorbeerkranz dargestellt. In der Antike war es üblich,

Bildnisse der Herrscher anzufertigen und diese in öffentlichen Gebäuden aufzustellen. Durch das Bild selbst war die Realpräsenz des Regenten gegeben und dem Bild wurde dieselbe Ehre bezeugt wie dem Monarchen selbst. Auf dem Bildnis trägt Karl VI. einen Harnisch und den kaiserlichen Mantel. Darüber schwebt Fama, die Göttin des „immerwährenden Ruhmes" mit einem Obelisken und dem Siegeskranz aus Palmzweigen. Im Umfeld haben sich alle Tugenden des Kaisers in seiner Regierung und im Krieg versammelt. Das Werk gipfelt in einer Hommage an das Haus Habsburg: alle Wissenschaften, Tugenden, Götter und Genien, Länder und Städte huldigen dem Kaiser. An der Balustrade ist eine Schule von Athen dargestellt, die dem Kaiser das Zeugnis eines klugen und weisen Herrschers ausstellt. Die Gelehrten scheinen einen Disput zu führen, dessen Inhalt der Fantasie des Betrachters überlassen wird.

Wer jemals das Morgenlicht im Prunksaal der Nationalbibliothek erlebt hat, wird dies nie vergessen. Über insgesamt 26 Fenster und 8 Ochsenaugen strömt das Licht in den Raum, bricht sich am Marmor, wird vom Gold der Kapitelle und Voluten reflektiert und ruht schließlich sanft auf den Buchrücken, die hier dem Besucher zu Tausenden einladend entgegenleuchten. Im Bereich der Zentralkuppel

Der Prunksaal im Morgenlicht: Zu Tausenden leuchten dem Besucher aus den Nussholzregalen altehrwürdige Buchrücken entgegen.

sind einheitlich gebundene Bücher mit goldverzierten, bunten Lederrücken zu sehen, die den Gesamteindruck des Raumes stimmig abrunden. Hier sind etwa 15.000 Bücher, alle aus dem Besitz des Prinzen Eugen von Savoyen, aufgestellt, während der gesamte Lesesaal etwa 200.000 Bände fasst. Das Licht reflektiert sich auch sehr schön am grandiosen Fußboden, der aus großen hellen und kleinen roten Marmorplatten besteht. Dazwischen sind Rosetten eingefügt, die vom sternenförmigen Mittelfeld unter der Kuppel die runde Form übernehmen. Der Grundriss der Hofbibliothek war völlig neu: an einer Längsachse sind fünf Räume aufgereiht, davon bildet der mittlere ein Queroval, an den sich jeweils zwei Rechteckräume anschließen. Dabei wird je ein langgestreckter Trakt durch Kolossalsäulen in zwei Räume aufgeteilt. Ähnlich in der Grundkonzeption ist die in den Dimensionen fast an die Hofbibliothek heranreichende Stiftsbibliothek von Admont. Wiederum bildet ein Oval den Mittelpunkt, das hier allerdings längsgestellt ist. Analoge Grundrisse finden sich an zahlreichen Kirchenbauten, so beispielsweise an der Karlskirche in Wien.

Kaiser Karl VI. wollte eine Bibliothek mit Öffentlichkeitscharakter schaffen, die für alle offen stehen sollte. Nach rund hundert Jahren wurde der riesige Lesesaal zu klein, um all die neuen Bücher aufnehmen zu können. So dehnte sich die Bibliothek allmählich auf die angrenzenden Räume, das aufgelassene Augustinerkloster und schließlich auf die Neue Burg aus. Nun wurde der Prunksaal nicht mehr als Lesesaal verwendet, sondern der Bibliotheksraum des ehemaligen Augustinerklosters. Wegen des Umbaues der Hofburg und der damit verbundenen Ausweitung der Gebäude wurde 1756 ein neues Kloster für die Augustiner errichtet. Im Laufe der Zeit waren an deren Bibliothek massive Schäden aufgetreten, die auch den Büchern arg zusetzten. Ein neuerlicher Umbau sollte die Mängel beheben und schon 1773

Vornehme Dame in ihrer Kemenate. Französische Buchmalerei, um 1470, Codex 2617.

begann Johann Bergl mit der Gestaltung der Decke, die den Parnass und die vier Fakultäten darstellt. Scheinbare Baumängel führten aber immer wieder zu Problemen mit dieser Deckenkonstruktion, die erst in jüngster Zeit behoben werden konnten.

1848 geriet die Hofburg im Zuge der Revolution in Brand, und die Flammen griffen auch auf das Dach der Hofbibliothek und jenes des Augustinersaales über. Fast wie durch ein Wunder kamen aber nur wenige Bücher durch die Löscharbeiten zu Schaden. Seit 1830 vermietete das Augustinerkloster den Augustinersaal für Depotzwecke an die Hofbibliothek. Über 90.000 Bücher fanden hier Aufnahme. 1906 wurde der Augustinersaal als Lesesaal der Öffentlichkeit zugänglich gemacht. Die steigende Besucher-Frequenz der Nationalbibliothek ließ jedoch den Raum schnell zu klein werden.

Eine Übersiedlung der Benützerabteilung in die Neue Burg erfolgte aber erst 1966. In der Folge wurde der Augustinersaal restauriert und dient heute als Speziallesesaal für die Bestände aus der Zeit zwischen 1501 und 1850 sowie für besonders wertvolle Bücher.

Inzwischen ist der Bücherbestand der Österreichischen Nationalbibliothek – ab 1920 trug die ehemalige Hofbibliothek den Namen „Nationalbibliothek", nach dem Zweiten Weltkrieg erfolgte die Korrektur zur heutigen „Österreichischen Nationalbibliothek" – auf über 3 Millionen gestiegen, der Gesamtbestand beträgt mittlerweile über 6,7 Millionen Dokumente – mehr als die Hälfte sind so genannte non books wie Handschriften, Musiknoten, Plakate, Exlibris, Papyri, Karten und Globen, Daguerrotypien, Glasnegativa oder Flugblätter.

An der Sammelleidenschaft der Habsburger bleibt kein Zweifel – sie ist vergleichbar mit der anderer Fürsten und Herrscher. Dahinter steckte das Verlangen – man kann es auch als Lust bezeichnen –, inmitten des Bücherbesitzes zu

Eine Hommage an Karl VI. und das Haus Habsburg: der barocke Bücherdom Johann Bernhard Fischer von Erlachs

repräsentieren und dadurch Bildung zu dokumentieren. Je größer und weitläufiger die Bibliotheken waren, umso überschaubarer und einsichtiger war der große Bücherreichtum und das gesammelte Wissen. Aber natürlich diente die Hofbibliothek ursprünglich als Arbeitsbibliothek für die Verwaltung und Regierung eines der mächtigsten Staatsgebilde der Erde. Die dabei zustande gekommenen historischen Sammlungen bilden heute den Bestand, der die Österreichische Nationalbibliothek zu einer der wohl fünf bedeutendsten Bibliotheken der Welt macht.

Heute sind diese Bestände in 10 Sondersammlungen gegliedert. Zu den bedeutenderen gehört zweifellos die Handschriftensammlung mit mehr als 50.000 kostbaren Manuskripten. Die wichtigsten Werke dieser berühmten und weltweit geschätzten Sammlung sind u. a. die *Wiener Genesis,* der *Wiener Dioskurides* oder die humanistische Kopie des antiken Kartenwerks, die *Tabula Peutingeriana.*

Bemerkenswert ist die Papyrussammlung, die 1883 durch Erzherzog Rainer (1827–1913) mit dem ersten Ankauf von ca. 10.000 Objekten als Privatsammlung „Erzherzog Rainer" gegründet wurde. Im Jahre 1878 waren die Schriften im ägyptischen Faijum entdeckt worden und über den Antiquitätenhandel nach Wien gelangt. Als der Erzherzog sie nach weiteren großen Erwerbungen 1899 dem Kaiser schenkte, umfasste die Kollektion bereits mehr als 170.000 Exemplare. Heute verwahrt die Nationalbibliothek mit 180.000 Stück die größte Sammlung dieser Art. Die vorhandenen Schreibmaterialien umfassen den Zeitraum von drei Jahrtausenden (15. Jahrhundert v. Chr. bis 15. Jahrhundert n. Chr.)

Aus dem Zauberreich kostbarer Handschriften: Darstellung der Kamille im Codex med. gr. 1, fol. 31 v

Neben den vier im Mitteloval des Prunksaales aufgestellten barocken Großgloben von Vincenzo Coronelli verfügt die Österreichische Nationalbibliothek über eine Samlung von weiteren 330 Globen und globenverwandten Instrumenten. Diese befinden sich im Globenmuseum. Dort werden dem Besucher wertvollste Erd- und Himmelsgloben, Mond- und Planetengloben, aber auch globenverwandte Instrumente wie Planetarien, Tellurien und Armillarsphären präsentiert. Mehr als 100 Objekte der 1953 offiziell eröffneten, weltweit einzigartigen Institution stammen aus der Zeit vor 1850. Damit gilt diese Sammlung als international zweitbedeutendste auf dem Gebiet der Globenkunde. Besonders bemerkenswert sind der älteste in Österreich erhaltene Erdglobus von Rainer Gemma-Frisius (Löwen, 1535), ein Unikat, das von einem privaten Sammler als Leihgabe zur Verfügung gestellt wurde, und ein Globenpaar von Gerhard Mercator, dem bedeutendsten Geographen und Kartographen des 16. Jahrhunderts, aus den Jahren 1541/1551.

Heute ist die Österreichische Nationalbibliothek eine der modernsten Bibliotheken der Welt. Die zahlreichen Kataloge sind weltweit über Internet abrufbar. Mittels einfachem Link ist jedes Werk per E-Mail zu bestellen und liegt für die Leser in kürzester Zeit bereit. Aufgrund der großzügigen Öffnungszeiten und des perfekten Services wird das Angebot von zahlreichen Wissenschaftern und Studenten nicht nur aus Österreich genützt. Diese international bedeutende Institution stellt ihre Schätze in ihren insgesamt 17 Lesesälen jederfrau und jedermann zur Forschung bereit.

BIBLIOTHEK DER AKADEMIE DER BILDENDEN KÜNSTE

Ein Buch ist ein Freund, der nie verreist.

JÜDISCHES SPRICHWORT

Von jeher war die Pflege der schönen Künste ein großes Anliegen der Öffentlichkeit. Künstler zu fördern und Kunst zu schaffen, mag nicht allein der Eitelkeit mächtiger Herrscher zuzuschreiben sein, sondern galt vielmehr als Ausdruck eines nationalen Kulturbewusstseins.

Als 1692 die Akademie der Bildenden Künste gegründet wurde, war sie die erste Kunsthochschule Mitteleuropas. Peter Strudel gilt als Initiator der Schule und fand am kaiserlichen Hof tatkräftige Unterstützung. Allerdings war, wie sich zeigen sollte, das Bestehen der Akademie sehr stark an ihren Gründer gebunden, denn nach dem Tod Strudels 1714 wurde das Ende der Akademie eingeläutet. Erst auf das Gesuch des Kammermalers Jakob von Schutten kam es 1726 zur Wiedererrichtung. Aber schon mit dem Tod Kaiser Karls VI. schien zum zweiten Mal das Ende besiegelt zu sein. Erst dem bedeutenden österreichischen Barockmaler Paul Troger gelang es, die Akademie auf sichere Beine zu stellen und steigende Schülerzahlen zu erreichen. Damals erfolgte auch die Übersiedlung in die Akademie der Wissenschaften am alten Universitätsplatz. Hauptaufgabe der Akademie war die Lehre und Pflege der Kunst – besonders Malerei, Bildhauerei, Architektur und die Kunst des Kupferstechens. Im Laufe ihrer Geschichte waren der Akademie einige Förderer gegönnt, die sich um den Weiterbestand sorgten und die Schule tatkräftig unterstützten. Auch Joseph II. zählte zu diesen Förderern und wies der Akademie ab 1786 ein neues Quartier im Kollegiatsgebäude des aufgehobenen Jesuitenordens im 1. Bezirk zu. Da sich der Betrieb aber sehr schnell vergrößerte, waren die Räumlichkeiten schnell zu klein geworden, und Kaiser Franz Joseph erteilte schließlich 1869 Theopil von Hansen den Auftrag zur Konzeption eines eigenen, monumentalen Gebäudes am Schillerplatz. Obwohl ursprünglich der Plan bestand, einen Quertrakt in der Mitte zu errichten, beschränkte sich Hansen auf die Ausführung einer Aula. Dieser Raum ist aber äußerst prachtvoll geraten. Kolonnaden bestimmen das herrschaftliche Gepräge, das von einem imposanten Deckengemälde Anselm Feuerbachs zusätzlich betont wird. Die Fassade greift den Stil der italienischen Renaissance auf, bedient sich allerdings auch griechischer Elemente. Eine Front mit ionischer und darüber korinthischer Pilasterordnung bestimmt die Hauptansicht, der 1877 feierlich eröffneten Akademie.

Schon zur Zeit der Gründung der Akademie dürfte eine Bibliothek vorhanden gewesen sein, deren Bestand allerdings erst 1774 historisch belegt werden kann; vorwiegend besaß man Dubletten aus der k.k. Hofbibliothek. Gegen Ende des 18. Jahrhunderts erfolgte unter dem Protektor Johann Philipp Graf von Cobenzl die Eröffnung

Kunstvolle geometrische Ornamente an der flachen Decke beleben den großen Lesesaal.

eines Lesesaales; der Bestand der vorhandenen Werke war aber mit 300 Bänden sehr bescheiden. Hinzu kamen etwa 2.800 Kupferstiche. In den folgenden Jahren konnten einige Stiftungen und Nachlässe erworben werden. Zu den bedeutendsten Schenkungen gehörten über 700 Bücher und Kupferstichwerke sowie 600 Stiche und Lithographien aus der Privatsammlung Kaiser Ferdinands im Jahre 1837. Nicht unerwähnt bleiben soll die Schenkung des Architekten Franz Jäger, die etwa 10.000 Objekte umfasste. Darunter befanden sich auch 277 gotische Baurisse aus der Bauhütte St. Stephan. Ab 1860 erfolgte die Grundstocklegung zu einer sehr bedeutenden Fotografiensammlung. Zahlreiche Ankäufe, darunter die Hüsgen'sche Dürersammlung (1873), das Porträtbuch Schnorrs von Carolsfeld (1874), Studienblätter von Anselm Feuerbach, Aquarelle Rudolfs von Alt sowie französische und niederländische Porträtstiche bereicherten die Sammlung. In dieser Zeit erfolgte auch die Übersiedlung der Bibliothek in das neu errichtete Gebäude am Schillerplatz. Die zahlreichen Schenkungen und Spenden ließen das dafür bestimmte Areal bald zu klein werden und machten 1913 eine Erweiterung notwendig. Die rege Sammeltätigkeit setzte sich bis heute fort und ließ die Sammlung der Akademie der bildenden Künste zu einer der großartigsten des deutschen Sprachraumes werden.

Im von Hansen geplanten Gebäude hatte die Bibliothek schon von Anfang an ihren Standort gemeinsam mit dem Kupferstichkabinett im Mezzanin. Ein großer Lesesaal (34 mal 8 Meter) bildet das Herzstück des Bibliotheksbereichs. Dazu kommen ein Lesezimmer für die Professoren und ein eigener Arbeitsbereich für den Bibliothekar; der parallel dazu verlaufende Korridor dient heute Magazinzwecken. Die flache Decke der Saalbibliothek ist mit kunstvollen geometrischen Ornamenten versehen, die die Nüchternheit des Raumes beleben. Die Einrichtung selbst wurde nach Entwürfen von Hansen gefertigt und besteht aus niedrigen, verschließbaren Schränken und den gesamten Raum durchlaufende bis zur Decke reichende Regale.

In den 50er-Jahren des 20. Jahrhunderts erfolgte eine umfassende Restaurierung der Bibliothek, bei der Architekt Clemens Holzmeister eine vollkommene Übermalung der Deckenornamentik veranlasste. 1984 wurde der Originalzustand der Bibliothek wieder hergestellt. Dabei mussten die Ornamente nach Vorlagen rekonstruiert werden.

Heute umfasst der Bestand der Bibliothek ca. 90.000 Bände, 50 Autographen, 50 Handschriften, 60.000 Handzeichnungen und Druckgrafiken sowie ca. 27.000 Fotos.

PARLAMENTS-BIBLIOTHEK

Das Buch ist die verkleinerte Welt, die der Leser bewohnt.

SUSAN SONTAG

Das „Hohe Haus", dem schon allein durch die Göttin der Weisheit, Pallas Athene, die stolz vor den Toren des Parlamentes steht, eine besondere Stellung zugesprochen wird, ist eines der markantesten Gebäude an der Wiener Ringstraße. Ursprünglich bestand die Absicht, für den „Reichsrat", der durch das Februarpatent von 1861 geschaffen worden war, zwei getrennte Gebäude zu errichten, nämlich eines für das Herrenhaus und das andere für das Abgeordnetenhaus. Dieser Plan wurde schließlich aber aufgegeben und 1869 der angesehene Architekt Theophil von Hansen mit der Konzeption eines monumentalen Projektes beauftragt. Das Gebäude sollte schon nach außen den Stolz des Landes zum Ausdruck bringen und in seiner Architektur klassische Formen mit dem modernen Raumempfinden verbinden. Im Juni 1874 erfolgte der Spatenstich. Neun Jahre später konnten bereits die Kanzleiräume des Abgeordnetenhauses bezogen werden.

Theophil Hansen hatte gewiss die großartigen Tempelanlagen Griechenlands vor Augen, als er sich den Plänen des Parlamentes zuwandte. Das war sicher kein Zufall, denn das griechische Staatswesen war schon zur Zeit der Antike ein sehr fortschrittliches gewesen.

Um die Einheit des Reiches zu dokumentieren, wurden die Baumaterialien aus allen Kronländern der Monarchie zusammengetragen. Symbolisch sollte dadurch die Vereinigung aller Kräfte angesprochen werden, um an einem Staat zu „bauen". Nach außen wird in der Architektur die Gewaltentrennung deutlich und sollte die absolute Autonomie des Parlamentes ausdrücken.

Pallas Athene, die Göttin der Weisheit, bewacht die Tore des Parlaments.

Nach dem Untergang des Habsburgerreiches wurde das Parlament 1918 Sitz der parlamentarischen Körperschaften der Republik Österreich, wobei vorerst die „Nationalversammlung" und später der Nationalrat im Sitzungssaal des ehemaligen Herrenhauses tagten. Der Zweite Weltkrieg brachte für das Parlamentsgebäude eine schwere Zeit: Am 7. Februar 1945 wurde es von Bomben getroffen und die Säulenhalle dabei teilweise in Schutt und Asche gelegt. Die zum Teil zerstör-

Ruhe und unparteiischen Gleichmut strömt der Lesesaal der Parlamentsbibliothek aus.

ten Friesgemälde wurden erst in den neunziger Jahren des 20. Jahrhunderts wiederhergestellt. Auch der Sitzungssaal erlitt katastrophale Schäden und war komplett ausgebrannt. Dabei waren auch die Skulpturen der großen antiken Staatsmänner wie Solon, Themistokles, Sophokles oder Perikles vernichtet worden. Man entschloss sich nun, den alten Herrenhaussitzungssaal nicht mehr zu rekonstruieren, sondern einen neuen Saal mit zweckmäßiger Ausstattung zu bauen. Die Architekten Max Fellerer und Eugen Wörle stellten sich dieser Aufgabe und versuchten, dem Geist Hansens in der Neukonzeption gerecht zu werden. Im Juni 1956 konnten die Wiederherstellungsarbeiten als abgeschlossen betrachtet und ein Stück Geschichte eines alten Landes neuerlich seiner Bestimmung übergeben werden.

Von außen wirkt das Parlament wie ein riesiger Palast, der sich an die belebte Ringstraße schmiegt. Plastiken und Mosaike beleben die Front und unterstreichen den staatstragenden Charakter. Der mächtige Portikus mit vorgelagerter Auffahrtsrampe bildet den Mittelpunkt, an den sich links das ehemalige Herrenhaus und rechts das ehemalige Abgeordnetenhaus anschließen. An den Ecken werden die beiden Flügel mit vorspringenden Pavillons abgeschlossen und so ein sehr harmonischer Gesamteindruck erzielt. Ursprünglich bezeichnete man das Parlament als „Reichsratsgebäude", und heute noch erinnert die hinter dem Parlament verlaufende Reichsratsstraße an diese alte Bezeichnung. Bekrönt wird das Gebäude durch eine Attika, die durch eine aus Laaser Marmor gefertigte Giebelgruppe geschmückt ist. Eine Vielzahl von Figuren und symbolischen Elementen ziert das Gebäude und bringt dadurch ein bis ins kleinste durchdachtes Bauprogramm zum Ausdruck, das dem Ideal parlamentarischen Denkens verpflichtet ist.

Stilvolle Leselampen ermöglichen dem Benützer ein bequemes Arbeiten.

Neben den vielen Sitzungssälen und Amtsräumen nimmt die „Amtsbibliothek des österreichischen Parlaments" – so die offizielle Funktion der Parlamentsbibliothek – eine zentrale Stellung ein. 1873 ergaben sich einige Planungsänderungen, von denen auch die Bibliothek im Erdgeschoss betroffen war. Ursprünglich führte der Zugang zur Bibliothek durch einen Innenhof und durch ein prachtvolles Portal im altgriechischen Stil. Bei der aufwändigen Konzeption des Gebäudes ist man von der Schlichtheit des ehemaligen Bibliotheksraumes ein wenig überrascht, wird allerdings sofort von der Ruhe, die der Saal ausstrahlt, ergriffen. Der schlicht gestaltete Raum war zunächst mit dunklen Holzregalen ausgestattet und man verzichtete auf jeglichen Schmuck und überflüssige Dekoration. Der Saal sollte eine Union aus Depot, Lese- und Verwaltungsraum darstellen; die Lesetische der Bibliothekare standen in den Fensternischen. Heute dient der ehemalige Lesesaal als Hauptmagazin der Bibliothek. Das rasche Anwachsen der Buchbestände und die dadurch immer drückender werdende Raumnot führten schließlich dazu, dass die ehemaligen Zimmer des „Czechen-Clubs" für die Bibliothek adaptiert wurden und man das daneben liegende Arbeitszimmer als Lesesaal benutzte.

All diese Veränderungen stützten aber die Annahme, dass schon Hansen bei der Planung des Bauwerkes an diese notwendige Erweiterung der Bibliothek gedacht hatte. Der heutige Lesesaal reicht über eine Länge von 17 und eine Breite von 6,9 Metern. An der flachen Decke sind Malereien mit stilisierten Pflanzenmotiven zu sehen, die eine gewisse Heiterkeit in den Raum bringen. Erst nachträglich wurde die dreiseitige Galerie eingefügt und mit einem zarten Metallgeländer ausgestattet. Eine Wendeltreppe in der Ecke ermöglicht den Zugang. Fünf hohe Fenster geben dem Raum genügend Licht und schaffen eine gute Atmosphäre. Der Lesesaal gibt dem Leser das

Altes Katalogkärtchen mit der Handschrift Karl Renners

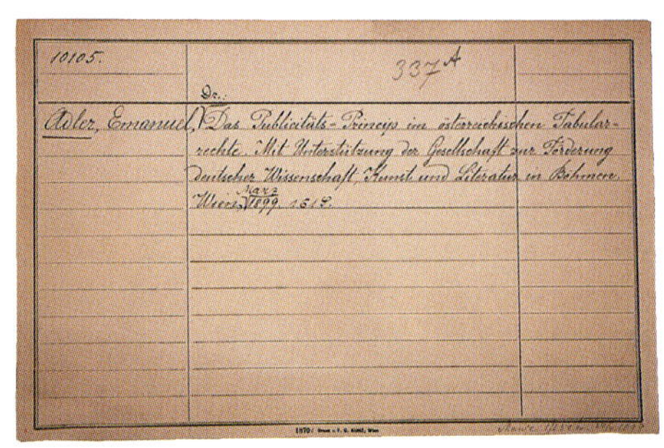

Gefühl, willkommen zu sein und strahlt mit den bis an die Decke reichenden Bücherregalen eine gewisse Ruhe und unparteiischen Gleichmut aus. Die Fensternischen sind mit Holz und Marmor verkleidet und betonen ebenfalls diesen Charakter des Saales, bei dem die Entwürfe Hansens weitgehend Berücksichtigung fanden.

Die Parlamentsbibliothek, die zu Recht als die „erste politische Bibliothek Österreichs" gilt, beherbergt heute etwa 250.000 Bände, die sich vorwiegend mit den Themen Staatswissenschaft, Recht und Politik beschäftigen. Den Grundstock der Sammlung bildete die so genannte „Bibliothek des Staatsrates", die zwischen 1850 und 1860 angelegt wurde und später dem Reichsrat bzw. auch dem Reichsgericht zur Verfügung stand. 1872 wurden die Bestände des „Zentralarchivs für Gesetzgebung und Statistik" übernommen, 1884 übersiedelte die Bibliothek in das neue Parlamentsgebäude am Ring, betreut von dem bekannten Schriftsteller Siegfried Lipiner (1856–1911). Von 1895 bis 1907 leitete Karl Renner (1870–1950), der spätere Kanzler und Bundespräsident, den Aufbau der Sammlung. Einen besonderen Schwerpunkt der Bestände bildet – dem demokratischen Geist des Hauses entsprechend – die umfassende Dokumentation parlamentarischer Arbeit in aller Welt: Neben den Parlamentsprotokollen der Republik Österreich sind Niederschriften von etwa 20 deutschen Landtagen und 36 Parlamenten aus Europa und Übersee vorhanden; die Hälfte davon wird laufend ergänzt. Außergewöhnlich reich sind die Bestände an Gesetzessammlungen und Verordnungen europäischer Staaten, so findet sich hier z. B. neben den Reichsgesetzblättern der österreichisch-ungarischen Monarchie auch das französische *Bulletin des lois* bzw. *Journal officiel* in mehr als 1370 Bänden. Zu den Kostbarkeiten der Sammlung zählen weiters Raritäten wie das 1546 in Basel erschienene Geschichtswerk *Vienna Austriae* von Wolfgang Lazius, die Biografien der *Annales Carinthiae* von Hieronymus Megiser aus dem Jahre 1612, Johann Ziegers *Regenten-Beschreibung* (1685) oder auch kulturhistorisch aufschlussreiche Dokumente wie alte Bergwerksordnungen *(Perckrechts-Büchel)* aus dem 16. und 17. Jahrhundert.

Auch er fand Platz im „Hohen Haus" an der Ringstraße: Marmorstatue des Caius Iulius Caesar im Reichsratssaal.

BIBLIOTHEK DER BENEDIKTINERABTEI UNSERER LIEBEN FRAU ZU DEN SCHOTTEN

Ohne eigene Bücher zu sein, ist der Abgrund der Armut, verweile nicht darin!

JOHN RUSKIN

Mitten im Herzen der Altstadt Wiens, von Märkten und Geschäften umschlossen, befindet sich die größte Klosteranlage der Stadt: die Benediktinerabtei Unserer Lieben Frau zu den Schotten, allgemein bekannt als das „Schottenstift". Schon 1155 siedelte hier der Babenbergerherzog Heinrich II. Jasomirgott die ersten Mönche an und ließ für sie in unmittelbarer Nähe seiner Residenz Am Hof ein Kloster und eine Kirche errichten. Beim Tod Heinrichs 1177 war die Kirche noch nicht vollendet. 23 Jahre später konnte die Klosteranlage feierlich eingeweiht werden. Das Aussehen dieses ersten Gebäudekomplexes ist aus alten Ansichten bekannt: Die dreischiffige romanische Pfeilerbasilika hatte eine Apsis und einen Vierungsturm. Die Kirche war um ein beträchtliches Stück länger als das heutige Gotteshaus. Ursprünglich war das Stift ausschließlich für die *scotti,* die Mönche aus Schottland, bestimmt. Da aber mit dieser Auflage eine erhebliches „Nachwuchsproblem" verbunden war, erwirkte Herzog Albrecht V. (1404–1439) vom Papst die Erlaubnis, auch Mönche aus dem Reich in das Kloster aufzunehmen. Die Schotten waren von diesem päpstlichen Erlass weniger begeistert und suchten ihr Heil im Rückzug, indem sie in ihre ursprüngliche Heimat abwanderten. 1418 machten sich Mönche aus dem berühmten Stift Melk in der Wachau auf, um das Schottenkloster mit neuem Leben zu erfüllen. Aus der Zeit des gotischen Umbaues hat sich der so genannte „Schottenmeisteraltar" erhalten. Nach mehreren Katastrophen, die

Die größte Klosteranlage Wiens: das Schottenstift

der Abtei arg zusetzte, schritt man in der ersten Hälfte des 17. Jahrhunderts schließlich zu einem Neubau der Kirche.

Zu den besonderen Aufgaben zählte bei den Schotten immer die Pflege der Wissenschaft. Schon bald nach der Gründung der Universität 1365 entwickelte sich eine enge Verbindung und eine Vielzahl von Mönchen lehrte an dieser Bildungsanstalt. Zur gleichen Zeit entstand im Schottenkloster ein eigenes Skriptorium, in dem sich die Mönche mit Eifer der Vervielfältigung von Büchern widmeten. Die deutschen Mönche wollten den irischen, damals Schotten genannt, um nichts nachstehen und auch sie gingen mit großer Zielstrebigkeit daran, das Kloster zu einem Zentrum der Wissenschaft zu machen. Ein großer Teil der heute in der Bibliothek vorhandenen Schriften stammt aus dieser Zeit oder wurde während dieser Zeit angekauft. Abt Martin von Leibitz (1446–1461) war um die Errichtung eines eigenen Bibliotheksraumes bemüht und erließ eigene Statuten für den Bibliothekar. Dass man schon damals eine Trennung des Bücherbestandes anstrebte, geht aus der Eintragung in einer Handschrift hervor, wonach die liturgischen Bücher in der Sakristei, die übrigen in der Bibliothek aufbewahrt wurden. Eine Reihe von Büchern gelangte vor allem durch den engen Kontakt mit der Wiener Universität und der dort lehrenden Professoren in die Schottenbibliothek. Darunter die Privatbibliothek des Urban von Melk oder des Nikolaus von Dinkelspühel. Eine besonders enge Bindung dürfte zum Juridicum bestanden haben, denn beinahe ein Viertel der heute vorhandenen Frühdrucke widmet sich der Rechtswissenschaft. Über den mittelalterlichen Bücherbestand können wir heute nur wenig sagen. Es muss jedoch bereits damals ein Katalog vorhanden gewesen sein. Während der Ersten Türkenbelagerung Wiens (1529) erlebte das Kloster auf Grund seiner exponierten Lage schwere Zeiten. Die Patres mussten das von kaiserlichen Landsknechten beschlagnahmte Kloster verlassen und Archiv und Bibliothek zurücklassen. Ein Brand zog das Kloster während der Zweiten Türkenbelagerung (1683) in arge Mitleidenschaft.

Antikes Raumgefühl bestimmt die Gesamtkonzeption Joseph Kornhäusels: Wuchtige dorische Säulen erinnern an lichtdurchflutete Tempelräume …

Anders als bei den großen Bibliotheken in Admont, Melk oder Altenburg ist nicht in erster Linie der Repräsentationsgedanke ausschlaggebend, der dem Betrachter allein durch die Vielfältigkeit der Ornamentik und die Virtuosität der Architektur den Atem nimmt. Nicht eine Apotheose des Wissens bildet das zentrale Augenmerk, das sich durch zahlreiche und findige Details allein Ehre verschafft. Die Nüchternheit des klassizistischen Raumes ist nahezu provokant, zieht allerdings nach erstem Erstaunen sofort in ihren Bann. Auf das Wesentliche reduziert, erahnt der Betrachter die Dimension des geschriebenen Wortes, die dem Raum nahezu einen sakralen Touch verleiht. Von oben her dringt Licht in den Raum und betont die Freundlichkeit, der hellen, unaufdringlichen Farben. Der Vergleich mit anderen Schöpfungen Joseph Kornhäusels lässt sehr schnell Parallelen erfassen und an zahlreiche Baderäume denken, die der Biedermeier-Architekt geschaffen hat. So kann man fast von einem „Thermalstil“ sprechen, der hier durchklingt und völlig neue Aspekte zum Klingen bringt. Die Apsis des Raumes und die dreischiffige Gliederung lassen unwillkürlich an große, lichtdurchflutete Kirchenräume denken. Markant sind die großen, wuchtigen dorischen Säulen, die sich aber sehr harmonisch in die Gesamtkonzeption einbinden. Gleichzeitig wird durch sie beinahe ein antikes Raumgefühl geschaffen, das an große Tempelhallen erinnert. Das Gewölbe, das sich sehr elegant über den gesamten Raum spannt, ist mit Fresken versehen, die von einem Meister namens Franz Weiner stammen. Über den Eingängen erstrecken sich zwei Reliefs, wovon das eine zwei Genien darstellt: eine hat eine Lyra in der Hand und weist auf die Künste, die andere schreibt und wird so zur Allegorie der Wissenschaft. Analog dazu die Darstellung der beiden Hauptrichtungen des menschlichen Schaffens: Wissenschaft und Künste. Zentral sind die Theologie und die Jurisprudenz dargestellt. Unter den Wissenschaften treten besonders die Geschichtsschreibung, die Astronomie und die Numismatik hervor. Die Künste werden vertreten durch Bildhauerei, Musik, Malerei und Schauspiel. Als Schöpfer dieser bemerkenswerten Arbeiten gilt Josef Klieber. Bevor allerdings im Schottenstift der klassizistische Bibliotheksraum geschaffen wurde, bestand eine barocke Bibliothek, die in einem Codex der Österreichischen Nationalbibliothek aus dem 18. Jahrhundert ausführlich beschrieben wird. Dieser Codex wird bereits im Buch *Österreichischer Bibliotheksbau* (Jaksch, Fischer, Kroller, Österreichischer Bibliotheksbau, Graz 1992, S. 95 f.) zitiert, ist aber in seiner Beschreibung so trefflich, dass es müßig wäre, nach anderen Texten zu suchen.

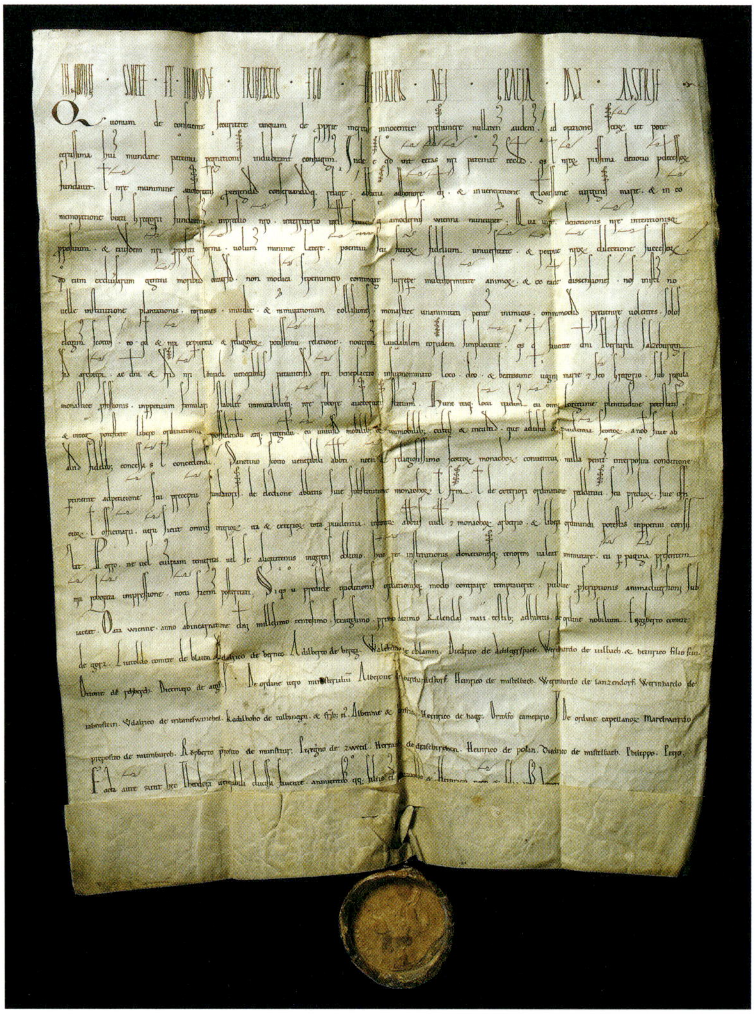

Die Stiftungsurkunde des Schottenklosters aus dem Jahre 1156, ausgestellt vom Babenbergerherzog Heinrich II. Jasomirgott

„Ob nun schon die Bibliothek bei denen Benediktinern zugenannt zu denen Schotten im Jahre 1529 durch die vorgegangene erste türkische Belagerung eine große Verwüstung erlitten, ja noch überhin Anno 1683 durchs Feuer fast gänzlich eingeäschert worden, so ist sie doch dermalen, besonders von dem Abten Benone, wieder vortrefflich hergestellet. Sie besteht in einem hohen ober dem Speisezimmer mit 16 Fenstern versehenen, für die Anzahl der Bücher jedoch nicht genugsam hinreichenden Saal, wannenhero auch in der Mitte vier besondere Schränke haben müssen aufgestellt werden, um in solchen zu beiden Seiten die bis 20.000 Bände sich erstrecken sollenden Bücher füglich unterbringen zu können. Man kommt im ersten Stock vermittelst einer eigenen mit einer eigenen Tür verschlossenen Treppe dahin, da man bei derselben Eröffnung sogleich zur linken Hand eine Tafel, worauf die mit denen in der k.k. Bibliothek übereinkommenden Verhaltensregeln stehen, erblicket. Die Repositorien sind sehr schön und an der ungewölbten Decke die vier Hauptfakultäten in dem Gemälde von dem Künstler Bergl entworfen. Bei der Theologie sind sonderlich die Worte ‚Im pricipio erat verbum' ersichtlich. Die wenigen und meistenteils recenten MSS. Stehen vorwärts in dreien Schränken oberhalb des durchgehend an den Wänden herumlaufenden Ganges, und unter diesen befindet sich zwischen denen oberen zweien gegen den Garten angebrachten Fenstern eine hübsche Sammlung von Bibeln, worunter jene in russischer und eine andere in armenischer, dann eine alte deutsche ohne Nam des Druckers, Jahres und Ortes sich befinden."

Von dieser alten Bibliothek hat sich allerdings nichts erhalten, denn sie wurde nach dem Beschluss des Konventes, das Kloster umzubauen, vollkommen abgebrochen und über der Aula nach den Plänen Kornhäusels der neue Bibliothekssaal errichtet.

Zu den Schätzen der Bibliothek im Schottenstift zählt auch eine alte russische Bibel.

Obwohl mehrere Plünderungen viele wertvolle Bücher für immer verloren gehen ließen, ist der noch vorhandene Bestand äußerst bemerkenswert. Besonders dominant sind die theologischen Werke aus der Zeit der Scholastik und des Humanismus. Eine starke Sammlung stellen die Schriften josephinischer Prägung dar. Eine Strömung, die für die Klöster Österreichs sicherlich eine tiefe Zäsur bedeutet, zumal der Geist der Aufklärung auch vor den Klostermauern nicht Halt machte und so wie Staatsmänner auch Mönche und geistliche Herren ergriff. Insgesamt umfasst der Bücherbestand des Schottenstiftes an die 150.000 Druckwerke, darunter besonderskostbare Raritäten aus humanistischer Zeit: Werke des Philipp Melanchthon, ebenso wie Opera von Luther, Erasmus von Rotterdam und Nicolaus von Lyra. Neben den 740 Handschriften beherbergt ein eigener Archivraum 439 Inkunabeln. 1541 trat der aus der Oberpfalz stammende Dichter Wolfgang Schmeltzl (um 1500–um 1557) das Amt eines Schulmeisters am Schottenstift an und verfasste hier seinen berühmten *Lobspruch der Hochlöbl. Weit berümbten Khünigkl. Stat Wienn in Österreich,* der erstmals 1547 erschien.

Durch die Errichtung des Stiftsgymnasiums, das zu den berühmtesten Lehranstalten Österreichs zählt, und dessen Neuorganisation 1849/50 verstärkte sich die Frequenz der Stiftsbibliothek und aus dem Dublettenbestand wurde eine eigene Schulbibliothek eingerichtet. Einen bedeutenden Zuwachs erfuhr die Klosterbibliothek durch den Büchernachlass des österreichischen Gesandten in Ragusa, Franz Timoni († 1865), der über 4000 Bände umfasste.

Der Großteil der Inkunabeln, die ebenfalls hauptsächlich aus Nachlässen und Schenkungen stammen, wird von juridischer Literatur gebildet. Überhaupt rekrutierten die klösterlichen Sammlungen viele Druckwerke und auch Handschriften aus dem Nachlass bedeutender Persönlichkeiten, die den Ordensleuten wohlgesonnen waren. Die älteste Inkunabel des Schottenstiftes beinhaltet die *Opera* des Lucius C. Firmianus aus 1468.

Sehr beeindruckend ist auch der Bestand an prachtvollen Handschriften, der die Sammlung des Schottenstiftes unter den klösterlichen Sammlungen in eine besondere Position erhebt. Die Handschriften sind in einem eigenen, der Bibliothek angeschlossenen Raum, untergebracht. 400 Codices stammen aus der Zeit vor 1500 und enthalten sehr schöne Beispiele deutscher aber auch französischer Buchmalerei. Innerhalb der Sammlungen befindet sich noch eine bemerkenswerte Kollektion von alten Atlanten, in denen sich ca. 5.000 Karten aus der Zeit zwischen 1500 und 1900 befinden.

JOSEPHINUM WIEN

Die besten Freunde im Unglück, die, obgleich stumm, zu trösten und zu erfreuen verstehen, sind Bücher.

GERHARD ROHLFS

1783 gründete Kaiser Joseph II. die Militärärztliche Akademie, um den damals nur handwerklich ausgebildeten Feldchirurgen eine akademische Ausbildung zuteil werden zu lassen. Der italienische Baumeister Isidore Canevale (1730-1796) zeichnete für die Pläne des herrschaftlich wirkenden Gebäudes verantwortlich. Die Person des Baumeisters ist allerdings umstritten und so gibt es Thesen, wonach der mailändische Architekt Guiseppe Piermarini (1734–1808) als eigentlicher Gestalter in Betracht kommt. Das Gebäude, dessen vorspringender Mittelteil durch flache Lisenen gegliedert ist, gilt als eines der schönsten Baudenkmäler Wiens aus josephinischer Zeit. Zwischen 1783 und 1785 war das Gebäude, dessen Ehrenhof zur Währinger Straße hin durch hohe Gitter und Vasen bekrönte Pfeiler abgegrenzt wird, auf der Grundform eines U-s errichtet worden. Der etwas überhöhte Mittelteil wird durch ein prächtiges Wappen mit dem kaiserlichen Doppeladler abgeschlossen. Im ersten Stockwerk öffnen sich hohe Fenster mit eindrucksvollen, girlandenbekrönten Umrahmungen. Die Fenster der zweiten Etage sind nahezu quadratisch und fügen sich mühelos in die bestehende Architektur ein. Auf den kräftigen Voluten der flachen Lisenen ruht ein breites Gesims, das von diesen getragen scheint. Der palaisartige Charakter des Institutes wird durch die sehr gepflegte Hofanlage betont. Der zentrale Brunnen wird von der Gestalt der Göttin Hygieia überragt. Diese Skulptur stammt aus der Hand von Johann Martin Fischer. Das Bestreben, den Chirurgen eine gründliche Ausbildung zu ermöglichen, stand im Mittelpunkt der Gebäudekonzeption.

Ein Klassiker der Botanik: Nikolaus Joseph Jacquins Selectarum stirpium Americanarum historia …, *1763*

Berühmt ist das Josephinum für seine zwischen 1775 und 1785 in Florenz entstandene Sammlung von 1192 Wachspräparaten. Mehrfach wurde die Akademie als Ausbildungsanstalt geschlossen. 1914 erfolgte die Verlegung des Institutes für Geschichte der Medizin in das Gebäude des Josephinums; nach einer Generalsanierung (1962/65) erstrahlte es im neuen Glanz. Heute befindet sich dort die Bibliothek, das Bildarchiv, die Handschriftensammlung und ein eigenes medizinisches Museum. Aus der Lehrbibliothek entwickelte sich die Bibliothek des Josephinums und zeigt in ihren Beständen das reiche Spektrum medizinischer Literatur. Zahlreiche private Arztbibliotheken sowie Bestände von Kliniken und Instituten der medizinischen Fakultät der Universität Wien

Schlanke weiße Säulen mit hochgezogenen Kapitellen verleihen dem Lesesaal der „Josephina" vornehme Eleganz.

wurden im Laufe der Zeit in den Bücherbestand integriert.

Ursprünglich bestand die Bibliothek aus zwei voneinander getrennten Räumen im ersten Obergeschoss. Die ältere Bibliothek stellt die sogenannte „Josefina" dar. Weiße, bis an die Decke reichende Bücherstellagen umschließen den hellen Raum. Zwei niedere Bücherschränke mit Glastüren und Lesepulten sind in Richtung der beiden hohen Fenster aufgestellt. Der wesentlich reizvollere Raum des Bibliotheksbereiches ist der sogenannte Lesesaal. Der quadratische Raum trägt eine Decke mit Kassettenfeldern, die von schlanken Säulen mit hochgezogenen Kapitellen getragen wird. Die ursprüngliche stuckierte Kassettendecke wurde ein Opfer der Zerstörungen des Zweiten Weltkrieges. Quadratische Parkette mit überkreuzten Mustern vermitteln durch die Lebendigkeit des reichlich vorhandenen Lichtes einen äußerst homogenen Charakter. Die Bücherschränke mit Glastüren und geschlossenen Unterschränken erstrecken sich bis an das Gesims. Zwi-

95.000 Bücher und Handschriften aus allen Gebieten der Medizin stehen dem Besucher zur Verfügung.

schen den Säulen sind sechs Tische aus josephinischer Zeit aufgestellt. In einer Nische steht die lorbeerbekrönte Büste Kaiser Josephs II. als Patronus der Anstalt. Das Bildwerk kann den Stolz nicht leugnen, der dem Herrscher ins Antlitz geschrieben ist. Die freundliche Stimmung des Leseraumes wird durch die Wirkung des großen kristallenen Lusters betont. In der Sammlung des Museums im Josephinum haben sich beeindruckende chirurgische Handwerkzeuge erhalten. So mancher Arzt steht heute noch schaudernd vor diesen Werkzeugen, die eine Linderung der Schmerzen herbeiführen sollten. Von großen Knochensägen, deren Anblick auf medizinische Wunder hoffen lässt, bis hin zu eigenartigen Glasgefäßen, die zur Harnuntersuchung dienten, reicht die vielfältige Palette des Gezeigten. Dass angesichts solcher Gerätschaften eine verbesserte Ausbildung der Chirurgen nicht von Nachteil sein konnte, wird jedem Besucher des Josephinums sofort klar. Auch mancher Mediziner der damaligen Zeit wird mit einer gewissen Dankbarkeit die Bibliothek betreten haben, die in zahlreichen Druckwerken die gesamte Bandbreite der ärztlichen Kunst schilderte.

Durch die Errichtung der Abteilung für Ethnomedizin im Jahr 1993 erfolgte sukzessive auch der Erwerb der entsprechenden Literatur. In den 70er-Jahren stand die Errichtung eines Bücherspeichers im Erdgeschoss auf dem Programm. 1997 schuf man ein Magazin und richtete den

Lesesaal der Bibliothek mit neuen Möbeln ein. Im Gesamten umfasst der Bücherbereich des Josephinums 95.000 Bände. Diese Büchersammlung gehört zu den bedeutendsten medizinisch-chirurgischen Spezialbibliotheken, die in dieser Art erhalten sind. 5.000 alte Dissertationen befinden sich hier, die vom Schweiß und der Anstrengung der Studiosi berichten. Im 15. Jahrhundert entstand ein Buch über die Pest, das zu den ältesten dieser Art überhaupt zählt. Die Kriegsjahre setzten auch der josephinischen Büchersammlung enorm zu und führten zu einigen schwerwiegenden Verlusten.

Die Inhalte der Bücher beziehen sich auf sämtliche Disziplinen der Medizin, ebenso auf die allmählich selbständig werdenden Spezialgebiete und zumeist über deren Grenzen hinaus. Genauso vertreten sind Botanik und Zoologie, die Mineralogie und Veterinärmedizin. Sogar Astrologie, Geomantie und Magie werden in den Schriften behandelt. Ein bedeutender Schwerpunkt liegt auf der Darstellung der Geburtshilfe und der Kinderheilkunde. Obwohl eine bemerkenswerte Gewichtung auf dem Bereich der Kriegschirurgie lastet, so sind doch die mehrheitlichen Werke dem Thema Anatomie und interne Medizin, sowie Chirurgie im allgemeinen verschrieben. Bemerkenswerte Monographien widmen sich den großen Seuchen wie der Pest, den Pocken, der Ruhr und dem typhösen Fieber. Sehr reichhaltig ist die Abteilung Pharmakologie, neben vielen Monographien tierischer, pflanzlicher, mineralogischer und auch einiger chemischer, darunter einige sehr sonderbar anmutenden Heilmittel, eine große Anzahl der Werke *Materia medica,* Rezeptbücher und schließlich Pharmakopöen von Lissabon bis St. Petersburg. Hinzu tritt eine Reihe von toxikologischen Abhandlungen und Werken über giftige Tiere und Pflanzen.

Die sehr lebendige Erzählung der Geschichte der Medizin lädt zur Lektüre einiger bedeutender Werke ein. Aus der Renaissancezeit haben sich einige Bücher erhalten, die sich dem Thema der orientalischen Medizin widmen. Einen besonders reizvollen Ausschnitt aus dem Bücherbestand stellt die Handschriftensammlung dar. Diplome, Zertifikate, Rezepte, Briefe, ärztliche Gutachten, Manuskripte, Vorlesungsabschriften, ärztliche Notizkalender und verschiedenes andere wird in einer sehr skurril anmutenden Kollektion zusammen gefügt. Zu den besonders interessanten Stücken zählen der Dankesbrief Sigmund Freuds an Wagner von Jaueregg anlässlich seines 60. Geburtstags, Briefe von Billroth oder einer des berühmten Alexander von Humboldts. Unter den zahlreichen Schriften befinden sich auch Nachlässe von Julius Tandler, Lorenz Böhler und sogar mehrere in französischer Sprache abgefasste Briefe von Gerard van Swieten, dem großen Reformer und Leibarzt Maria Theresias.

Thonet-Sessel Nr. 14 laden zu beschaulichem Studium.

THERESIANUM WIEN

In einer guten Bibliothek könnte ich leben und sterben …

CHARLES SIMIC

Die vielen Schlösser der Stadt Wien zeugen noch heute vom feudalen Lebensstil der Adelsfamilien im Umkreis des Wiener Hofes, die im Zuge des Dreißigjährigen Krieges und der Gegenreformation zu riesigen Reichtümern gelangt waren. Auch die kaiserliche Familie erwarb immer wieder Landsitze und baute diese zu prächtigen Lustschlössern um, die als Sommerresidenzen und Erholungsorte dienten. So plante bereits Kaiser Matthias vor den Toren der Stadt ein Schloss zu errichten. Nach seinem Tod 1619 wurde der einstöckige Bau unter Kaiser Ferdinand II. fortgesetzt und schließlich 1623 vollendet.

Über den Architekten sowie den Baumeister geben die Archivalien keinerlei Auskunft – gewiss ist, dass das Schloss „Favorita" schnell zu einem beliebten „Ausflugsziel" der kaiserlichen Familie wurde. Als 1683 die türkischen Heerscharen unter Kara Mustafa anrückten, ließ der damalige Verteidiger der Stadt Wien, Graf Rüdiger von Starhemberg, die Vorstadt niederbrennen, um den Osmanen jeglichen Unterschlupf zu entziehen. Dabei fiel auch die Favorita dieser militärischen Operation zum Opfer. Nach dem Ende der Türkengefahr wurde das Schloss durch den Hoftheater-Architekten Lodovico Ottavio Burnacini neu konzipiert. Der Entwurf umfasste weitläufige Parkanlagen, die die Lebensfreude des barocken Zeitalters demonstrieren sollten. Aus dieser Zeit ist das große schmiedeeiserne Tor erhalten, das eine Meisterleistung barocker Kunstentfaltung darstellt. In der Folge wurde das Schloss zum attraktiven „Zufluchtsort" der höfischen Gesellschaft. Leopold I., Joseph I. und Karl VI. liebten das Theater und die Musik; sie ließen in den Räumen des Schlosses glanzvolle Feste und großartig inszenierte theatralische Aufführungen stattfinden.

Standardwerk des 18. Jh.:
das Dictionarium casuum conscientiae …
von Jean Pontas

Als 1740 Kaiser Karl VI. seine Augen für immer schloss, erlosch auch das Licht in der „Favorita". Kaiserin Maria Theresia verlagerte ihre Interessen auf das – damals noch unvollendete – Schloss Schönbrunn, das sie zu einer gefälligen Sommerresidenz umgestalten ließ. Das Lustschloss auf der Wieden verkaufte sie auf Anraten ihres Leibarztes 1746 dem Jesuitenorden, unter der Bedingung hier ein Gymnasium für adelige Söhne einzurichten. Da die Kosten für eine derartige Eliteschule den Jesuiten zu hoch waren, nahm Maria Theresia die Anstalt zurück und wandelte sie in eine kaiserliche Stiftung – als Collegium Theresianum, das der Heranbildung von Staatsbeamten diente. Dieses wurde 1749 in eine kaiserliche Akademie umgewandelt, deren Ende

Ein goldumrahmtes Doppelporträt von Kaiser Franz I. Stephan und Maria Theresia schmückt den stimmungsvollen Hauptsaal der Bibliothek.

sich allerdings bald anbahnte. Im Siebenjährigen Krieg stand der Betrieb der Anstalt still; 1758 wurde sie den Jesuiten zurückgegeben und 1778 mit der Savoy'schen Ritterakademie vereinigt. Kaiser Joseph II. hob mit dem Dekret zur Klosteraufhebung von 1783 auch die Theresianische Akademie auf und ließ die Ingenieurakademie von der Vorstadt Laimgrube hierher verlegen; Kaiser Franz II. sorgte jedoch 1797 mit einem persönlichen Handschreiben für die Restauration der Akademie.

Der umsichtige Geist von Kaiser Franz II. förderte nun den großzügigen Ausbau und die Aufstockung um eine ganze Etage. Aus der Zeit um 1800 stammen der klassizistische Giebel über dem Mitteltrakt und die heutige Erscheinung des Gebäudes. Unter dem NS-Regime war hier schließlich eine Nationalpolitische Lehranstalt (Napola) untergebracht. Schwere Bombenschäden im Zweiten Weltkrieg machten eine Komplettsanierung notwendig. Der Wiederaufbauphase bis 1959 unter dem Architekten Dr. Schlöss folgten schließlich in den Jahren von 1961 bis 1967 weitere Ausbauarbeiten.

Mit der Eröffnung der Lehranstalt am 1. November 1746 hatte man die Privatbibliothek des Arztes und Hofbibliothekars Garelli (1670–1739) in den ehemaligen Prunkräumen des Lustschlosses eingerichtet. Nach der Aufhe-

Helle und dunkle Kehlheimer Platten setzen einen lebendigen Kontrapunkt zu den strengen Konturen der Eichenholzregale.

bung des Jesuitenordens durch Joseph II. kamen die Bibliotheksbestände an die Universität Lemberg, wo sie leider bei einem Großbrand im Jahre 1848 zum Großteil vernichtet wurden.

6.300 Duplikate der Wiener Universitätsbibliothek bildeten den Grundstock der Sammlung nach der Wiedererrichtung durch Kaiser Franz II. Mit der Privatsammlung von Joseph von Sartory (1756–1812) kamen etwa 4.000 Bücher in den Besitz des Theresianums. Auch Franz Herditz (1748–1822), vormals Kustos an der Bibliothek, vermachte seine private Sammlung von ca. 3.000 Bänden, vor allem zu den Wissensgebieten Botanik und Geografie, seiner einstigen Wirkensstätte. Mit den Nachlässen weiterer Gönner hatte sich schließlich ein ansehnlicher Bücherbestand gebildet: Bereits 1798 stand den Zöglingen eine Bibliothek mit über 35.000 Bänden und etwa 285 Inkunabeln zur Verfügung. Ein jährliches Budget von etwa 1.000 Gulden war dem Ankauf von Büchern und periodischen Zeitschriften gewidmet, es wurde 1850 auf 700 Gulden reduziert. Konnten zunächst jährlich etwa 300 Bände angeschafft werden, so waren es nach dieser Zäsur nur mehr 100.

1898 wurden einige kostbare Inkunabeln und Wiener Drucke an die Hof- und Universitätsbibliothek verkauft. Nach dem Ersten Weltkrieg kamen kaum neue Werke in den Bibliotheksbestand. Während der Kriegsjahre von 1940 bis 1945 wurden die Bücher nach Göttweig ausgelagert, von wo sie 1957 wieder zurück nach Wien kamen.

Der Bibliotheksbereich im Theresianum wird aus insgesamt vier Räumen gebildet. Der erste davon ist ein einfach gestaltetes Zimmer mit sparsamen Stuckornamenten an der flachen Decke. Der zweite, der eigentliche Hauptsaal, reicht über sechs Fensterachsen. Die hier reich stuckierte Decke (1746), die im Zweiten Weltkrieg stark beschädigt und 1971 restauriert wurde, beschreibt in profilierten Bändern schwungvolle Ornamente und wird durch zahlreiche florale Dekore zu einem architektonischen Höhepunkt geführt. Sie bildet einen reizvollen Kontrast zu den aus Eichenholz gearbeiteten Bücherregalen. Diese zeigen einen vielfach geschwungenen, verkröpften Grundriss und reichen bis an die Decke. Ein profilierter Abschluss, der von Ecklisenen mit Kapitellen getragen wird, mündet in schildartige Aufsätze. Die relative Nüchternheit der oberen Regalbereiche wird durch zahlreiche Putti und geschnitzte Vasen aufgelockert.

Über dem Bücherbereich der Stirnfront – gegenüber dem Eingang – schmückt ein goldumrahmtes Doppelporträt von Kaiser Franz I. Stephan und Kaiserin Maria Theresia den Saal. Die Porträts des Herrscherpaares sind eingebettet in ein filigran wirkendes Rokoko-Ornament, das mit prächtigem Blattgold belegt ist. Der Boden mit hellen und dunklen Kehlheimer Platten setzt einen durchaus lebendigen Akzent, der die strengen Konturen der Regale etwas verwischt und zur Raumharmonie beiträgt. Von den Decken hängen kunstvoll gearbeitete Messingluster, die aus dem Bundesmobiliendepot stammen. Drei große Tische aus dem Refektorium, Tische in den Fensternischen, eine Standuhr und mehrere Erd- und Himmelsgloben bilden das reizvolle Interieur.

Der dritte Raum stellt ein einfaches Arbeitszimmer dar, das der Bibliothekar für administrative Zwecke nutzte. Die Türrahmungen bilden ein eindrucksvolles Korrelat mit den prächtigen Rokoko-Bücherstellagen, die aus einem aufgelassenen Jesuitenkloster stammen. Der vierte Raum fällt eigentlich aus dem Rahmen: Er ist mit neuen Bücherregalen eingerichtet.

Der Bestand der Bibliothek umfasst überwiegend Drucke aus der Zeit vor 1900. Neben drei Inkunabeln befinden sich 1.274 Frühdrucke bis zum Jahre 1550 in den Regalen. Der Großteil der Schriften kann zwischen 1750 und 1800 angesetzt werden. Interessant sind 18 im Jahre 1895 erworbene Papyrusfragmente aus einer Sammlung ägyptischer Altertümer. Die genannten Frühdrucke setzen sich großteils aus lateinischen Klassikerausgaben, historischen und theologischen Werken sowie Schriften aus der Reformationszeit zusammen. Von Martin Luther stammen 222 Werke, die meisten davon sind zwischen 1517 und 1540 erschienen. Die theologischen Titel umfassen etwa 2.500 Schriften, wobei die meisten aus der Zeit vor 1750 datieren; viele stammen aus dem ehemaligen Benediktinerstift Mondsee. 4.500 Werke beschäftigen sich mit philosophischen Themen, es findet sich ein Frühdruck des Rechenbuches von Adam Riese, aber auch ein höchst interessantes Bergwerksbuch aus dem Jahre 1621. Auch Wissensgebiete wie Naturgeschichte, Mathematik, Ökonomie und Recht sind in zahlreichen Druckschriften vertreten; die in Buchform gebundenen Handschriften stammen zum Großteil aus dem 15. Jahrhundert.

Für alle, die noch mehr wissen wollen: Die *Bibliotheca Theresiana* ist nicht allein von Büchern beseelt: In den Räumlichkeiten befinden sich auch eine reiche Münz- und Medaillensammlung und – wohl weniger nahe liegend – zwei ehrwürdige altägyptische Mumien.

Ein kostbarer Bucheinband (oben) und Titelblatt einer Werkausgabe Martin Luthers aus dem Jahre 1560 (unten).

UNIVERSITÄTS-BIBLIOTHEK WIEN

Was die Jugend braucht, ist Disziplin und einen vollen Bücherschrank.

VIVIEN WESTWOOD

Die ehrgeizigen Versuche des Menschen, mit Erkenntnissen über Natur und Kosmos Bücher zu füllen, wird in vielen großen und kleinen Bibliotheken des Landes spürbar. Die Büchersammlung der Universität Wien zählt zu den umfassendsten und kann auf eine sehr lange Tradition zurückblicken. Am 12. März 1365 gründete Herzog Rudolf IV. die *Alma Mater Rudolphina* als eine der ersten Universitäten in Europa. Über fünfhundert Jahre lang war diese in der so genannten „Pfaffenstadt", einem Viertel zwischen Wollzeile, Fleischmarkt und Dominikanerkloster untergebracht. Eine Bibliothek wird bereits im Stiftungsbrief Rudolfs IV. erwähnt, allerdings hatte diese schon seit Beginn des universitären Lebens in Wien mit beträchtlicher Raumnot zu kämpfen; teilweise waren die Bücher an verschiedenen Orten gelagert. 1443 wurde mit der Neuerrichtung von Räumen begonnen, die aber erst 1473 zum Abschluss kam. Von dieser Bibliothek berichten zeitgenössische Quellen, dass die Bücher „angekettet auf den Pulten" lagen, sofern sie nicht in Schränken verwahrt waren.

Schwere Zeiten brachen durch die permanente Türkengefahr und die Reformation herein und brachten das Bücherwesen an der Universität nahezu zum Erliegen. Das 18. Jahrhundert küsste den „Tempel der Wissenschaft" aber wieder wach und entfaltete ein reges Bemühen auch um das Buchwesen. Unter Maria Theresia wurde 1753–1755 ein neues Universitätsgebäude errichtet, das nach Plänen des französischen Architekten Jean Nicolas Jadot de Ville-Issey konzipiert war. 1756 hatte man die alte Universitätsbibliothek aufgelöst und ihre Bestände in die Hofbibliothek gebracht, Bereits am 13. Mai 1777 wurde allerdings die Neugründung in den ehrwürdigen Räumen des ehemaligen Jesuitenkollegs in der Postgasse feierlich eröffnet und vor allem mit Beständen aus den aufgelassenen Wiener Jesuitenbibliotheken bestückt. An diese glanzvolle Zeit erinnert heute noch der intakte Bibliothekssaal in der Postgasse, der mit einer Länge von 27 Metern zu den größten Lesesälen des 18. Jahrhunderts zählt. Ein prachtvolles Fresko von Anton Herzog (1692–1740), das die Apotheose der Wissenschaften thematisiert, bildet den äußerst reizvollen Abschluss der raffiniert gestalteten Holzregale, die mit ihren Pilastern in den Deckelspiegel zu wachsen scheinen.

Die immer eklatanter werdende Raumnot machte schließlich den Bau einer neuen Universität notwendig, der 1873 begonnen wurde. Heinrich von Ferstel konnte für die Konzeption des Baues gewonnen werden, den sein Schwager und Mitarbeiter Karl Köchlin zu Ende führte. Im Entwurf Ferstels (1871) war eine dreischiffige, über drei Geschosse reichende Bibliothek vorgesehen; nach fachkundiger Prüfung durch mehrere Experten wurde endlich aber eine kleinere Version in Betracht gezogen: eine einschiffige Halle, die 250 Lesern Platz bieten und im Magazin ca. 500.000 Bücher aufnehmen konnte. Obwohl der Saal nüchterner und vielleicht hallenartiger wirkt als die heiter verspielten Lesesäle der barocken Klosterpaläste, kann ihm eine ehrfurchtgebietende „Autorität" nicht abgesprochen

Der Hauptlesesaal der Universitätsbibliothek Wien überwältigt durch seine eindrucksvollen Raumdimensionen.

werden. Der 46,5 Meter lange Raum wird von einer Art Spiegelgewölbe überspannt, das eine ausgezeichnete Belichtung des Raumes erlaubt. Eingezogene Zwischendecken gliedern den Raum und lassen Galerien entstehen. Zu schnell waren die Bibliotheksräume jedoch wieder zu klein geworden, sodass bereits der berühmte Architekt Otto Wagner 1910 bzw. 1914 Pläne für ein eigenes Bibliotheksgebäude entwarf. Diese wurden aber niemals verwirklicht, sondern ein Provisorium löste das andere ab, eine Außenstelle nach der anderen füllte sich mit Büchern. 1961/62 erfolgte eine Generalumstellung der Bestände, nachdem der große Lesesaal nur mehr über eine Galerie verfügte.

Die alten Bestände der Universitätsbibliothek wie etwa die Handschriften, befinden sich heute wie erwähnt in der Nationalbibliothek. Dabei sind in den Büchern oft noch die Vermerke der Vorbesitzer zu sehen. Unter den großen Donatoren aus dem Kreis der Professoren befand sich unter anderen der berühmte Nikolaus von Dinkelsbühl. Die Bibliothek verfügt über eine beeindruckende Inkunabelsammlung, darunter prachtvolle Ausgaben mit Holzschnitten bedeutender Meister. Die *Cosmographia* des Ptolemaeus wird ebenso in den Listen geführt wie ein Werk des berühmten Hyginus mit astronomischem Inhalt. Heute ist die Zahl der Bücher allein in der Hauptbibliothek auf ca. 2,5 Millionen Bände angestiegen, mit den Beständen in den Instituten sind es ca. 5,7 Millionen. Die Universitätsbibliothek Wien ist zu einem gewaltigen, mit modernster Technologie arbeitenden Informationszentrum der größten und bedeutendsten österreichischen Bildungsanstalt geworden.

DIE BIBLIOTHEK DER FÜRSTEN ESTERHÁZY

Ich besitze auch eine schöne und mit nicht geringer Mühe gesammelte Bibliothek, welche ich beabsichtige mit einer gewissen Fundation in Eisenstadt, bei den h. Franziskanern unterzubringen, damit dieselben ein jeder dahinreisende Gelehrte lesen könne ...

PAUL I. FÜRST ESTERHÁZY

Die ältesten Bestände der Bibliothek der Fürsten Esterházy gehen auf Palatin Nikolaus Graf Esterházy zurück, der im 17. Jahrhundert in seinem Schloss Lackenbach eine Druckschriftensammlung angelegt hatte. Durch seine erste Gattin Ursula Dersffy gelangte er in den Besitz der wertvollen Bibliotheken des Erzbischofs von Gran Nikolaus Oláh und des ungarischen Kardinals Peter Pázman.

Fürst Paul I. – selbst Autor zahlreicher Werke – genoss eine intensive Schulbildung bei den Jesuiten in Tyrnau. Seine Interessen waren sehr vielfältig, was sich auch in dem von ihm erworbenen Bibliotheksbestand widerspiegelt. Zeitgenössische Literatur über Militärwesen, Politik, Reiseliteratur, religiöse Schriften aber auch Fachbücher zur Einrichtung und Systematisierung seiner Kunst- und Wunderkammer zeugen von seinem Bildungsdrang. Um diesen wissenschaftlichen Grundstein für die Nachwelt zu erhalten, verfügte er in seinem Testament im Jahre 1696, dass die Bibliothek in das Franziskanerkloster nach Eisenstadt überstellt werden sollte, um sie von den Gelehrten erweitern und systematisieren zu lassen und für die Wissenschaft zugänglich zu machen. Entsprochen wurde seinem letzten Willen jedoch erst 1752 von seinem Enkel Paul II. Anton.

Anlässlich der Überstellung vom Franziskanerkloster in der Haydngasse in das Schloss im Jahre 1936/37 wurde diese *Bibliotheca Esterházyana* inventarisiert. Es handelte sich dabei um den ältesten Bestand der Bibliothek mit wertvollen Inkunabeln und frühen Drucken zwischen 1450 und 1700. Darunter befinden sich zahlreiche Erstausgaben von Martin Luther und Erasmus von Rotterdam. Ein reich illustriertes Traktat über die Arche Noah des am Collegium Romanum lehrenden Jesuiten und berühmten Polyhistors Athanasius Kircher (1602–1680) sowie ein Werk des Hofmathematikers Kaiser Rudolfs II. in Prag, Tycho Brahe, stellen besonders interessante Kostbarkeiten dar. 1945 transportierten Soldaten der Roten Armee im Zuge der systematischen Plünderung des Schlosses die nach wie vor in Kisten verpackten Bücher der *Bibliotheca Esterházyana* nach Russland ab.

Auch die beiden Söhne des ersten Fürsten, Michael und Joseph, folgten dem Vorbild ihres belesenen Vaters und legten im Schloss in Eisenstadt eine sehr umfangreiche Bibliothek an. In dem nach ihrem sehr frühen Tod im Jahre 1722 erstellten Inventar werden auch zwei Globenpaare,

Ein Teil der Prunkausgaben der Bibliotheca Esterházyana *wird in der neu gestalteten Schatzkammer auf Burg Forchtenstein präsentiert.*

jeweils ein Erd- und Himmelsglobus „..mit mässingern Ringen....", erwähnt. Ein Globenpaar – Erd- und Himmelsglobus – stammt von Joan Blaeu (1598–1673). Die kolorierten Kupferstichsegmente sind auf eine Stuckkugel von ca. 80 cm Durchmesser aufgeleimt, die in ein auf vier Kugelfüßen ruhendes Säulengestell eingesetzt ist. Willem Janszoon Blaeu (1571–1638) und sein Sohn Joan zählten zu den überragenden Globenmachern der ersten Hälfte des 17. Jahrhunderts. Das andere Globenpaar stammt von Guillaume Delisle (1675–1726). Die kolorierten Kupferstichsegmente überziehen eine Stuckkugel, die von einem schwarz gefassten, gedrechselten Weichholzgestell mit hölzernen Armen und rot-braunem Horizontring gehalten wird. Besonders den Erdglobus zeichnet große kartographische Genauigkeit aus. Guillaume Delisle war Herausgeber von Landkarten und Globen und einer der wichtigsten Pioniere der Geo- und Kartografie.

Ein drittes Globenpaar von Didier Robert de Vaugondy (1723–1786) und Charles François Delamarche (1740–1817) stammt aus der Zeit Fürst Nikolaus II. Der Himmelsglobus in den fürstlichen Sammlungen entstand um 1790 und wurde noch um die von Nicolas-Louis de Lacaille neu eingeführten Sternkonstellationen ergänzt. Den Erdglobus überarbeitete noch 1803 Charles-François Delamarche, der inzwischen auch den Verlag von Robert de Vaugondy erfolgreich weiterführte. Die Stuckkugeln mit den prachtvoll kolorierten Kupferstichsegmenten sind in einem schwarz-gold gefassten Holzgestell eingelassen.

Auch die großen Barockfürsten des 18. Jahrhunderts folgten dem Beispiel ihrer Ahnen Palatin Nikolaus und

Fürst Paul und legten in den Schlössern ihren Interessen und dem jeweiligen Zeitgeist folgend Bibliotheken an. Der Hofmeister Fürst Pauls II. Anton, Ludovicus Monville, der für die Erziehung des 13-jährigen Halbwaisen Paul Anton verantwortlich war, bestellte 1724 bei dem Wiener Buchhändler Martin Klinger eine Reihe von Lehrbüchern. Der Schwerpunkt lag dabei bei den klassischen römischen Schriftstellern wie Julius Caesar, Sallust, Tacitus, Cicero, Horaz, Vergil, und Ovid. Weiters sorgten Werke über Rhetorik, Mathematik, Religion, Jurisprudenz, Kunst, Geschichte und Geographie sowie Lexika in verschiedenen Sprachen für eine fundierte Ausbildung des jungen Prinzen. Ab 1731 studierte Paul II. Anton an der Universität von Leyden. Während dieser Zeit tätigte er zahlreiche Buchankäufe, deren Transportkosten mehrere hundert Forint ausmachten und zwei Schränke füllten. Seine umfangreiche Sammeltätigkeit veranlasste ihn, die Bestände zu katalogisieren.

Die von Feldmarschall Fürst Nikolaus I. (1714–1790) im Schloss Eszterháza in Fertöd (Ungarn) angelegte Bibliothek richtete ihr Augenmerk besonders auf militärische Fachliteratur. Fürst Nikolaus I. interessierte sich jedoch auch, wie die umfangreichen Bestände über Philosophie, die Naturwissenschaften und auch Medizin zeigen, für andere Wissensgebiete. 1780 stellte er Pater Primitiv Niemetz in Eszterháza als Bibliothekar ein, der P.G. Bader nachfolgte. Bereits 1784 war dort eine Bibliothek mit mehr als 7.500 Bänden vorhanden. Auch seine Gattin Maria Elisabeth Weißenwolf hinterließ eine beachtliche Bibliothek.

Die größte Erweiterung erfuhr die Bibliothek zweifellos unter dem großen Kunstmäzen Fürst Nikolaus II. (1765–1833). Ab 1796 tätigte er systematisch Ankäufe von Erstausgaben und Prunkwerken zur Weltliteratur, Geschichte, Geographie, Jurisprudenz, Philosophie und den Naturwissenschaften. Das besondere Interesse des Fürsten für die zeitgenössische bildende Kunst und Gartenarchitektur dieser Zeit spiegeln die vielen einschlägigen Werke über Malerei, Architektur, Bildhauerei und Landschaftsgärtnerei wider. Die systematische Vergrößerung der Bibliothek war einerseits ein Schwerpunkt seiner Sammeltätigkeit, erforderte aber andererseits eine oftmalige Übersiedlung der Bestände. Dies belegen die in dieser Periode erstellten Inventare und die zahlreichen Rechnungsbelege aller namhaften europäischen Verlage und Buch- und Kunsthändler wie Dominique Artaria in Mannheim und Frauenholz in Nürnberg, Carmesina, Schallbacher, Degen und die Volksche Buchhandlung in Wien sowie Redoute in Paris, um nur einige der wichtigsten zu nennen. Die meisten Werke ließ er von den fürstlichen Buchbindern Schmidt und Halik in Leder binden und mit Goldschnitt und in Gold geprägtem fürstlichem Wappen verzieren.

Kartographische Exaktheit:
der Erdglobus von Guillaume Delisle mit Horizontring.

Baron Ginterode wurde 1794 als Bibliothekar eingestellt, der aber kurz darauf überraschend verstarb. Ihm zur Seite stand der Bibliotheksdiener Joseph Ignatz Gurk, der auch dem Nachfolger Ginterodes Pater Primitiv Niemetz assistierte, der sich bereits in Esterháza als Bibliothekar verdient gemacht hatte. Nach dem Tode von Pater Primitiv Niemetz 1806 trat Franz Hillmer die Stelle als Bibliothekar an, der mit großem Engagement die Bibliothek weiterführte. Die Auslagen für die Bibliothek beliefen sich bereits auf mehrere tausend Gulden jährlich. Am 25.1.1809 wurde Georg Gaál zum Bibliothekskustos ernannt. Differenzen und Reibereien zwischen dem etwas eigensinnigen Franz Hillmer und dem, wie sich herausstellen wird, sehr fähigen, überlegten, strebsamen Georg Gaál waren vorprogrammiert. Die Folge war, dass im Juli bereits beide suspendiert und die Bibliothek an Ludwig Wieland, den Sohn des Dichters Christoph Martin Wieland, übergeben wurde. Gaál wurde in das Schloss Pottendorf in die Bildergalerie versetzt, und avancierte sehr bald zum Galerieactuarius, Franz Hillmer, der ohnehin zu eigenmächtig bei den Akquisitionen gehandelt hatte, wurde in Pension geschickt und verstarb zwei Jahre später. Georg von Gaál kehrte aber noch im selben Jahr in den Dienst der Bibliothek zurück. Am 25. August 1809 ernannte ihn der Fürst zum Kustos der fürstlichen Bibliothek. Wieland wurde bereits wieder 1812 pensioniert. In diesen eineinhalb Jahrzehnten wechslten nicht nur die Bibliothekare sehr häufig, auch der Bücherbestand war auf mehrere Häuser zwischen Eszterháza und Wien aufgeteilt.

Mit dem Erwerb des Palais Kaunitz in Wien-Mariahilf 1813 wurde eine Zusammenführung der meisten Bestände möglich. Vier neu adaptierte Räume boten endlich einen würdigen Rahmen für die rasch anwachsende Bibliothek. Das Palais in Mariahilf etablierte sich rasch zu einer Kulturstätte. Nicht nur die weltberühmte Esterházysche Bildergalerie, sondern auch die Kupferstich- und Zeichnungssammlung, das Mineralienkabinett, eine beträchtliche Anzahl klassizistischer Skulpturen, Asiatika und kostbares Porzellan wurden hier zur Schau gestellt. Die Galerie und auch die Bibliothek waren öffentlich zugänglich. Die Fürstlich Esterházyschen Sammlungen zählen somit zu den ältesten Museen der Welt. Galeriedirektor Joseph Rothmüller verwaltete eine Gemäldegalerie mit beinahe tausend Werken und eine ca. 30.000 Stück umfassende Kupferstich- und Zeichnungssammlung, die weit über die Grenzen des Habsburgerreiches bekannt war.

Ein legendäres Kartenwerk:
der Weltatlas Theatrum Orbis Terrarum
von Willem Janszoon Blaeu, Amsterdam 1640

1823 übersiedelte die Bibliothek schließlich wiederum aus Platzmangel in das Rote Haus am Alsergrund. Die finanzielle Lage wurde jedoch ab der Mitte der 20er-Jahre immer angespannter, sodass in allen Bereichen drastische Sparmaßnahmen spürbar wurden. Georg von Gaál leitete ab 1833 auch die Bildergalerie und Kupferstich- und Zeichnungssammlung. Nach seinem Tod im Jahre 1855 sind nur mehr wenige Aktivitäten im Kunst- und Bibliotheksbereich zu bemerken. 1862 begann man nun endlich mit der Zusammenführung der Buchbestände in Eisenstadt im Gebäude der Zentralverwaltung in der Joseph-Haydn-Gasse neben dem Schloss. Bibliothekar Franz Burgerth wurde mit der Aufstellung der Bestände betraut. Die Überstellung der Bibliothek in das Schloss, wo sie sich heute noch befindet, erfolgte erst 1920/21. In den 50er-Jahren entstand ein Gesamtinventar; 1998 wurde mit der EDV-mäßigen Inventarisierung der Bibliothek begonnen.

Auf Initiative von Fürstin Melinda Esterházy wird seit 1998 ein kleiner Teil der Prunkausgaben in der neu gestalteten Schatzkammer auf Burg Forchtenstein präsentiert. Hier schließt sich der Kreis wieder, der bei Fürst Paul I. begonnen hat, als er in seinem Testament die beiden Kapitel – Schatzkammer und Bibliothek – unmittelbar hintereinander reihte.

Text: Theresa Gabriel

STIFTSBIBLIOTHEK ALTENBURG

Der Anblick von Büchern nimmt die Sorge vom Herzen.

MAURISCHES SPRICHWORT

Zu den Juwelen barocker Architektur in Österreich zählt zweifelsohne das im Waldviertel gelegene Stift Altenburg. Alle Register des schöpferischen Geistes des Barock sind hier gezogen worden und vereinen sich in den Elementen dieses großartigen Baus zu einer steinernen Symphonie.

Schon 1144 kamen in das von Gräfin Hildburg gestiftete Kloster Benediktinermönche. Der Überlieferung nach stammten diese aus dem steirischen Kloster St. Lambrecht. Wie viele andere Abteien, so erlebte auch Altenburg das Auf und Ab der Geschichte, Kriege und Katastrophen, gefolgt von Zeiten der Blüte und Erneuerung. Nach den Türkeneinfällen im 16. Jahrhundert wird das Kloster als „wüster Steinhaufen" bezeichnet. Obwohl die Bedingungen sehr schwierig waren, gaben die Mönche die benediktinische Lebensführung nicht auf; unterstützt durch neue Stiftungen und Zuwendungen adeliger Herrschaften, gelang es schließlich, das Kloster wieder aufzubauen.

Im 17. und 18. Jahrhundert erlebte Altenburg eine Blütezeit. Geistreiche Äbte und arbeitsame Mönche verwirklichten große Pläne und Visionen. Abt Maurus Boxler (1658–1681) und Abt Placidus Much (1715–1756) gelten als die großen Gestalten der Altenburger Stiftsgeschichte. Letzterer beauftragte den berühmten Baumeister Joseph Munggenast mit der Konzeption einer prächtigen Barockanlage. Am Ende des 18. Jahrhunderts setzten die kirchenpolitischen Maßnahmen von Joseph II. dem Kloster zwar zu, allerdings konnte es damals einer Aufhebung entgehen. Die prachtvolle Kirche mit den Fresken des bedeutenden Barockmalers Paul Troger bildet neben gediegen ausgestatteten Räumen das Zentrum des Stiftes.

Obwohl die Anlage durch gewaltige Dimensionen gekennzeichnet ist, wirkt sie nicht aufdringlich. Die einzelnen Elemente des Bausystems sind locker aneinandergefügt und lösen sich in stilistisch ausgeklügelten Pavillonformationen auf. Die Verbindung der Baukomplexe ist eine Meisterleistung des Architekten, der es ausgezeichnet verstand, optische Zusammenhänge zu schaffen, ohne die Eigenständigkeit der einzelnen Bereiche zu stören. In gelungener Korrespondenz zur Architektur steht die Unregelmäßigkeit der Landschaft, die dem Architekten besonderes Gespür abforderte. Der Besucher des Stiftes mag überrascht sein, in dieser doch etwas abgeschiedenen Gegend ein solch prachtvolles Beispiel barocker Baukunst anzutreffen. Allein von außen wirkt die Anlage gewaltig, das Staunen steigert sich aber noch angesichts der Herrlichkeiten im Inneren des Bauwerks.

„In Bibliotheken fühlt man sich wie in Gegenwart eines großen Kapitals, das geräuschlos unberechenbare Zinsen spendet." – Dieser Gedanke hätte Johann Wolfgang von Goethe in der Altenburger Stiftsbibliothek in den Sinn kommen können. Die Weite des prachtvollen Raumes tritt hier in den Zeugenstand, indem sie den Schöpfern dieses Denkmals einen großen Geist zuspricht. Der Gefahr, über

Die Bibliothek als barocker Sakralraum: Die Regale übernehmen die Funktion von Altären und Tabernakel.

all den Büchern die Bibliothek nicht mehr zu sehen, wird man hier gewiss nicht erliegen. Vielmehr hat man das Gefühl, dass die Bücher sich im Hintergrund halten, um das Wort und die Aussage von Malerei und Architektur nicht zu beeinträchtigen. Zwischen den Bänden gesammelten Wissens und dem Ausdruck malerischer Programme entsteht ein Dialog, der den Betrachter zum Dritten im Bunde erwählt. Nur 10.000 Bücher sind in den sich an den Wänden befindenden Bücherkästen untergebracht. Auch in Altenburg ist das Verständnis der Bibliothek als Sakralraum erkennbar. Freilich fehlen hier Altäre und Tabernakel, aber die Regale scheinen deren Funktion zu übernehmen, indem sie eine ähnliche Raumstruktur bewirken. Stets waren Klosterbibliotheken Orte, wo Studium und Meditation sich berührten. Die Weisheit als Ziel menschlichen Strebens ist das Thema, das den Raum erfüllt. Allerdings waren die Schöpfer dieses fulminanten Saales wohl auch der Poetik des Dichters Horaz eingedenk, wonach die *lectio* nicht nur belehren, sondern auch erfreuen solle.

Die Nordkuppel über dem Eingang, mit einem Fresko von Paul Troger (1742), ist der Theologie und der Jurisprudenz gewidmet. Die Südkuppel zeigt Allegorien der Philosophie und der Medizin. Ihnen zugeordnet sind die vier Kirchenväter, das Gleichnis vom Zinsgroschen, die Historie des Dionysius Areopagita und das Gleichnis vom barmherzigen Samariter. Johann Jakob Zeiller schuf die vier Ölbilder, die von einem kunstvollen Stuckrahmen umgeben sind. Gewissermaßen als „Hochaltarbild" an der Stirnwand des Bibliothekssaales befindet sich die Darstellung der Szene mit dem zwölfjährigen Jesus im Tempel von Jerusalem. Die Gestalt des Gottessohnes verkörpert hier den Inbegriff des Philosophen. Über den schwarzen Kaminen in der Raummitte ist die Blindenheilung des Tobit als Allegorie der Medizin und die Himmelfahrt des gerechten Henoch als Sinnbild für die Rechtssprechung zu verstehen. Über dem Portal hängt ein Ölbild mit der Darstellung des Evangelisten Johannes, der sinnbildlich die Theologie vertritt. Die Hauptkuppel, die sich entlang eines Längsovals ausdehnt, greift das Thema der Weisheit auf. Ab 1742 arbeitete Johann Jakob Zeiller an der Malerei der Kuppel, die mit reicher Scheinarchitektur ausgestattet ist. Die Weisheit als eine Synthese verschiedener Wissenschaften, vor allem aber von Lebenserfahrung und Klugheit, wird durch König Salomo verdeutlicht. In der Mitte ist die Kuppelhalle offen und zeigt durch den Ausblick in den Himmel die Unendlichkeit sowie die Unmöglichkeit einer vollständigen Erfassung der Welt durch die Mittel der Kunst. In der Mitte erscheint auf einem Wolkenthron die göttliche Weisheit, in der einen Hand das Buch mit den sieben Siegeln, in der anderen den Schild mit der Taube, dem Zeichen für den Heiligen Geist. Die unscheinbare Taube wird zum Zentralsymbol der gesamten Konzeption: der Raum als Tempel des Heiligen Geistes. Der göttlichen Weisheit sind die Protagonisten der Zeillergemälde zugeordnet: Christus, Johannes, Tobit und Henoch. Sie sind kreuzförmig aufeinander bezogen, und im Schnittpunkt der verbindenden Linien befindet sich die alles überstrahlende *sapientia divina*. Damit wird ein Weg der Wissensvermittlung über die Lehre des Glaubens beschrieben, bei dem der Geist Gottes den Ausgangspunkt und das Ziel darstellt.

Gleichsam das „Hochaltarbild": Jesus im Tempel von Jerusalem

Dieses ausgeklügelte Programm setzt sich beim Verlassen der Bibliothek in der so genannten Vorhalle fort, deren Thema die Meditation ist: Gelesenes soll nicht vergessen oder *ad acta* gelegt werden, sondern in der Meditation, im Nachdenken, seine Fortsetzung finden. Das aus den Büchern Erfahrene muss der Mensch in Einklang mit seinem Lebensumfeld bringen. Daraus scheint sich der Weg zur Wahrheit zu bahnen, ohne die Weisheit unmöglich ist.

Das Untergeschoss, das von zwei Treppenläufen belegt wird, ist sehr auf schlichte Eleganz bedacht. Pilaster mit Atlanten tragen den bemalten oberen Bereich und scheinen so zwei Welten voneinander zu trennen. Der Tenor des Dargestellten bezieht sich auf die Gesamtheit der Welt, die in der Zahl Vier zum Ausdruck kommt: die vier Jahreszeiten, die vier Erdteile, die vier Fakultäten, die vier menschlichen Charaktere, die vier Elemente und die vier Tageszeiten. Die Vierzahl der Welt kontrastiert dabei mit der Dreizahl Gottes. Allein hier wird deutlich, dass sich das Göttliche vom Irdischen unterscheidet, und der Mönch sollte hier die Aufforderung verspüren, das Göttliche zu erahnen und zu meditieren. Über der Scheinarchitektur wölbt sich eine Scheinkuppel mit einer großen Lichtöffnung. Auch hier wird der Blick in den Himmel freigegeben und auf das gleiche Ziel verwiesen wie in der Bibliothek.

Das Kuppelfresko zeigt Chronos, Vater des Zeus und Gott der Zeit, der die Wahrheit ans Licht bringt. Die Wahrheit, Aletheia, eine Tochter der Zeit, wird vom geflügelten Chronos diesem Licht entgegengetragen. Neid und Hass sind gegen diese Wahrheit machtlos. Der Betrachter erkennt, dass er über *lectio* und *meditatio* seine Schritte in die richtige Richtung lenkt und durch sie den Sinn des biblischen Wortes entdecken kann.

Die Ursprünge der Büchersammlung des Stiftes Altenburg verlieren sich im Dunkel der Geschichte. Es ist unklar, ob die ersten Mönche aus St. Lambrecht außer Texten, die für den liturgischen Gebrauch verwendet wurden, noch andere mitgebracht haben. Das älteste Bücherverzeichnis des Stiftes ist im Codex II erhalten. Dieser stammt aus dem 12. Jahrhundert und enthält außer augustinischen Texten einen neumierten *Hymnus de sancto Benedicto.* Im Bücherverzeichnis, das neben den liturgischen Büchern vor allem patristische Literatur enthält, werden 25 Titel angeführt. Aus der Zeit um 1400 stammt ein weiteres Verzeichnis mit 62 Buchtiteln, die sich aus theologischen und philosophischen Werken sowie Apostelkommentaren zusammensetzen. Diese Bücher befinden sich heute allerdings nicht mehr in Altenburg. Zahlreiche Schenkungen vermehrten den mittelalterlichen Bücherbestand. Entsprechend der typischen Baustruktur der Benediktinerklöster war in der mittelalterlichen Anlage die Bibliothek zwischen Kapitelsaal und Kirchenquerschiff im Ostflügel des Kreuzganges positioniert.

Der Geist Gottes, die sapientia divina, ist Ausgangspunkt und Ziel der Deckenmalerei.

Anhand der Ergebnisse archäologischer Ausgrabungen konnte die ehemalige Anlage des Bibliotheks- bzw. Skriptoriumsbereiches rekonstruiert werden. Aus dem späten 13. Jahrhundert stammt die so genannte Fraterie, die als Schreibstube in Verwendung stand. Als Regale für Bücher, Schreibutensilien und Pergament dienten drei Nischen an der Westwand des Raumes. Es ist anzunehmen, dass schon im Übergang vom 13. zum 14. Jahrhundert ein funktionierendes Skriptorium existent war. In dieser Schreibstube wurden zunächst Texte aus der Heiligen Schrift abgeschrieben und liturgische Manuskripte angefertigt, die zur Feier der Gottesdienste notwendig waren. Der bekannteste Schreiber von Altenburg war ein gewisser Frater Paulus, dessen Schriften bis auf den heutigen Tag erhalten sind.

Einer der großen Akteure der Altenburger Klostergeschichte war um 1400 der Prior Stephan Neydharth de Stayneckke. Er wird mehrfach als Auftraggeber von Handschriften erwähnt und gilt selbst als Erzeuger von solchen. Ein jähes Ende nahm die Entwicklung des Bücherbestandes mit den Hussitenkriegen (1425–1431). Das Kloster wurde verwüstet und ging zu einem Großteil in Flammen auf. Die alten Bestände gingen damals nahezu vollständig verloren, nur einige Handschriften dürften gerettet worden sein. Zahlreiche historische Erzählungen und Berichte schildern die kriegerischen Ereignisse und die kulturelle Katastrophe, geben allerdings wenig über das Schicksal der Bücher preis.

Erst Abt Thomas Zienner (1600–1618) gelang es, die Entwicklung des Bibliotheksbestandes fortzusetzen. Er selbst fertigte einige Handschriften zur Erneuerung des monastischen Lebens an. Bereits vor seiner Zeit, am Ende des 16. Jahrhunderts, wurde ein neuer „Arbeitssaal für die Mönche" eingerichtet. Dabei dürfte es sich wohl um eine Schreibstube und um einen befestigten Turm für die Bücher gehandelt haben.

Nach 1648 erblühte das Stift Altenburg in Glanz und Glorie des Barock. Ein ungeahnter Aufschwung ließ den Bestand der Stiftsbibliothek kontinuierlich wachsen. Einheitliche Bucheinbände wurden angefertigt und mit schönen Stempeln versehen. Aus der Zeit des Abtes Maurus Boxler sind drei Bibliothekskataloge überliefert, die Aufschluss über die Sammeltätigkeit des Klosters geben. So erfahren wir, dass 70 Prozent des 1670 vorhandenen Bibliotheksbestandes erst nach 1648 in das Kloster kamen, darunter auch zahlreiche Inkunabeln und Frühdrucke.

Als Ergänzung zur großen Bibliothek entstand im 19. Jahrhundert eine Prälaturbibliothek, die vor allem wissenschaftliche Werke zur Regionalgeschichte sowie „moderne" Literatur aufnahm. Die Einquartierung von Soldaten der Roten Armee im Stift Altenburg fügte dem Gebäude und der Einrichtung großen Schaden zu. Auch der Bücherbestand wurde in dieser Zeit stark dezimiert, sodass sich heute im Stift – neben einigen Handschriften und frühen Drucken – nur noch etwa 25.500 gedruckte Bücher befinden.

STIFTSBIBLIOTHEK GÖTTWEIG

Bücher sind stumme Lehrmeister.

AULUS GELLIUS

Nördlich der Stadt Krems beherrscht die mächtige Anlage von Stift Göttweig die fruchtbaren Weinberge am Eingang zur Wachau. Bischof Altmann von Passau gründete das Kloster 1083 als Niederlassung der Augustiner Chorherren, bereits 1094 wurde es jedoch in eine Benediktinerabtei umgewandelt. Die erste Blüte des Klosters dauerte bis ins 12. Jahrhundert, ehe im 13. Jahrhundert eine schwere wirtschaftliche Krise über Göttweig hereinbrach. Ab 1420 berichtet die Chronik von einem neuerlichen Aufschwung, dem die gotische Klosteranlage, die heute noch auf einem Gemälde von J. S. Hötzendorfer dokumentiert wird, zu verdanken ist. Dieses Bauwerk erhielt sich bis ins 18. Jahrhundert.

Nach dem Großbrand von 1718 beauftragte Abt Gottfried Bessel den berühmten Barockarchitekten Johann Lukas von Hildebrandt mit der Neukonzeption des Stiftes.

Salomon Kleiner hat die imposante Anlage, die wie ein riesiger Palast auf dem Hügel thronen sollte, in mehreren Stichen festgehalten. Der kühne Traum Bessels ließ sich aufgrund verschiedener wirtschaftlicher Schwierigkeiten nicht umsetzen. Dennoch stellt Göttweig heute eines der bedeutendesten Beispiele österreichischer Klosterarchitektur dar. Zweifellos stand der Plan des großartigen spanischen Schloss-Klosters Escorial Pate für die imposante Konzeption Hildebrandts. Die mächtige Stiftskirche mit einer riesigen Zentralkuppel und zwei hohen, von Zwiebelhelmen bekrönten Türmen bildet den Mittelpunkt, während sich rundherum nach einem strengen Ordnungsprinzip die Klostergebäude gruppieren. Dass es nicht zu einer Vollendung des genialen Vorhabens kam, ist wohl damit zu begründen, dass die Klöster im Zuge der vielen Kriege des 18. Jahrhunderts kräftig zur Kassa gebeten wurden. Wie dem auch sei – die Gottesburg Göttweig hat ihre Reize, auch wenn manches Stückwerk geblieben ist. Die imposante Kaiserstiege mit dem

Imposante Gottesburg über dem Donautal: Stift Göttweig

Ein Meisterwerk Johann Lukas von Hildebrandts: der monumentale Lesesaal, überspannt von einer grazilen Decke mit Stuckelementen

grandiosen Deckengemälde Paul Trogers aus 1739 bildet das Entree zum weltlichen Bereich des Stiftes mit seinen Fürsten- und Kaiserzimmern. Die Mönchsstiege, die als Pendant zur Kaiserstiege den Zutritt zum klösterlichen Bereich bilden sollte, blieb leider nur Planung. Heute gelangt man durch das Vestibül südlich der Hauptfassade der Kirche in den Konventbereich, der durch seine weiten, freundlichen Gänge beeindruckt. Hier ist, wenn auch in schlichterer Form, die Handschrift Hildebrandts an vielen Details zu sehen. Ochsenaugen, die zur Belichtung der Räume dienen, schlanke Lisenen und zarter Stuck beleben die Räume und prägen sie in ihrem unverwechselbaren

Charakter. Als österreichisches Monte Cassino wird Göttweig oft bezeichnet und die Metapher scheint angebracht, schon angesichts der beherrschenden Lage über dem Donautal. Göttweig war aber auch immer ein Zentrum des geistlichen Lebens und der Bildung. Gottfried Bessel, der große Barockprälat, war nicht nur Vorsteher seiner Abtei, sondern auch ein enger Vertrauter des kaiserlichen Hauses. Mehrere Bilder in den Stiftssammlungen zeigen ihn als Rektor der Wiener Universität und bringen so die hohe Wertschätzung zum Ausdruck, die man diesem vortrefflichen Mann entgegenbrachte.

Bessel selbst schien in der Planung des Klosters selbst maßgeblich mitgewirkt zu haben, was aus Dokumenten des Stiftsarchivs ersichtlich wird. Zunächst mag wohl der Gedanke der barocken Repräsentation eine wesentliche Rolle gespielt haben, denn der Plan des Stiftes übertraf alles, was an Glanz und Prunk das Klösterreich bevölkerte. Aber auch das Verständnis und der Wunsch nach einer gewissen Lebens- und Wohnkultur scheint den Abt beflügelt zu haben, denn selbst der innerste Wohnbereich der Mönche ist ästhetisch durchkomponiert. Nicht das hier etwa architektonischer Überfluss das mönchische Ideal in ein schiefes Licht rücken würde – es ist vielmehr die Bescheidenheit der Formenauswahl, die zu einer bemerkenswerten Harmonie gelangt. Inmitten des eigentlichen Klosters, der sogenannten Klausur, befindet sich neben dem Oratorium, dem Gebetsraum der Mönche, die Bibliothek, das geistige Zentrum.

Die schlichte Eleganz der Göttweiger Bibliothek ist beeindruckend. Mitten im vom Tourismus abseits gelegenen Teil des Stiftes liegt in einer Achse zur Kirche der 27 Meter lange,11 Meter breite und 10 Meter hohe Lesesaal. Damit wird dem benediktinischen Ideal Rechnung getragen: Dem Gebet soll nichts vorgezogen werden – doch im gleichen Atemzug wird die Tätigkeit des Geistes als wichtiges Element der Vollkommenheit hervorgehoben.

Architektonisch hebt sich der Bau der Stiftsbibliothek Göttweig durch einen betonten Mittelrisalit ab, der schon nach außen den Stellenwert des Raumes anzeigt. Innen wirkt der Bibliothekssaal durch die gute Raumaufteilung und Struktur wahrhaft monumental. Über zwei Geschosse reichen an den Wänden die kunstvollen, jedoch mit Verzierungen sehr sparsam versehenen Bücherregale, deren oberer Bereich an zwei Ecken durch Wendeltreppen zugänglich ist. Der Raum wird überspannt von einer grazilen Decke mit Stuckelementen des Italieners Giovanni Mario Antonio Tencalla, die eine sehr lockere Atmosphäre schaffen und den strengen Charakter der hölzernen Regale relativieren. Typisch sind für Hildebrandt die Muldengewölbe mit Stichkappen. In drei Kartuschenfeldern sind spielende Putti zu sehen, die allegorisch verschiedene Wissenschaftszweige versinnbildlichen: Architektur, Astronomie und Musik. Ein barocker Stich präsentiert „das Leben“ in der Stiftsbibliothek.

Anders als in anderen Klöstern oder feudalen Herrschaftssitzen war die Stiftsbibliothek in Göttweig nie als ein Ort der Repräsentation gedacht – der Gedanke des Studiums und die Erlangung von Wissen standen immer im Mittelpunkt. Der Kontrast der weiß gekalkten Schweinsledereinbände zu den dunklen Bücherregalen entfaltet

Salomon Kleiner hielt die kühne Vision Abt Gottfried Bessels von einem gewaltigen Kloster-Schloss in mehreren Stichen fest.

einen wunderbaren Reiz, der sich harmonisch mit dem kontemplativen Charakter des Raumes verbindet. Der Boden aus Solnhofner Platten – Material, das sich perfekt in die Komposition einfügt – untermalt dezent diesen Eindruck. Durch kräftige Konsolen, die in ihrem Schwung die Rundung des Gewölbes aufnehmen, wird die Empore getragen, schlichte barocke Zierelemente krönen deren Brüstung. An den Ecken der Galerie schwingt das Gitter bauchig nach vorne um Kanten zu vermeiden, und die Ruhe des Saales nicht zu stören. Der Further Tischler Johann Heinrich Holdermann, der 1728 bis 1730 die Einrichtung schuf, ist auch der Meister des herrlichen Chorgestühles in der Stiftkirche und einer Reihe von Möbeln, die sich im Bereich der Prunkräume des Klosters erhalten hat. Er verstand es ausgezeichnet, das Material Form werden zu lassen und den Plänen der Architekten Wirklichkeit zu geben. Das Licht dringt von einer Seite in den Saal, wirft die Schatten der zwischen den Fenstern stehenden Regale auf den Boden und bricht sich an den Rücken der Bücher. Aus den Stichkappen des Gewölbes wird das Licht über die gesamte Decke geführt, ehe es im Dunkel des Holzes wieder verebbt und in einem zarten Schimmern nachklingt. Das Werk scheint geglückt, wenn sich selbst die Natur mit dem Spiel von Hell und Dunkel dem Gesamtkonzept unterordnet. Gegenüber der Fensterseite sind an den Ecken zwei Rondos zu sehen, hinter denen sich die beiden Wendeltreppen verbergen, die zur Galerie führen. Und wieder sind die beiden Okuli zu sehen, die Hildebrandt in seiner Architektur so liebt und immer wieder gewissermaßen als sein Markenzeichen setzt. Sie sorgen gleichzeitig für die Belichtung der Stiegenaufgänge. Eine besondere Akzentuierung erfährt der Raum durch die zarten Vergoldungen der Deckenornamente, die Franz Amon ausführte. Dadurch wird einerseits dem Ruf nach barockem Glanz Genüge getan, aber trotzdem die Klarheit der Strukturen nicht aufgebrochen. Sind auf dem barocken Stich noch zwei große Mitteltische zum Studium für die Mönche zu sehen, so befinden sich heute Pultvitrinen im Raum, in denen herausragende Werke der Buchkunst zu sehen sind. Diese freilich sind nicht für die Allgemeinheit zu bewundern. Nur wenigen, die Gelegenheit haben, die Bibliothek zu betreten, wird der erhebende Anblick zuteil. Auch die Globen, die am barocken Bild noch zu sehen sind, befinden sich heute nicht mehr in Göttweig. Ihnen scheint das Los zuteil geworden zu sein, dass einige der Kunstschätze des Klosters ereilte. Über ihren Verbleib wissen wir heute nichts mehr. Im Anschluss an den Bibliothekssaal gelangt man in ein eigenes Handschriftenzimmer, in dem die

Der Gründer Göttweigs, Bischof Altmann von Passau. Darstellung in einer Origineshandschrift aus dem 12. Jh., Codex 97 rot, fol. 1r.

bedeutenden Schöpfungen großartiger Buchmaler und Schreiber aufbewahrt werden. Über der Bibliothek befand sich ursprünglich die *Bibliotheca minor,* die heute allerdings in eine Speicherbibliothek umgewandelt wurde und einen Großteil der in Göttweig vorhandenen Schriftwerke fasst.

Neben dem Refektorium, im Erdgeschoss des Klosters, befindet sich die Handbibliothek, ein über mehrere Joche reichender, gewölbter Raum, der zeitgenössische Literatur und die wichtigsten theologischen Werke für das Studium der Mönche enthält.

Die Ursprünge der Göttweiger Bibliothek reichen bis in die Gründerzeit zurück. Anfangs setzten sich die Bestände wohl vorwiegend aus Texten für den liturgischen Gebrauch zusammen, doch schon im 13. Jahrhundert können auch Werke antiker Autoren nachgewiesen werden. Der Handschriftenbestand lässt sich grundsätzlich in zwei Gruppen einteilen: in Manuskripte, die gesammelt wurden, aber nicht aus Göttweig stammen und solche, die hier geschrieben wurden. Das Göttweiger Skriptorium war berühmt und viele der hier entstandenen Codices zählen zu den Kostbarkeiten großer Bibliotheken.

Preziöse Buchmalerei:
das Petershausner Antiphonarium (Codex 7 und 8 rot)

Heute zählt die Büchersammlung von Göttweig zu den bedeutendsten in Österreich. Zur Zeit des Abtes Gottfried Bessel (1714–1749) erlebte das Kloster nicht nur in wirtschaftlicher und religiöser Hinsicht einen enormen Aufschwung, sondern auch Bildung und Wissensvermittlung standen im Mittelpunkt. Die Bibliothek verzeichnete einen bemerkenswerten Zuwachs und systematisch wurde ein universeller Bestand angelegt. Neben seiner Privatbibliothek, die etwa 8.000 Bände umfasste, brachte Bessel durch den Tauschverkehr mit seinem *Chronicon Gottwicense* einige bemerkenswerte Folianten in Besitz. Die fast gänzliche Zerstörung des alten Klosters durch den Brand machte auch die Schaffung einer neuen Bibliothek notwendig. Die Altbestände hatten das Feuer nahezu schadlos überstanden und wurden später in der *Bibliotheca maior* im Osttrakt des Stiftes neu aufgestellt.

Die Weltwirtschaftskrise nach dem Ersten Weltkrieg brachte Stift Göttweig in arge Schwierigkeiten und so mussten damals wertvolle Handschriften und Inkunabeln verkauft werden, um den Bestand des Hauses zu sichern. Nach der Aufhebung des Klosters durch die Nationalsozialisten (1939–1945) wurden die Buchbestände zwar nicht in Mitleidenschaft gezogen, doch mussten nach Kriegsende bis etwa 1950 weitere Bücher verkauft werden, um das Stift wirtschaftlich zu konsolidieren. Heute besitzt Stift Göttweig ca. 150.000 Bücher, die auf mehrere Bibliotheken verteilt sind. Der Handschriftenbestand umfasst um die 1.150 Codices, deren Entstehung zwischen dem 9. und 18. Jahrhundert anzusiedeln ist. 1.100 Inkunabeln sind schöne Beispiele für die frühe Druckerkunst.

Herausragend unter den Handschriften ist ein Psalter (Codex 30 rot) aus dem 9. Jahrhundert, dessen Herkunft bis heute nicht geklärt ist. Wahrscheinlich ist allerdings, dass er im schweizerischen St. Gallen entstanden ist. Ob dieses Buch bereits mit den ersten Benediktinermönchen aus St. Blasien im Schwarzwald bei der Besiedlung des Klosters mitgebracht oder erst später erworben wurde, ist unklar. Die prachtvollen Initialen dieser kostbaren Handschrift sind durchgehend rot gezeichnet und die Binnenflächen mit Gold und Silber angelegt. Aus der Göttweiger Schreibstube der zweiten Hälfte des 12. Jahrhunderts stammt der Codex 49 *Rupertus Abbas Tuitiensis: Explanatio in cantica canticorum libri VII de incarnatione domini,* ein Kommentar zum Hohen Lied, der einige ganz hervorragende Miniaturen und kunstvolle Initialen enthält. Eine Bibel aus Paris (um 1230) mit Miniaturen im so genannten „Muldenfaltenstil“ sowie einige prachtvolle Stundenbücher, wie der Codex 125 rot aus dem England des 15. Jahrhunderts mit ikonographisch interessanten Federzeichnungen, sind ausgezeichnete Beispiele der Buchmalerei und ein Signum für die Qualität der Sammlung. Außergewöhnliche Prachthandschriften wie der *Göttweiger Physiologus,* das reich illustrierte *Petershausner Antiphonarium* (Codex 7 und 8 rot), der *Göttweiger Trojanerkrieg* (Codex 393 rot), eine nur in in dieser Handschrift überlieferte mittelhochdeutsche Fassung der *Äneis,* oder die so genannte *Altmannihandschrift* mit der Vita des Heiligen gehören zu den Highlights für den Kenner. Und dieser kommt in der Stiftsbibliothek Göttweig zweifellos auf seine Rechnung – auch in der einzigartigen Inkunabelsammlung des Hauses, die u. a. Werke von Flavius Josephus, Thomas von Aquin, Lorenzo Valla, Johannes Regiomontanus, Johannes Duns Scotus, Aristoteles, Plutarch, Caesar, Sallust, Vergil, Ovid, Appianus, Priscianus, Euklid, Petrarca, Jakopo Filippo Foresta di Bergamo, Hartmann Schedel, Sebastian Brant, Papst Pius II. (Aeneas Silvius Piccolomini) und Kaiser Maximilian I. enthält.

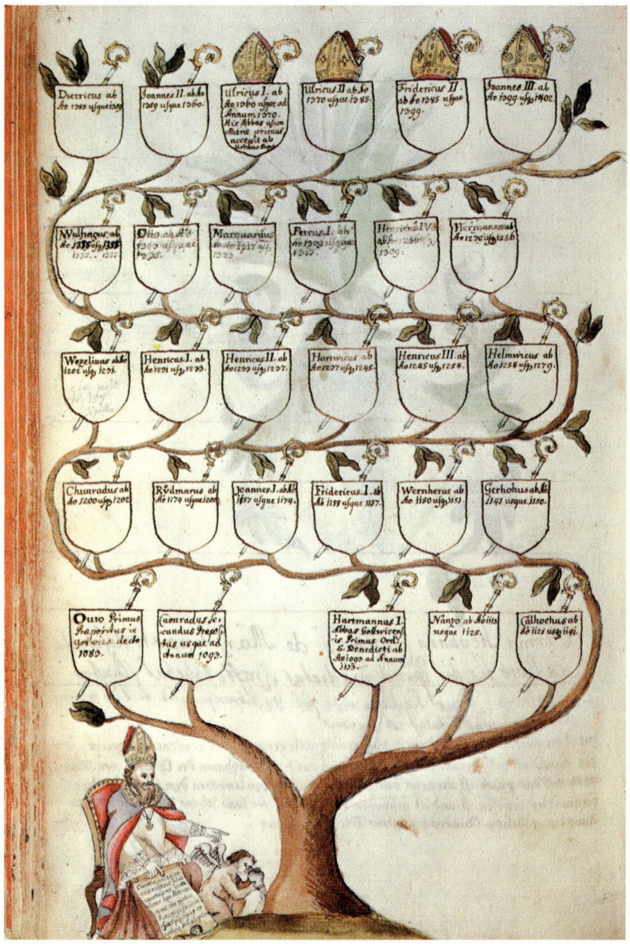

Der Göttweiger Äbtestammbaum bis Abt Magnus Klein (1768–1783) im Codex 895 (rot)

Nur wenige Sammlungen in Österreich können auf eine derartige Vielfalt und Fülle von kostbaren Werke verweisen, die nicht nur verschiedene Stile dokumentieren und die stete Evolution des Schreibwesens erkennen lassen, sondern in eindrucksvoller Weise die Weite des menschlichen Geistes belegen. Der Besucher, der heute nach Göttweig kommt, um hier einzutauchen in die Geschichte und Kultur des Abendlandes, wird auf seinem Streifzug durch die Prunkräume und Kunstkammern zahlreiche hochkarätige Werke begnadeter Schreiber und Buchmaler, Denker und Künstler zu sehen bekommen. Vielleicht begreift er dann auch die Intention, die hinter den kreativen Menschen von einst stand, die Motivation, die sie beflügelte: Es gilt – wie an vielen Stellen des Klosters in der Abkürzung U.I.O.G.D. zu sehen – der großartige Wahlspruch: *Ut in omnibus glorificetur Deus!* (Dass in allem Gott verherrlicht werde!)

STIFTSBIBLIOTHEK HERZOGENBURG

Es gibt nur sehr wenige Situationen jedes menschlichen Lebens, in denen man keine Bücher lesen kann, könnte, sollte...

KURT TUCHOLSKY

Wer von St. Pölten in Richtung Krems unterwegs ist, dem wird der durchbrochene Turm der Stiftskirche von Herzogenburg auffallen, der eigentümlich in den Himmel ragt. Schon etwa 30.000 v. Chr. siedelten hier Menschen, wie Grabungsfunde eindeutig belegen. Eine größere, stadtähnliche Siedlung dürfte aber erst in der Karolingerzeit entstanden sein, als die Herzöge Wilhelm II. und Engelschalk eine Befestigungsanlage zur Abwehr der Magyaren errichten ließen. Die „Burg der Herzöge" wurde schließlich namensgebend für den gesamten Ort. 1014 stiftete Kaiser Heinrich II. eine Kirche und in eben dieser Stiftungsurkunde wird Herzogenburg das erste Mal erwähnt. Nach der Verlegung des Augustiner Chorherrenstiftes St. Georgen nach Herzogenburg (1244) wurde mit dem Bau einer gotischen Kirche und eines Konventgebäudes begonnen. Das Stift erlebte einen raschen Aufstieg, dem jedoch kriegerische Auseinandersetzungen ein jähes Ende setzten. Gegen Ende des Mittelalters zerstörten die Hussiten und die Ungarn das Kloster. Nach einem Großbrand, der die beiden Märkte des Ortes und das Kloster beinahe vernichtete, erfolgte am Beginn des 16. Jahrhunderts unter Propst Georg Eisner der Wiederaufbau. Aus dieser Bauphase ist im so genannten Altstift das spätgotische Refektorium mit beeindruckenden Fresken erhalten. Nach den Wirrnissen der Reformationszeit und der Türkenkriege gelangte das Stift am Beginn des 18. Jahrhunderts zu neuer Blüte. 1714 wurde mit der Errichtung der barocken Stiftsanlage begonnen; die Pläne dafür entwarf der bedeutende Barockbaumeister Jakob Prandtauer. Nach seinem Tod übernahm – wie auch in Melk – sein Schüler und Neffe Josef Munggenast die Bauleitung. Dessen Sohn, Franz Munggenast, zeichnete für den Bau der Kirche verantwortlich; der mit einem Herzogshut bekrönte Turm der Kirche ist das Wahrzeichen der heutigen Stadt Herzogenburg.

Das Hauptportal des Stifts

Es ist wahrscheinlich, dass es schon im mittelalterlichen Kloster eine Bibliothek, zumindest aber eine Büchersammlung gegeben hat. Als 1512 ein Großbrand das Stift verheerte, fielen einige Gebäude den Flammen zum Opfer. Dass dabei auch eine Vielzahl von Büchern vernichtet wurde, kann angenommen werden. Historiker vermuten, dass Herzogenburg zum

Der prächtige Lesesaal von Jakob Prandtauer, fertiggestellt von Josef Munggenast, besticht durch spielerische Heiterkeit.

damaligen Zeitpunkt über hundert Handschriften und etwa genauso viele Inkunabeln besaß. Als erste große Förderer der Büchersammlung in Herzogenburg gelten die beiden Pröpste Johannes III. von Parsenbrunn (1401–1433) und Johannes IV. von Linz (1433–1457). Aus der Zeit vor dem Brand sind nur Fragmente erhalten; das älteste Schriftstück stammt aus dem 9. Jahrhundert. Aufschluss über das Schaffen in einem eigenen Skriptorium in St. Georgen gibt jener Teil eines Nekrologiums, der auf das beginnende 13. Jahrhundert zurückgeht. Inwieweit eine solche Schreibstube in Herzogenburg tätig war, lässt sich heute nicht mit Gewissheit sagen. Zumindest sind keine auf Pergament geschriebenen, illuminierten Werke erhalten, sondern lediglich einige anspruchslose Manuskripte auf Papier. Ihre Inhalte sind aus der Praxis des pastoralen Einsatzes des Stiftes gegriffen. Später bemühte sich insbesondere Propst Philipp von Maugis (1441–1550) um eine rasche Entwicklung der Bibliothek. Er erwarb vorwiegend Bücher mit humanistischen Inhalten, was vom weiten Geist des Klostervorstehers zeugt, der Sprachen wie Griechisch und Latein liebte. Propst Maximilian Herb (1687–1709) brachte 173 Bücher, die er von seinem Bruder geerbt hatte, in die Sammlung ein. Fortan wuchs die Zahl der Bücher stetig und bildete schließlich einen stattlichen Bibliotheksbestand.

Mitte des 18. Jahrhunderts war die Zeit reif, die Bücher in einen würdigen Rahmen zu stellen, und Propst Frigdian Knecht (1740–1775) beauftragte Jakob Prandtauer mit der

Ein stattlicher Bestand von etwa 80.000 Bänden findet in der Stiftsbibliothek Herzogenburg seinen würdigen Rahmen.

Konzeption eines großen Lesesaales. Diese große Hauptbibliothek liegt im Risalitbereich des Quertraktes zwischen den Höfen im ersten Obergeschoss. Der große Barockbaumeister erlebte die Fertigstellung nicht; das Werk wurde schließlich von Josef Munggenast 1751 vollendet. Propst Frigdian scheint äußerst bibliophil gewesen zu sein, er sammelte mit einer ungebrochenen Leidenschaft. Bücher, so meinte er, seien ein Spiegel der Kultur. Diesem Grundsatz gehorchend, wurden unter seinem Wirken nicht nur theologische Werke angeschafft, sondern auch profane Literatur. Von dieser Leidenschaft für Bücher kündet noch heute der prächtige Lesesaal, der auf den Besucher zunächst sehr einfach wirkt, diesem jedoch nach längerem Verweilen ein gut durchdachtes Programm preisgibt. Der fünfachsige, spätbarocke Saalraum erstreckt sich auf 21 Metern unter einem dreiteiligen Muldengewölbe. Die bestechende Grazilität der Stuckarbeiten verleiht dem Raum eine spielerische Heiterkeit, die mit der Strenge der geordneten Buchrücken kontrastiert. Und doch vertragen sich die Unterschiede und fügen sich in ein gelungenes Raumkonzept, zu einer wunderbaren Visitenkarte dieses großartigen Meisters der Barockbaukunst.

Zwischen den reich stuckierten Gurten des Gewölbes erheben sich Scheinkuppeln, deren mittlere das Symbol des Heiligen Geistes, die Taube, trägt. Der Geist verkörpert die göttliche Weisheit, die nur durch den Glauben erreicht werden kann. Weiters sind die Symbole der irdischen Weisheiten, der Fakultäten der Universität, zu sehen: im Westen die Theologie, im Norden die Jurisprudenz, im Osten die Philosophie (Geschichte) und im Süden die Medizin. Die Ornamentmalereien geben Zeugnis von der Kreativität von Domenico Francia, während die figuralen Grisaillen auf Bartolomeo Altomonte zurückgehen. Die Farbgebung der Decke in Rosa, Grau, Gelb und Grün bildet einen frischen Kontrapunkt zum dunklen Holz der Bücherregale und der Türen.

Die Bücherregale stehen gleichsam wie Orgelpfeifen im Raum; wen wundert das – war doch ihr Schöpfer Johann Henke Orgelbauer. Nach dessen Plänen erhielten die Bücherschränke vom Herzogenburger Tischler Lorenz Horess ihre doppelteilige Gestalt. In der unteren Zone wird die Geradlinigkeit des Fußbodens aufgegriffen und durch verspielte, mit rokokoartigen Schnitzereien versehene Gesimse die Anbindung an die reich verzierte Decke hergestellt. Im oberen Abschnitt alternieren gerade und geschwungene Gesimse und finden in abgestimmter Form zueinander.

Herzogenburg besitzt eine zweite Bibliothek, die nicht so prunkvoll wie der barocke Lesesaal ist und sich im zweiten Obergeschoss befindet. Eine Fläche von etwa 460 m^2 dieser so genannten „Korridorbibliothek" dient vorwiegend der Aufnahme der Graf Falkenhayn'schen Bibliothek, die aus Büchersammlungen aus verschiedenen Adelshäusern des 16., 17. und 18. Jahrhunderts hervorgegangen ist. Der Raum, der durch bogenförmige Durchgänge in mehrere Teile gegliedert ist, schließt nach oben mit einer flachen Decke ab, die mit Schablonenmalerei ausgestattet ist. An den Wänden stehen einfache, durch flache Pilaster segmentierte Bücherschränke. In der Mitte des Raumes sind mächtige, ca. 1,20 Meter hohe Bücherschränke platziert.

Heute besitzt das Stift Herzogenburg etwa 80.000 gedruckte Bände, dazu kommen 150 Inkunabeln und 150 mittelalterliche Handschriften. Das bedeutendste Werk, das in der Stiftsbibliothek verwahrt wird, ist eine aus Mainz stammende Handschrift aus dem 13. Jahrhundert: *Moralia in Job,* ausgestattet mit Initialminiaturen im Stil der deutschen Buchmalerei. Sie geht auf Papst Gregor den Großen zurück und wurde vermutlich um 1260 in Mainz oder in Regensburg geschrieben. Die zweitälteste Handschrift – nach dem erwähnten Fragment aus dem 9. Jahrhundert – stellt ein österreichisches Psalterium aus dem 12. Jahrhundert dar. Besonders prachtvolle Initialen unterstreichen die hohe Qualität des Manuskripts. Bemerkenswert ist auch eine oberitalienische Bibel aus der zweiten Hälfte des 13. Jahrhunderts mit großen figuralen Initialen. Nahezu alle Spalten sind mit Federranken versehen. Zu Beginn der Darstellung der Genesis ist eine Gegenüberstellung der sieben Schöpfungstage mit christologischen Szenen zu sehen. Aus der ersten Hälfte des 14. Jahrhunderts stammt eine französische Bibel, die mit kostbaren Miniaturmalereien ausgestattet ist.

Eine weitere Ausgabe von Papst Gregors *Moralia in Job* finden wir im zweibändigen Codex 94, der in das zweite Drittel des 14. Jahrhunderts zu datieren ist. 18 figurale Initialen zieren das Schriftwerk und geben schöne Beispiele der Buchmalkunst dieser Zeit. Die Handschrift dürfte den Eintragungen nach aus der Schreibstube der Kartause Mauerbach stammen und noch 1397 im Besitz der Kartause Olmütz *(Olomouc)* gewesen sein. Sein Weg nach Herzogenburg lässt sich nicht nachvollziehen.

Auch von den Frühdrucken sind einige besonders hervorzuheben: so etwa ein sehr schöner venezianischer Druck von Lactantius Firmianus – *Gegen die Heiden* (1478) – sowie drei ausgezeichnete Koberger-Drucke aus Nürnberg (1481). Berühmt sind ferner die Briefe des begabten Redners und Schriftstellers Aeneas Silvius Piccolomini (Papst Pius II.), die ebenfalls 1481 gedruckt wurden. Ein besonders reizvolles Dokument früher Buchkunst finden wir im Zisterzienser-Missale von 1487 vor, das mit kleinen kolorierten Holzschnitten versehen ist.

Die prächtigen Handschriften und die bedeutenden Drucke sind in der Hauptbibliothek in Vitrinen ausgestellt und können im Rahmen einer Stiftsführung besichtigt werden.

Die Stuckarbeiten am Muldengewölbe sind von bestechender Grazilität.

Stiftsbibliothek Klosterneuburg

Durch das Buch, nicht durch das Schwert,
kann der endgültige Bruderfrieden unter den Völkern erobert werden.

Emile Zola

An den Ausläufen des Kahlenberges liegt die reizvolle Stadt Klosterneuburg. Schon in prähistorischer Zeit ist die günstige Lage des Ortes erkannt worden – archäologische Funde belegen schon für die Jungsteinzeit Spuren einer Ansiedlung. Im ersten Jahrhundert nach Christus stand an der Stelle des heutigen stolzen Stiftes ein römisches Kastell, das im zweiten Jahrhundert ausgebaut wurde, indem steinerne Mauern den Holzbau ersetzten. Nachdem das Kastell mit dem Niedergang der Römerherrschaft seine Bedeutung verloren hatte, dürfte es bereits seit dem 5. Jahrhundert verlassen gewesen sein. Erst im 11. Jahrhundert ließen sich wieder Menschen innerhalb der Mauern des ehemaligen Römerlagers nieder. Die Quadersteine der römischen Befestigung dienten als Material neuer Bauwerke. Eine Burg wurde errichtet, die die Geschichtsschreibung als *vestes haus* kennt. Im Bereich dieser Burg befanden sich zwei Kapellen, die von einem regen christlichen Leben kündeten. Es gilt als sehr wahrscheinlich, dass schon diese Siedlung den Namen „Neuburg" führte. 1106 heiratete Leopold III. Agnes, die Tochter König Heinrichs IV. Zu ihrer Mitgift dürfte auch das Gebiet um Neuburg gehört haben. Diese Verbindung gestaltete sich für Leopold äußerst vorteilhaft: Neben hohem Ansehen brachte Agnes auch ein beträchtliches Vermögen in die Ehe ein, das auch letztlich für die Gründung des Kollegiatstiftes ausschlaggebend war. 1108 wird die erste Marienkirche in Neuburg erwähnt, die von Bischof Hermann von Augsburg geweiht wurde. Über den Standort dieser ersten großen Kirche wissen wir wenig, möglicherweise handelt es sich um die alte Burgkapelle, deren Mauern innerhalb der späteren *Capella speciosa* freigelegt wurden. Der Neubau einer Stiftskirche ist in der Zeit zwischen 1114 und 1136 dokumentarisch festgehalten. Es handelte sich damals um die größte Kirche der Mark, die der Repräsentation und Machtdemonstration des Landesfürsten dienen sollte. 1113 scheint Markgraf Leopold seinen Wohnsitz in Klosterneuburg aufgeschlagen zu haben. Um den durch die Heirat mit der Kaisertochter erworbenen Status nach außen sichtbar zu gestalten, ging Leopold daran, eine standesgemäße Residenz zu errichten. Der Bau dieser Residenz ging wahrscheinlich Hand in Hand mit der Neuerrichtung der Stiftskirche. Die Verbindung von prachtvoller Fürstenresidenz und großartiger Stiftskirche lässt vermuten, dass Leopold III. besondere Ziele verfolgte. Dafür spricht auch die Errichtung eines Stiftes für weltliche Kanoniker. Anfänglich schien der Markgraf äußerst aktiv in das Geschehen dieses Klosters einzugreifen. Erst eine 1133 durchgeführte Synode führte in Klosterneuburg die Augustinusregel ein. Das bedeutete den Entzug des Eigenrechts und die Unterstellung unter den jeweiligen Diözesanbischof. Im Zuge der Gründung eines Chorherrenstiftes dürfte ein Frauenkloster errichtet worden sein, das allerdings nur bis 1528 Bestand

Das Herzstück der Stiftsbibliothek Klosterneuburg: der ovale Hauptsaal von Joseph Kornhäusel mit etwa 80.000 Druckwerken

hatte. Nach der ersten Periode eines glanzvollen Aufstieges trat im 15. Jahrhundert durch den Einfall der Hussiten und Ungarn eine äußerst schwierige Zeit ein. Dazu kam die Glaubensspaltung, die den Bestand des Klosters ernsthaft in Frage stellte. Die beiden großen Türkenbelagerungen Wiens 1529 und 1683 waren für das Stift sehr bedrohlich, konnten aber letztlich in der alles entscheidenden Schlacht am Kahlenberg abgewendet werden. Karl VI. plante ein großartiges Schlosskloster, das dem spanischen Escorial in nichts nachstehen sollte. Der große Architekt Donato Felice d'Allio erstellte die Pläne für den 1730 begonnenen Bau. Mit dem Tod Karls VI. kam die Weiterführung des Bauvorhabens zum Erliegen, da dessen Tochter Maria Theresia kein Interesse zeigte. Erst etwa 100 Jahre später vollendete Architekt Joseph Kornhäusel den begonnenen Hof des Kaisertraktes mit dem Süd- und Westtrakt. Ebenfalls zu Ende geführt wurde der Bau zweier von insgesamt neun vorgesehenen Kuppeln. Für die Errichtung der neuen Stiftsbibliothek über der Eingangshalle der *Sala terrena* lieferte 1836 ebenfalls Joseph Kornhäusel die Pläne, die bis 1837 ausgeführt waren. Aus dieser Zeit stammt ein zweites Projekt, das vom Bruder eines Klosterneuburger Chorherren, dem Architekten Carl Roesner, stammt. Dabei hätte die Belichtung des Lesesaales mit einer Kuppel durch eine Laterne erfolgen sollen. Kornhäusel konnte sich allerdings mit seiner Konzeption durchsetzen und schuf einen Bibliothekssaal ohne Laterne. Der 10 Meter hohe ovale Saal (21,5 x 23,5 Meter) ist durch acht Arkadenbögen mit dem äußeren Umgang verbunden und um zwei Stufen höher gelegen. Die Pfeiler dieser Arkaden werden von hohen Bücherkästen umschlossen, die in jedem zweiten Feld eine Verbindung durch tischhohe Schränke erfahren.

Die Stiftsbibliothek von Klosterneuburg zählt mit etwa 200.000 Büchern zu den größten Sammlungen dieser Art in

Europa und besitzt neben der Bibliothek von St. Paul im Lavanttal auch eine der herausragendsten Handschriftensammlungen, ca. 1.250 Codices. Als Dekoration der Bücherschränke dienen über den reich profilierten Gesimsen eine ganze Reihe von Silbervasen. In der Mitte mündet dieser Aufsatz in einen goldenen Ehrenkranz. Die Bücherregale erfahren durch schlanke Pfeiler eine Dreiteilung und füllen auch den Bereich der Fensterlaibungen bzw. Nischen vollkommen aus. Die Fläche an den Wänden ist mit allerlei typisch für den Empirestil gestalteten Ornamenten ausgestattet. Über den Bögen sind Rankenornamente zu sehen, die sich im inneren Bereich der Bibliothek mit rechteckigen Grisaillemalereien, verschiedene Engel darstellend, absetzen. Darüber schwingt sich die geschlossene, in Kassettenfelder segmentierte Kuppel. Das breite Gebälkefries bildet einen gelungenen Übergang. Durch die Fenster im Süden und im Norden dringt nur spärlich Licht in den Raum, wodurch die Halle eher düster wirkt. Zum Interieur der Bibliothek gehören ein aus der Zeit stammender Tisch und ein jeweils von vier Säulen getragener Globus. Ebenso befindet sich im Bibliothekssaal ein Leserad aus der Zeit um 1750. Helle Parketttafeln mit eingelegten kleinen, dunklen Rechtecken bilden einen guten Kontrast zur dunklen Farbe der Bücherregale. An den Hauptsaal der Bibliothek schließen sich mehrere Arbeitsräume und Büchermagazine an.

Schlanke Pfeiler verleihen den Bücherregalen Struktur.

Der Lesebereich der Stiftsbibliothek Klosterneubeurg erstreckt sich über eine Fläche von 440 m², während der Magazinbereich über 1.000 m² einnimmt. Im ovalen Hauptsaal der Stiftsbibliothek sind etwa 80.000 Druckwerke aufgestellt, die von einer regen Sammeltätigkeit der Klosterneuburger Chorherren erzählen. Der sehr umfassende Bücherbestand ist gleichzeitig ein Ausdruck des Reichtums, der Klosterneuburg zu allen Zeiten beschieden war. Einerseits die Gunst der Herrscher, andererseits aber auch eine sehr geschickte Wirtschaftsführung halfen dem Kloster über alle wirtschaftlichen Spannungen hinweg. Zu allen Zeiten wurden Bücher gesammelt, die heute einen breiten Querschnitt über alle Wissensgebiete erlauben.

Die Ursprünge der Klosterneuburger Bibliothek reichen bis Leopold III. zurück, der sich selbst um die Ausstattung des von ihm gegründeten Stiftes gekümmert hat. 1136 schenkte er den Chorherren eine dreiteilige Bibel und dazu ein Missale aus dem Kloster St. Nikola in Passau. Am Ende des 12. Jahrhunderts entstand ein umfassendes Handschriftenverzeichnis, das neben der berühmten Leopolds-Bibel eine beachtliche Sammlung von Homilien (Predigten) verzeichnet, darunter Werke von Gregor dem Großen und Augustinus. 1130 stellte der damalige Kustos Magister Martin ein Bücherverzeichnis her, das 336 Handschriften bezeugt. Im Vergleich zum ältesten Handschriftenverzeichnis lässt sich hier eine rege Sammeltätigkeit ablesen, die zu Zuwächsen vor allem im Bereich medizinischer, mathematischer, philosophischer und grammatischer Texte führte.

Einen hervorragenden Ruf genoss auch die ausgezeichneten Klosterschule von Klosterneuburg. Aus dieser Zeit der Hochblüte schulischen Wirkens stammen zahlreiche Neuerwerbungen, die den Bücherbestand binnen kürzester Zeit anwachsen ließen. Einen Höhepunkt des Bibliothekswesens erlebte Klosterneuburg gegen Ende des 14. Jahrhunderts. Einen wichtigen Beitrag leistete dazu die Gründung der Wiener Universität, an der mehrere Stiftsgeistliche als Professoren lehrten. Aus dem Nachlass des Chorherren Johann von Perchtoldsdorf († um 1428), der sich zu Studienzwecken an der Universität von Padua aufhielt, stammen eine

Reihe von äußerst bemerkenswerten Glossen und Kommentaren zu juridischen Themen.

1454 gelangten die Bestände des Klosters Sedlec in Böhmen nach Klosterneuburg, um vor den heranstürmenden Hussiten in Sicherheit gebracht zu werden. Eine Rückstellung dieser Bücher erfolgte nicht mehr. Im 15. Jahrhundert war auch ein Zeitalter der wissenschaftlichen Erforschung des Weltalls. Aus diesem Grunde wurden zahlreiche astronomische Werke angeschafft, die heute noch in der Sammlung vorhanden sind. Nicht mehr erhalten hat sich ein Katalog aus dem 16. Jahrhundert, der auf den Chorherren Magister Vinzenz Weißenberger († 1513) zurückgeht. Damals schien man sich sehr der Entwicklung und dem Ausbau der Bibliothek angenommen zu haben. Aber auch an Klosterneuburg ging die Zeit der Türkengefahr und die Reformation nicht spurlos vorüber. Die kontinuierliche Bibliotheksarbeit kam nahezu zum Erliegen und konnte erst wieder durch die intensive Zusammenarbeit mit der Wiener Universität belebt werden. Propst Thomas Ruef (1600–1612) war Rektor der Universität und bemühte sich um den systematischen Weiteraufbau der Bibliothek. Zu Beginn des 18. Jahrhundert begann eine Phase der höchsten Entfaltung: Großzügige Buchankäufe von theologischen und historischen Sammelwerken aber auch von klassischer Literatur legten den Grundstock für eine moderne Bibliothek, die den Anforderungen eines gebildeten Zeitalters entsprach. Propst Floridus Leeb (1782–1799) ein aufgeschlossener Kirchenfürst, der dem Wissensdrang seiner Generation sehr positiv gegenüberstand, förderte den Ausbau der Sammlung. Um 1900 umfasste die Bibliothek bereits einen Bestand von 1250 Handschriften, 885 Inkunabeln, 700 Frühdrucken und ca. 100.000 Druckwerken. In der folgenden Zeit konnten einige Nachlässe in den Bücherbestand integriert werden, sodass man heute ohne Übertreibung von der umfassendsten klösterlichen Büchersammlung Österreichs sprechen kann.

Aus der reichen Inkunabelsammlung: das „Defensorium Canonisationis Leopoldi Marchionis"

Heute zählt die Büchersammlung von Stift Klosterneuburg 1.234 Handschriften und 860 Inkunabeln. Besonders interessant ist eine aus dem 13. Jahrhundert stammende Benützungsordnung der Bibliothek. Daraus wird ersichtlich, dass schon im Mittelalter die Pflege der Buchkultur innerhalb des Stiftes einen hohen Stellenwert hatte. Die wertvollste Handschrift des Stiftes ist die aus dem Chorherrenstift St. Nikola in Passau stammende *Leopolds-Bibel,* die mit 37 kunstvollen Initialen in roter Federzeichnung zum Beginn der Prologe ausgestattet ist. Markgraf Leopold III. machte sie 1136 seiner Neugründung zum Geschenk. Ebenso interessant ist das so genannte *Gebetbuch Leopolds des Heiligen,* das Ende des 11. Jahrhunderts in Niedersachsen entstanden ist. Das Manuskript enthält nach einer Reihe von kurzen, einleitenden Texten ein Psalterium, Biblische Cantica, eine ausführliche Litanei, Totenmessen und das althochdeutsche *Klosterneuburger Gebet.* Im Nachtrag befindet sich eine Schenkungsurkunde Leopolds III. aus dem Jahre 1113. Kleine Rankeninitialen in Gold und Silber werten diese kulturhistorische Kostbarkeit weiter auf. Aus dem Anfängen des 14. Jahrhunderts stammt ein Klosterneuburger Missale, das mit reichen Fleuronnée-Initialen ausgestattet ist und später durch einige Ergänzungen bereichert wurde. Dazu gehörte das Doppelblatt mit einem Kanonbild aus dem berühmten Missale des Propsts Stefan von Sierndorf. Bemerkenswert ist ferner eine in Klosterneuburg entstandene Handschrift aus dem 12. Jahrhundert, die drei Texte des großen römischen Dichters Vergil versammelt: *Bucolica, Georgica* und *Aeneis.* Prächtige Federzeichnungsinitialen prägen den Stil des Manuskripts und lassen es zu einem wichtigen Beispiel mittelalterlicher Buchkunst in Österreich werden. Ergänzt werden die erwähnten Codices durch die berühmten Miniaturen der Wiener Herzogswerke. In enger Verbindung mit den Büchern steht die Sammlung von Grafiken, die zu den bedeutendsten dieser Art in Österreich zählt.

BIBLIOTHEK DES ZISTERZIENSERSTIFTS LILIENFELD

Das Buch ist der bequemste Freund, man kann sich mit ihm unterhalten, so lange und so oft man will, man ist ganz ein Empfangender, kann in jeder Stimmung die rechte Kost wählen und ist nie enttäuscht.

ANGELUS SILESIUS

Die großen österreichischen Stifte gelten als Förderer von Kunst und Wissenschaft, aber auch der Musik – in Lilienfeld war es der Dichter Franz Grillparzer, der hier eine Zeit lang lebte und sich von der Atmosphäre des Hauses inspirieren ließ. Das Kloster, in einer reizvollen Landschaft gelegen, wurde 1202 von Herzog Leopold VI., dem Glorreichen, gestiftet. Große Besitztümer und vielfältige Privilegien bildeten die Grundlage für einen raschen Aufstieg und ein gutes wirtschaftliches Vorankommen der Abtei. 1206 kamen die ersten Mönche aus Heiligenkreuz und begannen hier ein Leben nach den Grundsätzen des heiligen Benedikt. Während die Zisterzienser für ihre Gründungen Tallandschaften bevorzugten, siedelten die Benediktiner großteils auf Hügeln.

Wie andere Klöster so erlebte auch Lilienfeld die Zweischneidigkeit des Schwertes der Geschichte. Ein Auf und Ab schildern die Annalen, und sie wissen von Zeiten zu berichten, da das Ende des Klosters nahe zu sein schien. Der Streit zwischen den Herzögen Leopold IV. von Österreich und Ernst von Steiermark wirkte sich am Beginn des 15. Jahrhunderts verheerend auf die Klostersiedlung aus. Das Stift wurde geplündert und Abt Johannes (1404–1410) musste sogar kostbares Kirchengerät veräußern, um die Gemeinschaft von 90 Mönchen aufrechterhalten zu können. Um die Mitte des 15. Jahrhunderts erhielt die Anlage eine Befestigung, die sie vor Übergriffen oder einer Einnahme durch feindlich gesinnte Edelleute schützen sollte. Die Befestigungsanlage garantierte über einen längeren Zeitraum Ruhe und Frieden.

Ein Hort des Friedens und der Harmonie: Stift Lilienfeld

So wie andere Stifte erlebte auch Lilienfeld im 17. Und 18. Jahrhundert

Künstlerische Innovation und Fantasie schufen in Lilienfeld einen wunderbar harmonischen Bibliotheksraum.

einen steilen Aufstieg und avancierte zum kulturellen und wirtschaftlichen Mittelpunkt der Region. Kluge Äbte lenkten die Geschicke des Hauses und bauliche Veränderungen wurden stets unter Berücksichtigung des kostbaren Altbestandes vorgenommen. 1683 erfolgte die Erneuerung des Traktes rund um den Kreuzgang, 1641 bis 1660 entstand der Gästetrakt und am Übergang des 17. zum 18. Jahrhundert wurden die Kaiserzimmer geschaffen. An den Südflügel schlossen sich die Prälatur, das Noviziat, die Gemäldegalerie und die Bibliothek. Die Zeit des Aufbruchs und der geistigen Hochstimmung war allerdings nicht immer ungetrübt. So standen 1683 die Türken nicht nur vor Wien – etwa 7.000 türkische Reiter drangen bis in den Raum Lilienfeld vor und verheerten die umliegenden Dörfer und Gehöfte. Mit vereinten Kräften gelang es, die türkischen Streifscharen zurückzudrängen, und schließlich zog wieder Frieden ins Land. Lilienfeld war schon damals ein sehr mächtiges Kloster und die Äbte hatten großen politischen Einfluss. Abt Cornelius Strauch gilt als eine der herausragendsten Persönlichkeiten der Stiftsgeschichte. Mit Erfolg protestierte er beispielsweise beim Papst gegen die Ernennung Kardinal Richelieus zum Generalabt des Ordens. 1671 wurde der Abt zum Rektor der Universität Wien ernannt.

Nach den siegreichen Türkenkriegen Ende des 17. Jahrhunderts wuchs ein neues Lebensgefühl. Der Sinn für das Schöne und Repräsentative etablierte sich nicht nur an den europäischen Höfen, sondern auch in den großen Abteien. Dort begann eine rege Bautätigkeit und die Gottespaläste standen denen weltlicher Herrscher in Prunk- und Prachtentfaltung in nichts nach. In Lilienfeld wurde eine eigene philosophisch-theologische Hochschule gegründet, die bis ins 19. Jahrhundert bestand. Darüber hinaus gab es hier im 18. und 19. Jahrhundert ein Sängerknabenkonvikt. Die große Blütezeit hatte ein jähes Ende, als Joseph II. im Rahmen seiner Klosterreform viele bedeutende Abteien aufhob. 1789 ereilte auch Lilienfeld dieses Schicksal. Die Folgen waren verheerend: Kunstgegenstände wurden aus dem Haus verschleppt, mit den Büchern wurden Löcher in den Straßen gefüllt und wertvolle Gemälde dienten als Verpackungsmaterial. Die Einrichtung der prachtvollen Stiftskirche wurde zu einem Teil veräußert und das Geld dem Religionsfonds zugeführt. Die wertvollen Handschriften und Archivbestände wanderten nach Wien und wurden der Hofbibliothek einverleibt.

Bald nach dem Tod von Joseph II. wurde die Säkularisation des Stiftes Lilienfeld widerrufen und die Mönche konnten zurückkehren. Nun galt es die angerichteten Schäden mit unermüdlichem Eifer zu beseitigen. Unter Abt Ladislaus Pyrker blühte das geistige Leben in Lilienfeld neuerlich auf. In dieser Zeit wurde das Stift Heimat für Musiker und Schriftsteller, unter anderen gehörten zum gesellschaftlichen Kreis um den Abt die künstlerisch vielfältige Dichterpersönlichkeit Franz Grillparzer und das Musikgenie Franz Schubert. Heute stellt die Klosteranlage eines der schönsten mittelalterlichen Baudenkmäler Österreichs dar.

Bei Klostergründungen war es durchaus üblich, dass die Mönche aus dem Mutterkloster wertvolle Bücher für den liturgischen Gebrauch (Sakramentare, Evangeliare, Missale, Gebetbücher) mitbrachten. Es ist anzunehmen, dass diese Bücher auch den Grundbestand der Stiftsbibliothek Lilienfeld bildeten. Im 13. Jahrhundert erwähnt ein Bücherverzeichnis 68 Handschriften, etwa hundert Jahre später sind es bereits mehr als zweihundert.

An das südliche Seitenschiff der Kirche schloss sich der so genannte Lesegang an, der breiteste und älteste Flügel des aus dem 13. Jahrhundert stammenden Kreuzganges. Heute noch sieht man die an der Mauer entlang laufende Steinwand, auf der die Mönche sich mit dem Lesen beschäftigten. Im Mittelalter gab es keine Bücherregale im herkömmlichen Sinne; die Codices wurden in Nischen in der Wand – den so genannten „Armarien" – aufbewahrt. Bei der Plünderung durch die Böhmen im Jahre 1408 dürfte die Bibliothek großteils verschont geblieben sein.

Die Zahl der Mönche im Stift war dazumal sehr hoch, und viele betätigten sich in der Schreibstube, sodass diese alsbald Berühmtheit erlangte. Nicht nur das Herstellen von Abschriften von bedeutenden liturgischen und biblischen Texten, sondern auch dichterisches Bemühen zeichnete die Schreiber aus.

Im 17. Jahrhundert reifte der Plan für eine große Saalbibliothek. Wenn man die Dimension des Stiftes mit den vielen Höfen und gewaltigen Fassadenfluchten betrachtet, so nimmt sich der Bibliotheksraum relativ bescheiden aus: 17,8 Meter Länge bei einer Breite von 7,6 Meter. Der Bibliotheksraum befindet sich im ersten Stock über dem Refektorium. Er zeigt ein breites Tonnengewölbe; Wandregale reichen bis in den Gewölbescheitel. Bei der Ausstattung des Lesesaales war man sehr darauf bedacht, die Bedeutung des Lesens zu unterstreichen. Kostbar ist daher der künstlerische Schmuck des Saales, der zur Gänze von grazilen Stuckornamenten überspannt wird. Unter Abt Sigmund Braun entstanden auch die zarten Malereien, die die Kartuschen der Decke schmücken – aus einem Chronogramm können wir ableiten, dass sie 1704 geschaffen wurden. Die wunderbaren Schnitzereien an den Bücherschränken und Türen sind Schöpfungen des Laienbruders Laurentius Schöfferle, die Malereien stammen von Jakob Pianck. 17 Heilige und Gelehrte des Zisterzienserordens sind in den Wandmalereien zu sehen. Obwohl die Bibliothek auf kleinem Raum sehr viel an künstlerischer Innovation bietet, wirkt der Saal keineswegs überladen, sondern manifestiert sich als Credo für künstlerische Fantasie. Akanthusblätter, Weintrauben und Ranken bilden das Ornament der Decke. Dabei mag wohl durchklingen, dass die Trauben ein Symbol für Christus sind, der letztlich der Herr von Weisheit und Wissenschaft ist. An den Scheiteln der Hauptachse sind alternierend vier Passspiegel mit Medaillons und in den Stichkappen drei mit Engelköpfen angebracht. Adler öffnen ihre Schwingen und symbolisieren in majestätischer Pose den Triumph über die Türken. Die Fensternischen sind mit Girlanden, Festons und Muscheln dekoriert.

Harmonisch fügen sich die Buchschränke in die Architektur ein. Das Schmuckwerk der intarsierten Bücherkästen wird von Akanthusschnitzereien gebildet, die nach oben hin die Stuckaturen komplettieren. Insgesamt umfasst die Bibliothek vier Räume, in denen derzeit 40.000 Bände, 119 Inkunabeln und 229 Handschriften aufbewahrt werden. Ferner sind am Hauptsaal die originellen Schlösser hervorzuheben, die mit „Türkenköpfen" versehen sind. In der Mitte des Saales befindet sich ein Arbeitstisch, der mit sechs Studierplätzen und Regalen für die Benutzer ausgestattet ist. Vier vergoldete Eckvasen und eine Marienstatue mit dem Prädikat der Lauretanischen Litanei *Sedes Sapientiae* sind Schmuckelemente, die dem Tisch ein festliches Ambiente verleihen. Wie die übrigen Einrichtungsgegenstände stammt auch dieser Tisch aus der Werkstatt des Bruders Lorenz Schöfferle (1701).

Die erwähnte mittelalterliche Schreibstube brachte einige herausragende Werke hervor. Von Christian von Lilienfeld *(Christianus Campililiensis),* der an der Wende vom 13. zum 14. Jahrhundert hier tätig war und als liturgischer Autor große Bedeutung erlangte, stammen fünf umfangreiche Handschriften, die großteils von ihm selbst verfasst wurden; sie sind bis heute erhalten. Einen zweiten bedeutenden Autor fand man in Abt Ulrich, der dem Stift von 1345 bis 1351 vorstand. Nach seinem freiwilligen Rücktritt widmete er sich vornehmlich dem Studium und dem Verfassen der *Concordantiae Caritatis* (1350), seines Hauptwerks, in dem er biblisches Geschehen schildert und eine Synthese aus Altem und Neuem Testament herstellt. Dabei wird das Leben Jesu an Vorbildern aus dem Alten Testament orientiert. Eine Neuheit stellte dazumal die Erweiterung der Vorbilderreihe durch Beispiele aus der Naturgeschichte dar. Somit ist das Werk des Lilienfelder Autors ein bedeutendes Dokument für die naturwissenschaftlichen Kenntnisse im Mittelalter.

Die Aufhebung des Klosters 1789 bedeutete nicht nur eine einschneidende Zäsur für das Ordensleben, sondern zog auch für die Entwicklung der Bibliothek. Ein Eintrag im Niederösterreichischen Landesarchiv gibt Auskunft über den Bibliotheksbestand im 18. Jahrhundert. Ebenso ein ausführlicher Katalog des bedeutenden Historiographen Pater Chrysostomus Hanthaler (1690–1754), den dieser 1754 anlegte.

Nach der Restauration des Stiftes 1790 dürfte es zunächst keine Bibliothek gegeben haben, da die Bücherbestände an die Universitätsbibliothek in Wien gegangen waren und erst ein Antrag auf Rückstellung verfasst werden musste. Das Warten der Patres war aber vergebens, denn in einem Inventar von 1804 wird berichtet, dass die Bibliothek „unbedeutend" sei und lediglich aus einigen Büchern vom aufgelassenen Paulanerkloster in Wien bestehe. Per Dekret wurde dem Stift jedoch die Übernahme der Bibliotheksbestände aus dem aufgehobenen Benediktinerstift Klein-Mariazell zugesagt; davon gelangten aber lediglich 2.000 Bände und etwa 47 Handschriften nach Lilienfeld. Im 19. Jahrhundert war es vor allem ein Verdienst des Abtes Ladislaus Pyrker (reg. 1811–1818), dass Bücher aus der Zeit vor 1789 zurückgekauft und neue Bände erworben werden konnten.

STIFTSBIBLIOTHEK MELK

Was mir allein schwer fällt zu verlassen, ist meine eigene und die öffentliche Bibliothek. Ohne Bücher auf der Welt wäre ich längst verzweifelt.

ARTHUR SCHOPENHAUER

Das Benediktinerstift Melk ist ein einzigartiges Denkmal barocker Kultur. Seine eindrucksvolle Silhouette wurde nicht nur zu einem Wahrzeichen der Wachau, sondern auch zum Symbol für die großartige historische Architektur Österreichs. Unter dem Eindruck dieser wunderbaren Harmonie aus baulicher Eleganz und der Schönheit eines der reizvollsten Landschaftsstriche Österreichs fühlt man sich unwillkürlich zurückversetzt in die große Zeit der Gottesburgen, es erklingen die Feuerwerksmusik Georg Friedrich Händels und die zauberhaften Brandenburgischen Konzerte eines Johann Sebastian Bach.

Schon in prähistorischer Zeit wussten die Menschen die Vorzüge dieser Landschaft zu schätzen, und die Römer errichteten hier später eine Wachstation, um wichtige Handelsadern zu schützen. 831 wird erstmals urkundlich ein *Medilica* erwähnt, ab 976 ragte eine Burg des Markgrafen Leopold I. von Babenberg auf dem steilen Felsen über der Donau empor. 1089, so erzählt die Chronik, kamen die „schwarzen Mönche“ des hl. Benedikt von Nursia und begannen ein Leben nach den Leitsätzen des Ordensgründers.

Aus dem 14. Jahrhundert sind noch Grundmauern jener Festung erhalten, die das Kloster zu einem sicheren Ort und zu einer Zufluchtsstätte für die Bevölkerung machten. Zwei mächtige Bastionen im Eingangsbereich künden heute noch von der Angst vor den Türken, die im 17. Jahrhundert die Menschen in Atem hielt. Im 15. Jahrhundert war das Stift Melk Zentrum einer bedeutenden Klosterreform, die viele Abteien ergriff und diesen im Sinne von *ad fontes* eine neue monastische Handschrift aufprägte. 1683, im Jahr der zweiten großen Türkenbelagerung Wiens, vernichtete ein verheerendes Feuer das Kloster fast zur Gänze. Doch wie Monte Cassino, das Mutterkloster der Benediktiner in Latium, in seinem Wappen den umgeschnittenen Baumstamm, aus dem ein frischer Ast treibt, führt, so erlebte Melk eine unvergleichliche Renaissance.

Ein gewaltiger Klosterpalast zu Ehren Gottes: Stift Melk

Abt Berthold Dietmayr (1700–1739) ließ die gesamte alte Anlage schleifen und nach Plänen von Jakob Prandtauer neu erbauen. Entlang einer 320 Meter langen Ost-West-Achse erstand jenes riesige Gebäude, das heute noch als eines

An Prächtigkeit und Fantasie kaum zu übertreffen: der Hauptsaal der Stiftsbibliothek Melk, ein Juwel des österreichischen Barock

der größten Klöster der Welt gilt. Die 240 Meter lange Südfront, die sich über der Stadt Melk erhebt, weist einen palastartigen Charakter auf, während die der Donau zugewandte Nordfront mehrfach gebrochen ist. Diese gewaltigen Trakte umschließen den weiten Prälatenhof mit seiner kunstvollen Fassade, den Konvent- und Wirtschaftshof und nicht zuletzt den Hof vor der beeindruckenden Stiftskirche, der an beiden Seiten von Saalbauten flankiert wird: der Bibliothek und dem Kaisersaal. Dazwischen spannt sich die Altane, von der aus der Besucher einen unvergesslichen Blick in die Weite der Donaulandschaft genießt. Nach dem Tod Prandtauers 1726 führte dessen Schüler Franz Munggenast das Werk fort und vollendete es schließlich zehn Jahre später. Er war auch maßgeblich an den Restaurierungsarbeiten nach dem Brand von 1738 beteiligt.

Das Stift Melk entfaltet nicht nur nach außen die Pracht des Barock, sondern gilt auch in seiner Innenausstattung als beispielhaft für diese Stilepoche. Bedeutende Künstler wie Antonio Beduzzi, Johann Michael Rottmayr oder Paul Troger entfalteten hier ihr Können und schufen ein Juwel österreichischer Kunst. Unter Abt Urban Hauer (1763–1785) war der berühmte Maler Johann Bergl im Stift beschäftigt und stattete neben einigen Bibliotheksräumen den Gartenpavillon und die Gästezimmer aus.

Kräftige, vergoldete Voluten stützen die umlaufende Galerie (links), mit Gold überzogen sind auch die Regale (rechts).

Nach den schwierigen Zeiten unter dem NS-Regime erfolgte in den letzten Jahren unter dem inzwischen emeritierten Abt Dr. Burkhard Ellegast eine umfassende Renovierung der Stiftsgebäude und der Kirche, sodass die Abtei heute im einstigen Glanz barocker Schöpferkraft erstrahlt.

Bald nach der Gründung des Stiftes wurde der Betrieb einer ersten Lateinschule aufgenommen. Auch gab es schon früh eine Klosterschule, in der ein breites Schülerpublikum unterrichtet wurde. Überhaupt kann es als benediktinische Tugend angesehen werden, dass dem Lesen und Schreiben eine so bedeutende Rolle zukommt. Das Verfassen oder zumindest Abschreiben von geistlichen Texten war nicht nur als Arbeitstherapie vorgesehen, sondern sollte vielmehr den Geist wach halten. Aus der Beschäftigung mit geistlicher, aber auch profaner Literatur entstanden in vielen Benediktinerklöstern Schulen. Zur Zeit Maria Theresias wurde die Lateinschule in ein Gymnasium umgewandelt, das heute noch Bestand hat.

Ein wichtiger und nicht wegzudenkender Bereich jedes Klosters ist die Bibliothek, in der die kostbarsten Schätze – Bücher – aufbewahrt wurden. Bereits im 17. Jahrhundert entstand im Stift Melk über dem Weinkeller eine eigene Bibliothek, deren Decke wegen der Feuergefahr gewölbt war. Abt Dietmayr sah in der Errichtung eines großen Bibliothekssaales eine der vornehmsten Aufgaben im Rahmen der Neugestaltung des Klosters und ließ einen Saal konzipieren, der heute noch die Besucher beeindruckt. In einem eigenen Trakt entstand zwischen 1731 und 1735 ein Lesesaal, der an Prächtigkeit und künstlerischer Fantasie kaum zu übertreffen ist.

Der zwanzig Meter lange und neun Meter breite Saal wird von einem Muldengewölbe überspannt, das 1732 von Paul Troger mit phänomenalen Malereien ausgestattet wurde. „Die göttliche Weisheit und ihre Tugenden als Ziel des Hercules christianus“ lautet der Titel dieser äußerst bewegenden Schöpfung, die vor allem durch ihre Farbenfrische fasziniert. Dem Kenner wird sofort auffallen, dass Parallelen zum Fresko in der ehemaligen Hofbibliothek in Wien bestehen. Durch die reiche scheinarchitektonische Malerei von Gaetano Fanti wird der Spiegel der Decke zusätzlich gehoben und scheinbar in die Unendlichkeit gerückt. Allein durch diese von Voluten und Triumphbögen dominierte Malerei, die in Weiß und Gold gehalten ist, kommt der himmlische Charakter des Werkes zur Geltung. Nicht die Verherrlichung des Irdischen steht im Mittelpunkt, sondern die Apotheose des Glaubens. Die allegorische Figur des Glaubens – eine Frau, das Buch mit den sieben Siegeln und das Lamm der Apokalypse in der einen Hand haltend, in der anderen einen Schild mit der Taube des Heiligen Geistes – wird umgeben von Engelsköpfen und Engeln, die die Kardinalstugenden – Klugheit, Gerechtigkeit, Starkmut und Mäßigung – personifizieren. Das Befolgen dieser Tugenden führt den Menschen zu dem, was sein Geist nicht begreifen kann: zum Glauben.

Die figuralen Darstellungen der Architekturzone stammen aus der Hand Paul Trogers und verstehen sich als Allegorien der Wissenschaften und Künste. Gewissermaßen komplementär dazu finden sich vier vergoldete Skulpturen an den Türen: allegorische Darstellungen von Theologie, Philosophie, Medizin und Jurisprudenz, den vier universitären Fakultäten. Die Holzplastiken sind Schöpfungen Josef Pöbls (1734). Zwei Globen des berühmten venezianischen Kartografen Vincenzo Coronelli stammen aus 1690. Es war dazumal modern, in Bibliotheken Globen – Erd- und Himmelsglobus – paarweise aufzustellen, um die Universalität des Kosmos zum Ausdruck zu bringen. Das Suchen nach Wissen und das Streben, es zu erfassen, hat nirgendwo anders seinen Ursprung als im Wunsch des Menschen nach Universalität. Das Globenpaar von Melk zählt zu den wertvollsten seiner Art.

Die Raumwirkung des Saales vermittelt den Esprit einer Zeit, die ganz im Zeichen des Aufbruchs stand: Entdeckungen bewegten die Welt; am Seeweg gelangte der Mensch in ferne Länder und lernte neue Kulturen kennen; großartige Erfindungen eröffneten ungeahnte Möglichkeiten. Von dieser Euphorie getragen, wollte der Mensch des Barock der ganzen Welt die Herrlichkeit der Wissenschaft verkünden. So auch mit den prachtvollen Bibliotheken Österreichs, unter denen jene im Stift Melk ein besonderes Juwel darstellt.

Kräftige, vergoldete Voluten stützen die von zierlichen Gittern bestimmte Galerie, die den gesamten Raum umspannt. Diese vergoldeten Konsolen wirken durch die Leichtigkeit ihrer Ornamente und leisten einen wichtigen Beitrag zur luftigen Raumarchitektur. Die Regale reichen bis zum Kranzgesims und wirken durch die Unterbrechung mit Pilastern rhythmisch konzipiert. Diese Harmonie wird von den edlen, vergoldeten Buchrücken aufgegriffen und fortgesetzt. Das Gold an den Möbeln und Büchern schimmert im Licht, das durch die hohen, in tiefen Nischen lie-

Gold an den Regalen und Büchern verkündet die Herrlichkeit der Wissenschaft.

genden Fenster in den Raum dringt. Die Fensternischen verlaufen hinter der Galerie über die gesamte Höhe des Raumes und werden oben durch einen Bogen abgeschlossen, dessen Form durch das Gesims angenommen wird. In den Fensterlaibungen sind interessante Phänomene zu beobachten: Unter bemalter Blumenornamentik treten schwarz- und rotgewandete Wissenschaftler des Ordens hervor. Diese wurden später von Johann Bergl in Secco-Technik übermalt – im Laufe der Zeit setzten sich aber die alten Malereien durch. Auch die Anordnung der Fenster greift die Dynamik des Raumes auf. Nicht alle Fenster sind durchlaufend, an jeder Seite werden jeweils das zweite und das vierte bis auf die Höhe der Galerie von einem Bücherkasten verdeckt, sodass der obere Bereich wesentlich mehr Licht erhält und daher noch leichter und transparenter wirkt.

Im oberen Bereich der Bibliothek erreicht man über eine Wendeltreppe zwei Lesezimmer, die der Öffentlichkeit jedoch vorenthalten sind. Beide Räume tragen Fresken von Johann Bergl, sind aber in der Ausstattung wesentlich einfacher gehalten als der große Bibliothekssaal. Im Vorraum zur Bibliothek bestechen vor allem die beiden filigranen Rokokogitter, die mit Vergoldungen versehen sind. An der Decke ließ Paul Troger die Allegorie der Wissenschaft *(Scientia)* entstehen, die durch Eifer und Studium erreicht werden kann. Das Bibliotheksensemble kann insgesamt als sehr gelungen bezeichnet werden, da einerseits alle Raffinessen architektonischen Könnens ausgespielt wurden, andererseits ein theologisch und philosophisch ausgeklügeltes Programm vorgegeben wurde, das zu Meditation und Betrachtung einlädt. Kaum ein Bibliothekssaal zieht diese Kombination von Ruhe und farblicher Verspieltheit so konsequent durch, wie es hier der Fall ist. Das zeugt vom ausgereiften Können des Architekten, aber auch von einer Demut, die die Fantasie und den Sturm des Schöpferischen im Zaum hält und in den Dienst des Werks stellt.

Miniatur aus dem Codex 1809, 2ra, entstanden im Skriptorium von Stift Melk: Prior Otto übergibt Abt Walther eine Handschrift.

Insgesamt befinden sich in der Stiftsbibliothek Melk etwa 100.000 Bände, wovon ca. 16.000 Bücher im Schauraum aufgestellt sind. Mit 1.858 Handschriften, davon 1230 mittelalterlichen, besitzt das Kloster eine der größten Privatsammlungen von Manuskripten in Österreich. Die älteste Handschrift, eine Abschrift eines Werks des berühmten englischen Benediktiners Beda Venerabilis, stammt aus dem 9. Jahrhundert. Ebenfalls in diese Zeit kann ein Predigtmanuskript datiert werden, das Aufschluss über pastorale Praktiken in jenen Tagen zulässt. Eine Handschrift, die Texte des berühmten römischen Schriftstellers Vergil aufgreift, ist aus dem 10./11. Jahrhundert überliefert.

Wie andere Klöster, so besaß auch Melk ein eigenes Skriptorium, in dem bedeutende Handschriften hergestellt wurden. Zwischen 1140 und 1250 erlebte das Stift seine erste Blüte und aus dieser Zeit stammen bedeutende Abschriften der Hieronymus-Kommentare, aber auch der Kommentare der *Regula Benedicti* sowie von Texten der Heiligen Schrift. Darüber hinaus sind Schriften mit Formelsammlungen und Rechtstexten überliefert. Gewiss lag das Hauptinteresse des Skriptoriums im Abschreiben geistlicher Texte, dennoch entwickelte es sich auch zu einem wichtigen Zentrum mittelhochdeutscher Literatur.

Die der Überlieferung nach 1127 in Kleinwien bei Göttweig verstorbene Klausnerin *(inclusa)* und erste Dichterin in deutscher Sprache – Frau Ava – verfasste *Das Leben Jesu,* das heute noch zu den wichtigsten Texten der Melker Manuskriptsammlung zählt. Zwei Drittel der Handschriften stammen aus der Reformperiode im 15. Jahrhundert, die großteils zur Gattung der Erbauungs- und Predigtliteratur gehören. Zu den Kostbarkeiten zählen der so genannte „Annalen Codex“ *(Melker Annalen)* aus der Zeit vom 12. bis zum 16. Jahrhundert und ein reich illuminiertes Psalterium aus der Zeit um 1255. Um 1300 entstand hier eine Abschrift des *Nibelungenliedes,* dessen Fragment erst kürzlich entdeckt wurde. Unter den deutschsprachigen Handschriftenfragmenten kommt einem Papierdoppelblatt mit dem *Frauenlob* des Heinrich von Meißen aus der zweiten Hälfte des 14. Jahrhunderts besondere Bedeutung zu: Neben dem Text ist auch die Melodie notiert.

Neben den kostbaren Handschriften sind in der Bibliothek 798 Inkunabeln zu finden. Die Themenschwerpunkte liegen in erster Linie im theologischen Bereich, greifen aber auch auf die Rechtssprechung, Erd- und Himmelskunde und auf die Geschichte über.

Kaum ein Wissensgebiet, das in der Büchersammlung des Stifts nicht vertreten wäre. Im frühen 18. Jahrhundert erlebte die Schreibkunst ihre letzte Blüte. Aus dieser Zeit stammen einige sehr schöne Beispiele, die einen besonderen Rang unter den Handschriften einnehmen.

Angesichts dieser Fülle von eindrucksvollen Bücherschätzen mag man dem Philosophen Johann Gottlieb Fichte Recht geben, wenn er schreibt: „Das Werk des Schriftstellers aber ist in sich selber ein Werk für die Ewigkeit.“

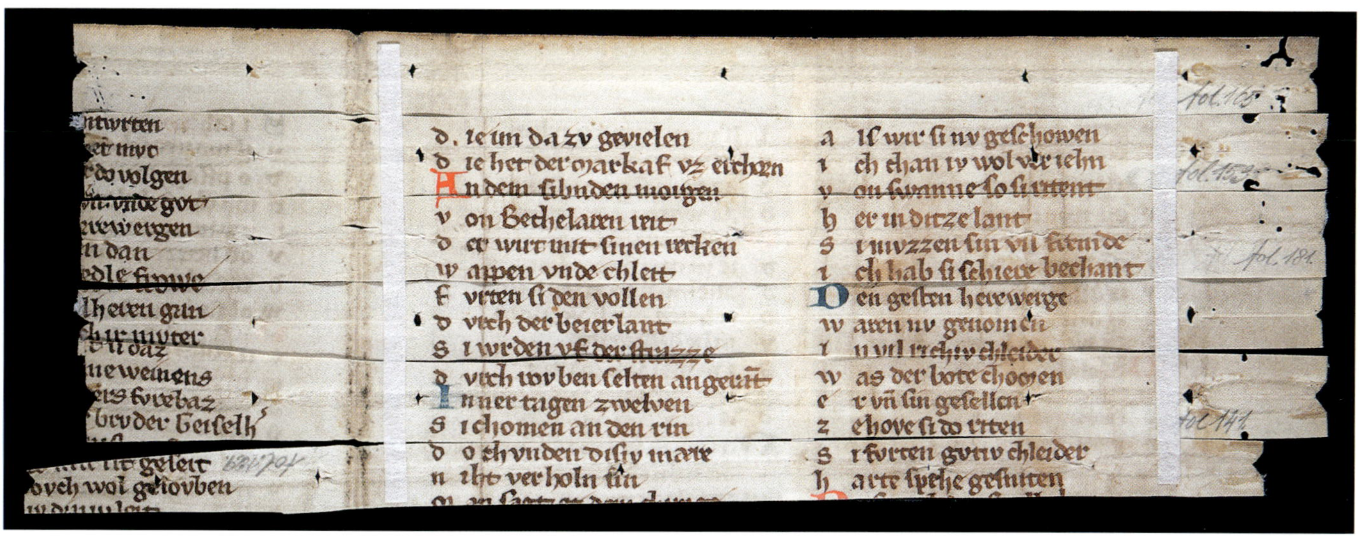

Entdeckung aus letzter Zeit: Fragment einer Abschrift des Nibelungenliedes, entstanden im 4. Viertel des 13. Jahrhundert

BIBLIOTHEK DES NEUKLOSTERS WIENER NEUSTADT

Es gibt keine Seligkeit ohne Bücher.

ARNO SCHMIDT

Als Abt Heinrich Sternberger von Rein am 15. April 1444 feierlich mit zwölf Brüdern in Gegenwart des Königs und hoher Würdenträger in der Neustadt einzog, war damit der Grundstein für ein Stift gelegt, das eine sehr bewegte Geschichte erleben sollte. Bereits 1440 hatte König Friedrich IV., der spätere Kaiser Friedrich III., den Wunsch geäußert, Zisterzienser nahe seiner Residenz Neustadt anzusiedeln, hatten seine Eltern doch hervorragende Beziehungen zu diesem Orden gepflegt, vor allem zum Kloster Rein, dem dazumal der berühmte Abt Hermann Molitor vorstand.

Zunächst befand sich an der Stelle des späteren Stiftes ein Dominikanerkloster, das ohne größere Schwierigkeiten nach St. Peter an der Sperr verlegt wurde. Das Gebäude dürfte aber in einem recht jämmerlichen Zustand gewesen sein – es wird von umfangreichen Restaurierungsarbeiten berichtet.

Der spätbarocke Lesesaal, ausgestattet von Johann Bergl

Die *Bulla Aurea* von König Friedrich regelte die Ansiedlung der steirischen Mönche und bot auch die Grundlage für eine funktionierende wirtschaftliche Gebarung in der Neugründung. Das Stift selbst erlangte aber nie die zentrale Bedeutung, wie sie andere große Abteien Österreichs hatten. Im 18. Jahrhundert wurde den Stiftsgebäuden ihre heutige barocke Form verliehen. Baumeister Josef Gerl bemühte sich um eine klare Struktur der Anlage. Nach einem Aufschwung im 18. Jahrhundert wurde das Kloster 1880 aus wirtschaftlichen Gründen mit dem Stift Heiligenkreuz vereinigt.

Der ursprüngliche Bücherbestand des Hauses war auf mehrere Räume aufgeteilt. Aus historischen Dokumenten kann abgeleitet werden, dass es bis zur Schaffung der barocken Bibliothek keinen zentralen Raum gegeben hat, der die Buchschätze aufnehmen hätte können. Das war sicherlich auch der Grund, warum dann Abt Joseph Stibicher

(1746–1475) sich zum Bau einer „Generalbibliothek" entschloss. Der Abt war, wenn man den Überlieferungen Glauben schenken darf, ein sehr gebildeter und weiser Mann, und auch dem Kloster dürfte es damals wirtschaftlich sehr gut gegangen sein: Es wurde nicht nur das Bibliotheksgebäude errichtet, sondern auch zwei Großbibliotheken angekauft: die des Grafen Ferdinand von Hallweil und jene des Grafen Wurmbrand. Mit dem Wirtschafter Pater Bernhard Sommer war ein tüchtiger Geist für die pekuniären Belange des Stiftes zuständig. Da das Stift niemals über ausgedehnte Ländereien verfügt hatte, galt es alternative Geldquellen zu erschließen – was Sommer gelang. Mit dem aus Wechselgeschäften stammenden Geld wurde auch eine beachtliche Kunst- und Antiquitätensammlung erworben.

Holzverkleidete Nischen bilden die Lichtquellen des „Goldenen Saales".

Um Platz für das neue Bibliotheksgebäude zu schaffen, ließ Abt Joseph einen Trakt des Stiftes abreißen. 1763 entstand die spätbarocke Bibliothek, die zwei Stockwerke einnimmt und die Ausmaße von 12 mal 7,2 Metern erreicht. Der Bibliothekssaal ist eine großartige Schöpfung, die den großen „Bücherdomen" an Eleganz in nichts nachsteht.

Für die künstlerische Ausstattung des Lesesaales berief der Abt den aus Böhmen stammenden Maler Johann Bergl. Dieser hatte bereits die Fresken in der Hofbibliothek in Wien und einige im Stift Melk geschaffen. Für die architektonischen Malereien wurde Karl Frister verpflichtet, der das beliebte Thema der vier Fakultäten – Theologie, Philosophie, Medizin und Jurisprudenz – aufgriff.

An der Seite bilden drei Fenster in holzverkleideten Nischen die Lichtquellen des Saales. Sie münden in sehr flache Stichkappen, die sich an der gegenüberliegenden Seite wiederholen. Der Raum wird von barocken Holzregalen umschlossen; sie werden einzig durch zwei mächtige, auf vier Säulen ruhende Marmorportale mit Dreiecksgiebeln an den Stirnseiten unterbrochen. Josef Wagner, ein aus Wien stammender Tischler, gilt als Schöpfer des edlen Mobiliars. Die Rokoko-Bekrönungen sowie die Verzierungen der Regale sind das Werk des Neustädter Bildschnitzers Johann Vogl. Zehn Regale mit je neun Fächern nehmen insgesamt 4.500 Bücher auf. Die in Leder gebundenen Bände sind mit Golddrucken versehen, worauf auch die Bezeichnung „Goldener Saal" zurückgeht. Die Drucke sind entsprechend dem Prinzip einer nach Fachbereichen gegliederten wissenschaftlichen Bibliothek geordnet: Bibelkunde, Kirchenlehrer, Kirchengeschichte, profane Geschichte, das 1665 erstmals publizierte *Journal des Scavan* und medizinische Literatur.

Unter Alberik Stingl, dem Nachfolger von Abt Joseph, wurde um 1780 die Bibliothek um zwei Kabinette erweitert, die sich an den Lesesaal anschlossen; er ließ die Durchgänge vergrößern und die prachtvollen klassizistischen Portale anfertigen. Beide Räume sind mit bemalten Tonnengewölben und Stellagen aus Nussholz ausgestattet.

Insgesamt umfasst die Bibliothek heute 20.000 Druckwerke, 80 Handschriften und 40 Inkunabeln. Den Grundstock der Büchersammlung bildeten die 67 Bücher, die Kaiser Friedrich III. der Bibliothek schenkte, und jene etwa 25 Bücher, die von den Gründermönchen aus Rein mitgebracht wurden. Viele dieser Schriften gingen im Lauf der Zeit verloren; lediglich eine Benediktusregel und ein Martyrologium aus dem ausgehenden 14. Jahrhundert sind erhalten.

BIBLIOTHEK AUF DER ROSENBURG

Die Bibliothek ist das Tagebuch der menschlichen Rasse, das Beratungszimmer der Weisen.

GEORGE DAWSON

„Es liegt ein Schloss in Österreich ...“, so beginnt ein altes Volkslied und meint die im Kamptal gelegene Rosenburg. Über die Anfänge dieses gewaltigen Schlosses schweigen die Quellen fast gänzlich. Doch stellte das Waldviertel schon vor über tausend Jahren eine für den Schutz des Landes wichtige Region dar. Dadurch mag sich auch die Vielzahl der Burgen erklären, die, auf Hügeln und Felsen errichtet, das Land überwachten.

Eine Reihe von später sehr bedeutenden Adelsgeschlechtern kultivierte das Land und schuf hier wertvollen Lebensraum. Die ständige Bedrohung durch die Böhmen veranlasste die hier lebenden Menschen, ein dichtes Befestigungsnetz zu errichten, das die Sicherung der Straßen und damit wichtiger Handelsadern gewährleistete. Einen der schönsten Plätze des Tales nimmt die Rosenburg ein. Schier unüberwindlich scheint das Felsmassiv, auf dem sich der stattliche Bau erhebt. 1175 wird das erste Mal eine Burg an dieser Stelle urkundlich erwähnt. Das hier residierende Adelsgeschlecht dürfte anfänglich sehr unbedeutend gewesen sein. Es kam auch rasch zu einem Besitzerwechsel. 1478 erstand Kaspar von Rogendorf die Herrschaft. Damit wird in der Geschichte der Rosenburg der Anfangspunkt eines glanzvollen Aufstieges markiert. Große bauliche Veränderungen sollten die Bedeutung des Geschlechtes nach außen hin sichtbar machen. Auch die Befestigungsanlagen rund um die Burg wurden verstärkt und den militärischen Erfordernissen der Zeit angepasst. Schon 1486 machten sich diese Investitionen bezahlt, als die Ungarn in das Waldviertel eindrangen.

Schier unüberwindlich thront Schloss Rosenburg über dem Kamp.

Das 16. Jahrhundert stand ganz im Zeichen der Glaubensauseinandersetzung. Martin Luthers neue Lehre fiel auch in Niederösterreich auf fruchtbaren Boden, und die Rosenburg wurde ein Zentrum der neuen Konfession. Zwischen 1487 und 1604 waren die Herren von Grabner Besitzer der mächtigen Anlage. Leopold Grabner berief 1555 den

Ursprünglich als Tanz- und Musiksaal gedacht: die spätrenaissancezeitliche Bibliothek der Rosenburg, dominiert von der feudalen Holzdecke

berühmten protestantischen Theologen Dr. Christoph Reuter in die Rosenburg, der in mitreißenden Predigten die Lehre Luthers verkündete. In dieser Zeit entstanden auf der Rosenburg wichtige theologische Werke, die nicht nur die eigene Bibliothek bereicherten, sondern auch in andere Buchbestände Eingang fanden.

Sebastian Grabner, Besitzer der mächtigen Burg am Ende des 16. Jahrhunderts, ließ sie zu einem Renaissanceschloss ausbauen, das weithin sichtbar zum Denkmal einer neuen Kulturrichtung wurde. Weitere große Baudenkmäler, die in dieser Zeit entstanden, sind etwa die Schallaburg in Niederösterreich oder das Schloss Porcia in Kärnten.

Familiäre Gründe veranlassten den Schlossherrn 1604 zum Verkauf der Anlage. Schon 1611 gelangte sie in den Besitz des Kardinals Franz von Dietrichstein, der Bischof von Olmütz war. Dieser wandelte das ehemals protestantische Bollwerk in ein Zentrum des Katholizismus um – er konnte von hier aus die Überwachung sämtlicher protestantischer Bewegungen vornehmen. Schon drei Jahre später verkaufte der Bischof jedoch das Schloss.

Auch das 17. Jahrhundert stand unter keinem guten Stern. Mordende und plündernde Söldnerhorden zogen im Dreißigjährigen Krieg durch die Lande und machten auch vor dieser Gegend nicht Halt. 1620 stürmte ein protestantisches Heer die Rosenburg und richtete ein ungeheures Blutbad an – ein Steinmal im Ziergarten erinnert an dieses tragische Ereignis.

1681 übernahmen die Grafen Hoyos-Sprinzenstein die Herrschaft über die Rosenburg. Diese Familie ist bis heute Hüterin des einzigartigen Baudenkmals und bemüht sich um seinen Weiterbestand.

Die Rosenburg gliedert sich in drei große Abschnitte. Im Norden der Anlage befindet sich die aus dem 11. bis 12. Jahrhundert stammende zweigeschossige gotische Hochburg. Daran fügt sich der am Ende des 16. Jahrhunderts errichtete Renaissancebau, und im Süden öffnet sich der gewaltige Turnierhof, der als der größte Europas gilt. Die Gliederung der Burgfassade ist im Norden wesentlich reicher als im Osten. Als typisches Merkmal der Rosenburg ist der Bergfried mit der umlaufenden Galerie bekannt. Der Turnierhof wird an drei Seiten von Doppelgalerien und kleinen Türmen umschlossen, während die vierte Seite in das mächtige Schlossgebäude mündet. Durch italienisch anmutende Arkadengänge wird der Reiz der Architektur besonders unterstrichen; die Gänge dienten einst als Logen für die Zuschauer, die die hier abgehaltenen Turnieren begeistert mitverfolgten. Obwohl an diesem Ort niemals echte Ritterturniere stattfanden, liebte man die mittelalterlichen Reiterspiele und war mit Eifer auf die Fortführung dieser Tradition bedacht. Prachtvolle Malereien schmücken die Arkaden und zeugen vom hervorragenden Kunstgeschmack der Besitzer. Etwas weiter östlich liegt der Lustgarten, der obligat zu jeder Renaissanceanlage gehört.

Innerhalb des Schlosses entfaltet sich der Prunk renaissancezeitlicher Wohnkultur. Von der ursprünglichen Einrichtung ist freilich wenig erhalten, da 1751 vieles einem Großbrand zum Opfer fiel. Erst Mitte des 19. Jahrhunderts konnte die Familie Hoyos-Sprinzenstein darangehen, das Schloss neuerlich auszustatten. Bemerkenswert sind die erhaltenen Holzkassettendecken, wie etwa jene in der Bibliothek, die in den Jahren von 1593 bis 1597 unter Sebastian Grabner geschaffen wurden. Der Bibliotheksraum gehört zu den bedeutendsten Sälen des Schlosses und ist mit eindrucksvollen Bücherschränken ausgestattet. Ebenso interessant ist der Rittersaal mit einer gotischen Holzvertäfelung. Auch der Vortragssaal beeindruckt durch sein vornehmes Interieur. Hier ist vor allem ein Renaissancekamin hervorzuheben, der als wichtiger Beleg der Hafnerkunst jener Epoche zu werten ist.

Zum Mobiliar zählt auch ein kostbarer alter Flügel.

Als skurrilster Raum des Herrschaftssitzes kann das „Vogerlzimmer“ gelten, das um 1600 mit Wandmalereien geschmückt wurde: Entsprechend der Vorliebe, Natur auch in Räumen darzustellen, wurde hier eine Vielzahl von Vögeln in einen fiktiven Garten gestellt.

Die Bibliothek verblasst neben all diesen interessanten Räumen innerhalb der Rosenburg keineswegs. Ursprünglich war der Raum als Tanz- und Musiksaal gedacht, worauf heute noch eine kleine Loggia für die Musikanten hindeutet. Dominiert wird der Raum von einer eindrucksvollen feudalen Holzdecke: Die mit pastosen Wasserfarben aufgetragenen Motive der dargestellten 36 Szenerien stammen aus den *Metamorphosen* des Ovid und machen den Saal zu einer großartigen Visitenkarte spätrenaissancezeitlichen Raumempfindens. Aus den sechziger Jahren des 17. Jahrhunderts stammt ein Stich von Beutler mit einer Abbildung dieser so genannten „Tafelstube". Ein Teil der Holzdecke wurde um 1800 abgebrochen und Kaiser Franz I. als Geschenk für die neu entstehende Franzensburg in Laxenburg überlassen – dort konnte man diese Teile jedoch nicht verwenden und so wurden sie auf Initiative von Ernst Karl Graf Hoyos-Sprinzenstein zurück auf die Rosenburg gebracht, restauriert und wieder eingebaut; allerdings brachte man die Kassettendecke nun zwei Meter über dem ursprünglichen Niveau an.

Heute spannt sich die Decke über einen Raum mit einer Länge von 26,3 Metern und einer Breite von 7,4 Metern. Nach einem strengen System sind die Weichholzkassetten aufgebaut, wobei sechs Achtecke und fünf Kreuze die gesamte Länge der Decke durchmessen. Zu beiden Seiten wird die Mittelzone von kleinen und großen Sechsecken begleitet. Ferner sind lang gestreckte Sechsecke mit angesetzten Quadraten, die ein zehneckiges Gebilde ergeben, und halbierte Achtecke mit schmalen Rechtecken zu sehen. Das Zentrum der Decke bildet das Wappen der Familie Hoyos-Sprinzenstein. Die Bauarbeiten sowie der Ankauf von Möbelstücken und Bildern ist im Archiv der Rosenburg ausgezeichnet dokumentiert, doch leider fehlen detaillierte Eintragungen, die Bibliothek betreffend; Ausnahmen bilden einzig die Entwurfszeichnungen für die Tür zum Bibliothekssaal sowie für die als Bücherkästen verwendeten Schränke. Über die Herkunft der heute darin aufgestellten Bücher lässt uns die Geschichtsschreibung im Ungewissen – ein Indiz für die Dominanz des Repräsentationsgedanken gibt es jedoch: Nicht der private Gebrauch, sondern die Nutzung als Schausaal stand bei der Konzeption des Büchersaales im Vordergrund.

Die meisten Bücher stammen aus der Zeit vor der Mitte des 19. Jahrhunderts, doch erfolgte auch später ein reger Zukauf. Den Exlibris nach zu schließen, befand sich die Mehrzahl der Bücher ursprünglich im Stadtpalais der Familie Hoyos-Sprinzenstein in Wien, das 1897 verkauft wurde. Auch findet sich in etlichen Werken der Stempel der Herrschaft Stixenstein, von wo nachweislich auch Möbel in die Rosenburg gebracht wurden. 1919 wurde ein sehr detaillierter Katalog angefertigt, der einen guten Überblick über den Gesamtbestand gibt. Die Bücher überstanden den Zweiten Weltkrieg unbeschadet – bei einer Inventarisierung 1973/74 fehlten nur 14 Bände der im Katalog aufgelisteten Werke.

Die ältesten Bücher auf Schloss Rosenburg reichen in das 16. Jahrhundert zurück. Dabei handelt es sich vor allem um theologische und enzyklopädische Schriften. Das älteste Werk unter den Lexika und Enzyklopädien ist das *Theatrum poeticum et historicum,* das 1595 in Basel gedruckt wurde. Die umfangreichste Reihe – *die Ökonomisch-technische Enzyklopädie* von Johann G. Krünitz – besteht aus 130 Bänden und stammt vom Ende des 18. Jahrhunderts. Das bemerkenswerteste Buch aus dem Bereich Reisen und Erdkunde liegt in einem venezianischen Druck (1548) vor: *Roma ristaurata et Italia illustrata* von Biondo da Forlis. Interessant sind mehrere Bücher, die mit einem Exlibris-Stempel des berühmten Malers Friedrich Amerling versehen sind. Den ältesten Folianten aus dem Bereich der Rechtsliteratur stellt das 1500 in Lyon gedruckte Werk *Aurea practica libellorum* von Petrus de Aureliacos dar.

Die prachtvollen Bücherschränke stammen aus der Renaissancezeit und sind mit wuchtigen, reich profilierten Säulen ausgestattet, deren korinthische Kapitelle das schwere Abschlussgesims tragen. Nach unten hin gehen die im Hauptbereich offenen Kästen in einen geschlossenen Unterbau über. Obwohl das Fassungsvermögen der Schränke mit insgesamt ca. 8.000 Büchern ziemlich gering ist, liefert der Bibliothekssaal von Schloss Rosenburg dennoch ein sehr eindrucksvolles Beispiel für profane Bibliothekskultur.

EHEMALIGE STIFTS-BIBLIOTHEK ST. PÖLTEN

Bücher sind wie Türen in neue Räume.

UNBEKANNTER AUTOR

Die älteste klösterliche Niederlassung Niederösterreichs, das Benediktinerkloster in St. Pölten, wurde schon im 8. Jahrhundert gegründet. Aus dieser fernen Epoche fehlen aber detaillierte Berichte, sodass es heute nicht möglich ist, über die Existenz einer Bibliothek oder einer Büchersammlung zu berichten. So wie die meisten Klöster verfügte wohl auch jenes von St. Pölten über eine Reihe von Handschriften, die großteils für den liturgischen Bereich bestimmt waren. Dabei handelte es sich in erster Linie um Antiphonare und Missale. Von diesen ursprünglichen Beständen ist in der heutigen Diözesanbibliothek allerdings nicht ein einziges Exemplar erhalten.

Im 11. Jahrhundert, als der Investiturstreit zwischen Kaiser Heinrich IV. und Papst Gregor VII. tobte, erreichte die Disziplin in den Klöstern einen Tiefpunkt. Simonie (Ämterkauf) und Nepotismus (Vetternwirtschaft) florierten und trugen zu einem krassen Verfall klösterlicher Strukturen bei. Im deutschen Sprachgebiet gab es drei Bischöfe, die treu zu Rom hielten: Gebhardt von Salzburg, Abt Albero von Würzburg und Altmann von Passau. Der Einfluss des Bistums Passau reichte in jenen Tagen bis an die Grenze jenes Gebiets, das dem Machtbereich des ersten Babenberger-Markgrafen Leopold (976–994) unterstand.

Im Zuge einer gesamten pastoralen Erneuerung wurde 1080 in St. Pölten an der Stelle des Benediktinerklosters ein Augustiner Chorherrenstift gegründet, drei Jahre vor der Gründung des Benediktinerklosters Göttweig. Das heute noch in wesentlichen Teilen erhaltene Klostergebäude wurde unmittelbar nach dem Dreißigjährigen Krieg errichtet. Dem Geschmack der Zeit entsprechend entwarf Jakob Prandtauer ein Konzept zur barocken Umgestaltung, das zwischen 1722 und 1750 realisiert wurde. Die Vision einer glanzvollen barocken Palastarchitektur beflügelte sowohl den Architekten als auch den regierenden Propst, überstieg allerdings die finanziellen Möglichkeiten des Hauses beträchtlich. So wie es bei vielen barocken Gebäuden der Fall war, blieb auch hier manches Fantasie – zu sehen nur auf großartigen Entwurfszeichnungen. Die ökonomischen Verhältnisse geboten es, Abstriche zu machen und was größer projektiert war, in ver-

Der Innenhof des ehemaligen Chorherrenstifts St. Pölten

kleinerter Form zu bauen. Als Propst Johann Michael Führer 1739 resignierte, war vieles nicht verwirklicht. Fast ein halbes Jahrhundert später traf die Kirchenreform Josephs II. auch das Stift St. Pölten: Im Zuge der josephinischen Diözesanregulierung wurde das Stift aufgehoben und dem St. Pöltener Bistum einverleibt.

Die Stadt St. Pölten, die heute der kulturelle und politische Mittelpunkt des Landes Niederösterreich ist, wird als „Barockjuwel" bezeichnet – zu Recht: Ihre großartigen Fassaden und beeindruckenden Kirchenräume geben Zeugnis vom genialen Schaffen bedeutender Baumeister des Barock. Architekten wie Jakob Prandtauer und Joseph Munggenast oder die Maler Bartolomeo Altomonte und Daniel Gran hatten ihren Wohnsitz in dieser Stadt. Ihr Wirken war geprägt vom Geist barocker Repräsentation und dem Willen, die Überschwänglichkeit ihrer Zeit in Stein zu bannen. So fügt sich das Barockstift St. Pölten mühelos in das Ensemble theatralischer Inszenierungen barocker Lebensideale.

Prachtvolle Bücherschränke verleihen dem Raum Individualität, über der Tür thront der Doppeladler mit Zepter und Schwert.

Im 13. Jahrhundert wird die erste Stiftsbibliothek erwähnt. Aus Dokumenten geht hervor, dass die St. Pöltener Chorherren aus Passau immer wieder Handschriften entlehnten, um sie abzuschreiben. Am Ende des 15. Jahrhunderts umfasste der Bücherbestand des Klosters bereits 200 Handschriften und eine Reihe von Inkunabeln. Eine Stiftsbibliothek im repräsentativen Sinne kann jedoch erst für das 18. Jahrhundert nachgewiesen werden. Heute noch teilt sich die Bibliothek in zwei Bereiche: in die so genannte ehemalige Stiftsbibliothek und in die aus Wiener Neustadt stammende bischöfliche Bibliothek. Die ehemalige Stiftsbibliothek befindet sich im ersten Stock des Kreuzgang-Westtraktes und besteht aus drei Räumen. Ein kleiner Vorraum öffnet nördlich und südlich den Zugang zu den eigentlichen Bibliothekssälen. Das Doppelfenster, durch das der Vorraum belichtet wird, stammt aus der ursprünglichen Konzeption von Jakob Prandtauer. Die Fenster- und Fassadengestaltung ist ein Indiz dafür, dass der Meister persönlich die architektonische Gestaltung der Bibliothek übernommen hat.

Die Quellen zur Baugeschichte sind in den Wirren um die Aufhebung des Klosters verloren gegangen. Bald nach dem Amtsantritt von Propst Johann Michael Führer im Jahre 1715 dürfte man mit den Umbauarbeiten begonnen haben. Nach der Fertigstellung des Presbyteriums und des Chorgestühls 1722 müssten die Arbeiten in der Bibliothek aufgenommen worden sein. Zunächst wurden sämtliche freie Mauerflächen mit Stuck und Stuckmarmor ausgestaltet. Anschließend entstanden die prachtvollen Schränke, die ebenso wie die Tischlerarbeiten im Dom ein Werk von Hippolyt Nallenburg sind. Die Bildhauerarbeiten in der Bibliothek zeigen auffallende Parallelen zum Chorgestühl im Dom, was eindeutig auf Peter Wiedering als Schöpfer hindeutet. Für Wiedering spricht auch die Ähnlichkeit mit der Kanzel in der Wallfahrtskirche von Maria Taferl. 1728 waren die Schränke im Nordraum der Bibliothek fertig gestellt. Schon ein Jahr zuvor dürften die Arbeiten im Vorraum abgeschlossen worden sein, da das Schmiedeeisengitter, das sich heute am Haupteingang der bischöflichen Residenz befindet, die Jahreszahl 1727 trägt. Die Freskenmalereien von Daniel Gran sind wahrscheinlich Ende der 1730er-Jahre entstanden.

Die Arbeiten im Zuge des Umbaus des Stiftes St. Pölten haben vermutlich astronomische Summen verschlungen. Am 29. September 1739 wurde der Propst wegen Misswirtschaft seines Amtes enthoben. Die Bibliothek war zu dieser Zeit noch nicht vollendet und blieb ein Torso – heute blickt der Historiker allerdings mit Wehmut auf den Abgang des großen Propstes, dessen Genius es ausgezeichnet verstand, hervorragende theologische Programme zu verwirklichen.

Wie sehr Propst Führer das Konzept für sein Stift durchdacht hatte, wird erst bei eingehender Betrachtung deutlich. Über dem Portal zeigt der heutige Haupteingang zur Bibliothek einen Aufbau mit den Initialen BY *(Bibliotheca Yppolitana)*. Die Rahmung des Fensters ist äußerst plastisch geraten. Das Y wird von zwei Löwen flankiert, in Anlehnung an das Stiftswappen – ein goldenes Y auf Blau und zwei rote Löwen in Silber. Darüber dargestellt sind Putti, die Insignien der pröpstlichen Würde – Mitra und Stab – tragend.

Die Wände des Vorraumes sind mit vier schweren, geschnitzten Holzschränken ausgestattet. Die vier Büsten auf den Kästen stellen die vier Weltalter dar, wobei Symbole aus der Astronomie als Schranksignaturen verwendet wurden: die Sonne für das goldene, der Mond für das silberne, Merkur für das bleierne und Schütze für das eiserne Zeitalter. An jedem Portal sind auf dem Kopf stehende Putti mit Füllhörnern dargestellt, die als die vier Erdteile zu erkennen sind. In der Fensternische ist in leichtem Stuck eine Kartusche zu sehen, darin das stark ornamental aufgelöste Monogramm des Propstes Führer: JMPY *(Johannes Michael Praepositus Yppolitensis)*. Die in ihrer grazilen Form äußerst beeindruckende Stuckdecke ist umrahmt von grau-rosa Stuckmarmor; darin eingebettet: das Fresko Daniel Grans, das die Allegorie der Weisheit darstellt.

Das Porträtgoldrelief eines antiken Denkers im Nordraum repräsentiert die Philosophie.

Den beiden Sälen sind je zwei Fakultäten zugeordnet: dem Nordraum Theologie und Philosophie, dem Südraum Medizin und Jurisprudenz. Fresken, Türreliefs, Tür- und Kastenaufsätze sowie Porträtgoldreliefs in den Fensternischen illustrieren die jeweils repräsentierte Wissenschaft. Die beiden Haupträume sind mit einfachen Kreuzgratgewölben ausgestattet, deren Struktur durch hellgrauen Stuckmarmor, in Bänder gelegt, zusätzlich betont wird. Weißer Stuccolustro bildet den Untergrund, auf dem der vergoldete Stuck aufgesetzt ist. In den Gewölbefeldern sind goldgerahmte Fresken eingelassen. Im Gegensatz zu den Stiftsbibliotheken von Seitenstetten, Melk oder Göttweig etwa, in denen die Bücher frei aufgestellt sind, wird in St. Pölten das Schrankprinzip bevorzugt, das einerseits zum Schutz der Bücher, andererseits dem Raumcharakter dienen sollte. Es verleiht der Bibliothek Individualität, drückt ihr gleichsam das Siegel der Unverwechselbarkeit auf. Die Schrankflächen sind fantastisch strukturiert und durch flache Pilaster mit virtuosen goldenen Kapitellen gegliedert. Schmale vergoldete Dekorgurten verästeln sich in filigrane Ornamente; sie nehmen der Flucht der Schränke ihre Schwere und lassen sie auf lebendige Weise durchkomponiert erscheinen. Ein reich gestuftes Gebälk zieht den Blick des staunenden Betrachters nach oben und mündet harmonisch in den meisterhaften Plafond. Die Fresken in den Medaillons, die allesamt von Paul Troger stammen, zeigen Allegorien der Theologie, der Philosophie, der Medizin und der Jurisprudenz. Die dargestellten Themen sind durchwegs aus der Heiligen Schrift genommen und mit der Jahreszahl 1734 bezeichnet. Auch die plastischen Türbekrönungen entsprechen den vier Fakultäten in der angeführten Reihenfolge: die Taube, das Symbol des Heiligen Geistes im siebenfachen Strahlenkranz, die Eule am Nachthimmel, der Pelikan, der seine Jungen mit dem eigenen Blut tränkt, und schließlich der bekrönte Doppeladler mit Zepter und Schwert. Den Mittelpunkt und zugleich ikonografischen Höhepunkt des plastischen Schmuckes im Nordraum bildet das Auge Gottes mit Strahlenkranz, das von Engeln mit Weihrauchgefäßen flankiert wird. Die prachtvollen Bücherschränke tragen an den Türen Rosetten, die teils von Buchstaben, teils von anderen Emblemen bestimmt werden.

Über den Kapellengang erreicht man die bischöfliche Bibliothek, die über drei Fenster belichtet wird. Dieser Raum war ursprünglich gewiss nicht als Bibliothek konzipiert; es liegt die Vermutung nahe, dass hier einst das Winterrefektorium untergebracht war und die bischöfliche Bibliothek erst mit der Verlegung des Bischofssitzes 1785 hierher transferiert wurde. Der Bibliotheksraum dürfte in den Jahren von 1775 bis 1780 entstanden sein. Die furnierten Bücherschränke reichen vom Fußboden bis unter die nahezu flache, mit Stuck versehene Decke und sind durchwegs mit Türen versehen. Heute wird die Bibliothek durch das St. Pöltener Diözesanarchiv betreut. Die Bestände lassen sich in mehrere Gruppen gliedern, wobei der Grundstock der heutigen Diözesanbibliothek von der Büchersammlung des ehemaligen Augustiner Chorherrenstiftes und von den Werken des ersten Bischofs von St. Pölten, Heinrich Johann von Kehrenz (1785–1792), gebildet wird. Nachlässe verschiedener Bischöfe und Geistlicher bescherten der Bibliothek bedeutenden Zuwachs. Heute befinden sich etwa 50.000 Bände im Besitz der Sammlung. Aus der Zeit, als St. Pölten noch ein aktives Stift hatte, stammt der älteste überlieferte Handschriftenkatalog (1761). Schon zur Zeit Bischof Altmanns von Passau war das Kloster für seine Schule berühmt. Sicherlich hat die rege Lehr- und Studientätigkeit auch in der damaligen Bibliothek ihren Niederschlag gefunden, doch leider sind keine Schulbücher aus dieser Zeit erhalten. Anders verhält es sich mit den Werken für den liturgischen Gebrauch: Die Handschrift 54 etwa stellt eine kostbar ausgestattete Bibel dar, die schon im 18. Jahrhundert die Bewunderung des berühmten Hofbibliothekars Benedetto Gentilotti genoss. Ein Missale aus dem 13. Jahrhundert beeindruckt durch sein Kanonbild und die Initialen in roter Zeichnung und zarter Tintierung in Blau und Grün; diese Handschrift stammt vermutlich aus dem Salzburger Raum. Weiters bedeutend ist ein Lektionar aus dem 13. Jahrhundert, das neben fünf roten Initialen mit gelben und grünen Füllungen ein in derselben Technik gestaltetes Kanonbild in Schmuck enthält, auf dem sich der Stifter verewigt hat.

Aus verlässlichen Quellen wissen wir, dass im 13. Jahrhundert in St. Pölten eifrig Bücher kopiert wurden, deren Vorlagen aus verschiedenen Klöstern kamen. Am Beginn des 14. Jahrhunderts existierte in St. Pölten eine Glas- und Buchmalschule, die der Tradition des Augustiner Chorherrenstiftes St. Florian folgte. Einige schöne Werke dokumentieren dieses künstlerische Schaffen im Stift, das in der Mitte des 15. Jahrhunderts einen weiteren Aufschwung erfuhr. Aus dieser Zeit stammt eine Reihe hervorragender Manuskripte – darunter ein besonders schön ausgestatteter *Panormitanus,* der mit 1438 datiert ist. Neben den Handschriften sind einige Inkunabeln bemerkenswert. Die Durchlöcherung der Einbände, sowohl bei vielen Handschriften als auch bei Inkunabeln, lässt darauf schließen, dass die St. Pöltener Bibliothek mit mittelalterlichen Pulten eingerichtet war, auf denen die Bände angekettet lagen.

Eindrucksvoll dokumentiert der Bücherbestand des ehemaligen Stiftes von St. Pölten, dass Stifte und Klöster wissenschaftliche Zentren ihrer Zeit waren und durch ihre unermüdliche Tätigkeit manches geistesgeschichtlich Wertvolle der Welt erhalten haben.

STIFTSBIBLIOTHEK SEITENSTETTEN

Überall, nicht nur in unserem eigenen Leben,
ist das Buch Alpha und Omega alles Wissens und jeder Wissenschaft Anfang.
Und je inniger man mit Büchern lebt, desto tiefer erlebt man die Gesamtheit des Lebens.

STEFAN ZWEIG

Als „Vierkanter Gottes" wird das Benediktinerstift Seitenstetten im niederösterreichischen Mostviertel bezeichnet. 1112 gründete der Edle Udalschalk in der Nähe seiner Burg ein bescheidenes Benediktinerkloster, in das er Mönche aus dem nahe gelegenen Stift Göttweig berief. Bereits vier Jahre später weihte der Passauer Bischof Ulrich II. die Kirche des Klosters ein. Mit Erzbischof Wichmann von Magdeburg erhielt das Kloster einen bedeutenden Förderer und Mäzen. Große Ländereien und Besitzungen an der Ybbs boten eine solide wirtschaftliche Grundlage und ermöglichten eine gedeihliche Entwicklung. Nach einem Brand im Jahre 1250 ging man daran, die Kirche großzügig umzubauen: In den Jahren von 1254 bis 1300 entstand eine frühgotische Pfeilerbasilika.

Das aufstrebende Kloster wurde durch die Ungarnstürme in der Zeit des Matthias Corvinus und durch türkische Streifscharen 1529 schwer in Mitleidenschaft gezogen, doch Seitenstetten überdauerte diese harten Zeiten und in den siebziger Jahren des 16. Jahrhunderts begann für das Stift eine Epoche der geistigen Erneuerung und des Aufschwungs. Im Dreißigjährigen Krieg (1618–1648) erlebte Stift Seitenstetten seine Hochblüte. 1677 wurde das Kircheninnere durch den Baumeister Stephan Ober stuckiert und zu einem der prachtvollsten Gottesdiensträume Niederösterreichs ausgestattet. Den lange geplanten Neubau ließ schließlich Abt Ambros Brebenhueber (1717–1729) verwirklichen, wofür er den berühmten Baumeister Joseph Munggenast beauftragte. 1718 entstanden die Mauern des Konventtraktes im Osten und ein herrschaftlicher Konventgarten wurde angelegt.

Das Buch – Alpha und Omega alles Wissens

Seitenstetten ist eines der wenigen Klöster, bei dem die kühnen Pläne des Architekten nicht nur in Entwurfzeichnungen stecken blieben, sondern steinerne Gestalt annahmen: Während die großen Barockkonzeptionen für Göttweig oder Klosterneuburg Torsi blieben, wurde in Seitenstetten das Geplante tatsächlich vollendet.

Überhaupt war die Zeit des 17. und 18. Jahrhunderts von

16.000 in weißes Leder gebundene Bücher verleihen dem mit edlen Holzregalen ausgestatteten Bibliotheksraum ein ganz besonderes Flair.

einer Blüte der Klöster überzeichnet, die nach außen hin die Macht und Herrlichkeit der Kirche als Antwort auf die Schmähungen der Reformation zum Ausdruck bringen sollten. Das glanzvoll inszenierte Fest der Liturgie erhielt in seinen vielfältigen Fassetten durch großzügige barocke Säle und Sakralräume einen würdevollen Rahmen. Gleichsam wie die Kulisse eines Theaters sollte der Bau den Hintergrund eines Spiels darstellen, das das Streben des Menschen nach Vollkommenheit und Ewigkeit zum Thema hat. Abt Paul de Vitsch (1729–1747) war die leuchtende Gestalt am Höhepunkt der Stiftgeschichte. Unter seiner Regentschaft wurden 1731 der Abteitrakt im Norden und 1741 der Bibliothekstrakt im Süden ausgeführt. Er war es auch, der Paul Troger, den Michelangelo österreichischer Barockkunst, in das Stift berief. Im März 1741 übernahm nach dem Tod von Joseph Munggenast Johann Gotthard Hayberger die Bauleitung. Da Seitenstetten zu dieser Zeit auch sehr erfolgreich im Bergbau tätig war, dürfte genügend Kapital vorhanden gewesen sein, um den aufwändigen Bau zu finanzieren. Nach dessen Vollendung erfolgte unter Abt Dominik Gussmann (1747–1777) eine systematische Neuordnung und Aufstockung der Stiftsräume.

Diese Geisteshaltung, die vom Streben, Wissen zu erfassen und aufzunehmen, durchdrungen war, kommt in zahlreichen Lehrmittelsammlungen zum Ausdruck. Ein Naturalien- und Physikalienkabinett wurde 1768 mit Schränken von Pater Joseph Schaukegl ausgestattet.

Wenn man die Grundrisse des alten und des neuen Klosters übereinander legt, so fällt auf, dass man sich bei der Neukonzeption um eine strenge Symmetrie bemühte. Dabei mag vielleicht das Vorbild des spanischen Escorials, der eine Vereinigung von Residenz und Kloster beabsichtigte, eine Rolle gespielt haben. Ursprünglich bildete die Stiftskirche nicht den Mittelpunkt der klösterlichen Gebäude. Erst in der Planung von Munggenast wurde das Gotteshaus in das Zentrum der Gesamtanlage gerückt. Dabei wurde dem Gedanken Rechnung getragen, dass der Ort des Gottesdienstes zugleich der Mittelpunkt des Lebens der Mönche sein sollte.

Durch einen prachtvollen Portalbereich, über dem sich der gediegen ausgestattete Promulgationssaal befindet, gelangt der Besucher in den weiten Stiftshof mit der zwar einfachen, aber nicht unästhetisch wirkenden Kirchenfassade. Die klare Struktur der Fassaden spricht für die Sensibilität und das Können des Architekten und ist in ihrer Art beispielgebend für barocke Klosterbauten. In ihrer Gesamtheit wirken die verschiedenen Architekturelemente gekonnt aufeinander abgestimmt, das eine harmonisch das

Quis est dignus aperire librum? – Wer ist würdig, das Buch zu öffnen?

andere ergänzend. Im Konventhof, der sich an die Apsis der Stiftskirche schmiegt, befindet sich die gotische Ritterkapelle, die heute den Mönchen für ihr tägliches Chorgebet dient. Im nach Osten abschließenden Trakt liegt im Bereich des Mittelrisalites das von Joseph Ignaz Mildorfer ausgestattete Sommerrefektorium.

Das Stift Seitenstetten überdauerte die josephinischen Reformen und auch die Zeit der Franzosenkriege unbeschadet. Die schwierige Situation des Seitenstettner Konventes während des NS-Regimes wurde vom Historiker Pater Jacobus Tisch in einer wissenschaftlichen Arbeit beleuchtet. Heute ist das Kloster nicht nur ein bedeutendes Zentrum schulischer Bildung, sondern auch ein Ort, an dem Kunst und Kultur erhalten und gepflegt werden.

Innerhalb des Klosterpalastes gilt die Stiftsbibliothek als einer der herausragendsten Räume. Ab 1735 wurde mit dem Rohbau begonnen, der vom Architekten Joseph Munggenast ursprünglich analog zum Abteisaal geplant war: Der Bau sollte über drei Fensterachsen reichen, erfuhr aber im Plan von 1730 eine maßgebliche Erweiterung. 1740 wurde die Bibliothek vollendet.

Betrachtet man die Klosterlandschaft des Barock, ist es nahezu erheiternd, mit welchem Ehrgeiz die Äbte versuchten, einander zu übertreffen. Hatte sich der eine ein prachtvolles Bauwerk errichten lassen, wollte der andere um nichts nachstehen. Angesichts dieses Wettbewerbes mag es auch verständlich sein, dass Seitenstetten für die Ausstattung der Prunkräume den berühmten Tafel- und Freskenmaler Paul Troger berief. Der Meister hatte bereits in Melk und Göttweig Großartiges geleistet und galt als Garant für glanzvolle Leistungen, die dem Bauwerk letztendlich zu Ruhm verhalfen.

Heute strahlt die Seitenstettner Bibliothek ein ganz besonderes Flair aus. Das farbenprächtige Fresko von Troger überspannt den Saal, der mit edlen Holzregalen ausgestattet ist. Der Beginn des oberen Drittels des Raumes wird durch eine umlaufende Galerie markiert. Die Einheitlichkeit der ledergebundenen Bücher erzeugt eine fast nüchterne Atmosphäre, die im schlichten hellen Fußboden mit diagonal angeordneten Steinplatten fortgesetzt wird.

Die Ausstattung der Bibliothek sorgte für einige Diskussionen – lange überlegte man, wie das Fresko von Troger gerahmt werden sollte. Es gab zwei Varianten: Die eine sah eine Stuckatur vor, die andere eine architektonische Malerei von Franz Joseph Wiedon. Schließlich entschied man sich für die erste Variante. Heute noch erlaubt ein auf Pergament gemaltes Bild von 1743 eine Rekonstruktion der ursprünglichen Erscheinung der Bibliothek. Dabei wird ersichtlich, dass der Raum in seiner Wirkung der Melker Bibliothek sehr ähnlich war. Die Stuckarbeiten Joseph Winterthalers nehmen sich auf diesem Bild nicht unbedingt sehr geglückt aus. So wird es durchaus verständlich, dass etwa zwanzig Jahre später Pater Joseph Schaukegl die Stuckaturen durch eine prachtvolle Scheinarchitektur, die von Franz Joseph Wiedon gestaltet wurde, ersetzen ließ. Eine Veränderung erfuhren auch die 16.000 hier aufgestellten Bücher: Sie wurden allesamt in weißes Leder gebunden.

1762 erhielt der Saal seinen plastischen Schmuck mit Reliefdarstellungen der Äbte Paul Vitsch und Dominik Gussmann. Beide Porträts sind von Allegorien ihrer Tugenden sowie der Architektur und Religion flankiert. Erkennbar sind auch die Versinnbildlichungen der vier Fakultäten, die jeweils als Putti an den Ecken des Galeriegeländers dargestellt sind. Alle Skulpturen sind Werke des St. Florianer Bildhauers Johann Jakob Sattler.

1761 wurde der östliche Nebenraum der Bibliothek mit Nachschlagewerken ausgestattet. Im anschließenden Raum mit einem Deckenfresko von Matthias Dolcher standen zwei verschließbare Schränke, in denen die so genannten „verbotenen Büchern“ verwahrt wurden. Wo sich die Bibliothek im alten Stiftsgebäude befunden hat, lässt sich heute nicht mehr eruieren. Dass das Stift aber schon im 18. Jahrhundert über einen stattlichen Bücherbestand verfügte, geht aus vielen historischen Aufzeichnungen hervor. Überhaupt scheint das Kloster ein Zentrum der Wissenschaft gewesen zu sein.

Das Programm der kunstvollen Deckenmalerei Paul Trogers war maßgeblich beeinflusst durch den kunstsinnigen Abt Paul. Dargestellt ist die Anbetung des Lamm Gottes, das sich auf das Buch mit den sieben Siegeln in der Hand Gottvaters stützt. Die unter einen weiten Regenbogen gestellte Malerei, ist vom Licht durchflutet und zeigt die Entrücktheit der Göttlichkeit durch beinahe transparent anmutende Farbflächen. Die sieben Flammen, die die

Form des Regenbogens aufgreifen, stehen als Symbole für die sieben Gaben des Heiligen Geistes. Zu Füßen Gottvaters sind die Embleme der vier Evangelisten zu erkennen. Der Löwe für Markus, der Adler für Johannes, der Engel für Matthäus und der Stier für Lukas. Diese szenische Darstellung nährt sich aus der Apokalypse des Johannes im Neuen Testament. Troger liebte diese Bibelstellen, weil sie ihn zu einer enormen künstlerischen Freiheit inspirierten; zugleich aber war der Maler aufgerufen, nicht Fassbares bildlich darzustellen und dem Betrachter näher zu bringen. Zu Füßen des Thrones sind die 24 Ältesten auf mit rotem Samt bespannten Sesseln und in weiße Gewänder gehüllt dargestellt. Rauschende Bärte betonen die Ehrwürdigkeit und die Weisheit, von der sie ergriffen sind. Farblich abgehoben ist der Evangelist Johannes zu erkennen, der visionär das Geschehen erlebt. Ein Posaunenengel mit einem Schriftband stellt den Bezug zum Betrachter her, in dem er ihm die Frage stellt: *Quis est dignus aperire librum?* (Wer ist würdig, das Buch zu öffnen?) Kann das nicht auch eine Frage an unsere heutige Zeit sein?

Typisch für Paul Troger ist die Farbgebung, die er seinen Protagonisten zuteil werden lässt. Dabei strahlt das Gemälde aus sich selbst, aus einer nicht definierbaren Lichtquelle, die das Zentrum der Malerei aufhellt. Die Leichtigkeit der Komposition wird durch helle Farben unterstützt und gleichsam zu einem Höhepunkt geführt. Darin liegt die Kunst Trogers, den realen Raum sehr viel weiter erscheinen zu lassen und dadurch den Eindruck von Unendlichkeit zu vermitteln. Dunkle Stellen zeigen dem in der Bibliothek Verweilenden den irdischen Bereich, den es durch Geduld und Frömmigkeit zu überwinden gilt.

Eindrucksvolles Dokument philologisch-theologischer Gelehrsamkeit: dreisprachige Bibel mit Kommentar

Außer dem bereits erwähnten Nebenzimmer der Bibliothek gibt es einen zweiten Raum, der mit farbenfrohen Blumengirlanden ausgeschmückt ist. Pater Joseph Schaukegl sah diesen Raum als Studierzimmer vor. Bemerkenswert sind die beiden aus der Hand des berühmten österreichischen Barockmalers Johann Martin Schmidt stammenden Szenen mit dem zwölfjährigen Jesus und mit Maria als Braut des Heiligen Geistes. Spätbarocke Bücherstellagen mit geschwungenen Aufsätzen verleihen dem Zimmer einen sehr stimmungsvollen Charakter.

Der gesamte Bücherbestand des Stiftes Seitenstetten umfasst heute 300 Handschriften und etwa 60.000 Druckwerke. Das wertvollste Werk stammt aus dem 11. Jahrhundert und gilt als zweitälteste Handschrift, in der Texte des griechischen Geschichtsschreibers Plutarch enthalten sind. Schon mit der Besiedlung Seitenstettens durch die Göttweiger Mönche dürften 1114 die ersten Handschriften hierher gelangt sein. Von diesem ursprünglichen Bestand hat sich allerdings kein einziges Werk erhalten. Der verheerende Klosterbrand von 1250 vernichtete sämtliche Schriften, mit Ausnahme der in der Marienkapelle befindlichen Bücher und der Urkunden des Stiftsarchivs. 1348 brach wiederum ein Feuer aus, dem lediglich einige wenige liturgische Bücher nicht zum Opfer fielen. Nach dem Brand wurden die Bestände nur schleppend aufgestockt, sodass heute nur mehr zwölf Schriftdokumente aus dem 14. Jahrhundert existieren.

Dass es in der folgenden Zeit keine eigene Bibliothek gab, wissen wir aus den Visitationsberichten von 1419 und 1431, in denen das Fehlen eines Buchraumes kritisiert wurde. Erst die Melker Reform ab 1437 entfachte in Seitenstetten wieder ein größeres Interesse an Büchern. Vom spätmittelalterlichen Bestand haben sich etwa 150 Codices erhalten. Im 16. Jahrhundert brachten die hohen Abgaben durch die Türkensteuer das Kloster in eine wirtschaftlich schwierige Lage – es blieb kaum Geld übrig, um die Büchersammlung zu erweitern. Die Reformation erschütterte das Land und beeinträchtigte auch das geistige Leben im klösterlichen Bereich. Das Interesse an Büchern war so gering, dass betreffende Bestände in einem Inventar aus dem Jahre 1565 überhaupt nicht erwähnt werden.

Mit dem Beginn des 17. Jahrhunderts brach auch im Bibliotheksbereich eine neue Ära an. Unter Abt Caspar Blautz (1610–1626) erfolgten zahlreiche Ankäufe von kostbar ausgestatteten Büchern. Der gelehrte Abt Benedikt Abelshauser schuf im Übergang vom 17. zum 18. Jahrhundert 3.000 Bücher an; außerdem gelang es ihm, die Bibliothek eines aus Salzburg stammenden Adeligen mit weiteren 3.000 Bänden zu erwerben. Mit Fertigstellung der Bibliothek 1743 zählte die Büchersammlung des Klosters schon 10.209 Bände. Unter der Regentschaft des bibliophilen Abtes Dominik Gussmann (1747–1777) wurde für den Ankauf neuer und antiquarischer Bücher die Riesensumme von 48.000 Gulden ausgegeben. Damals kamen auch 48 mittelalterliche Handschriften aus der ehemaligen Bibliothek der Wiener Artistenfakultät nach Seitenstetten. 1787 verzeichnete die Bibliothek mit dem Erwerb des aufgehobenen Kollegiatsstiftes Ardagger neuerlich einen bedeutenden Zuwachs an Werken. Um die lächerliche Summe von 27 Gulden (!) wurde ein ansehnlicher Bücherbestand erworben.

Band für Band hält die Erinnerung wach an das Wissen von einst, an das immer währende Streben des Menschen nach Erkenntnis und Weisheit.

Bedauerlicherweise waren auch Abgänge zu verzeichnen: So 1888, als Abt Dominik Königl nahezu alle medizinischen Bücher an die Wiener Universitätsbibliothek verschenkte. Seither umfasst die Stiftsbibliothek Seitenstetten kein einziges Fach mit dem Schwerpunkt Medizin. Wie viele andere Stifte so war auch Seitenstetten um seinen Bestand zu sichern in der Zeit der Weltwirtschaftskrise in den 20er-Jahren des vergangenen Jahrhunderts angehalten, Bücher zu veräußern. 34 kostbare mittelalterliche Handschriften und 233 Drucke wechselten 1924 für läppische Summen den Besitzer – sie wurden an die Pierpont Morgan Library nach New York verkauft.

Heute ist man in der Stiftbibliothek Seitenstetten eifrigst um die Katalogisierung der Bücherbestände bemüht. Von den Handschriften sind insbesondere ein Band eines Kalendars mit einer prachtvoll gemalten Osterseite sowie ein deutsches Gebetsbuch, das in der ersten seiner vielen Miniaturen das Wappen der Grafen Montfort und jenes der Grafen von Göttingen zeigt, zu erwähnen. Ein kleines Stundenbuch, das aus einer französischen Werkstatt stammt, ist mit reichen floralen Elementen verziert. Von den Frühdrucken sei das Doppelexemplar der berühmten lateinischen *Weltchronik* des Hartmann Schedel aus dem Jahre 1493 hervorgehoben.

BIBLIOTHEK DER THERESIANISCHEN MILITÄRAKADEMIE WIENER NEUSTADT

Die Pfade der Fantasie beginnen mit dem aufgeschlagenen Buch. Danach beginnt der Aufstieg.

UNBEKANNTER AUTOR

Gotthold Ephraim Lessing umschreibt in seiner *Minna von Barnhelm* den Geist des Soldatenlebens: „Man muss Soldat sein für sein Land, oder aus Liebe zu der Sache, für die gefochten wird." Maria Theresia muss wohl ähnlich gedacht haben, als sie 1751 in Wiener Neudstadt die Theresianische Militärakademie gründete, um hier den Offiziersnachwuchs ihres Reiches heranzubilden.

Unter geistlicher Aufsicht lebten hier von 1775 bis 1851 Zöglinge in strenger Klausur. Ursprünglich betrug die Studienzeit elf Jahre; sie wurde aber 1852 auf vier und später auf drei Jahre herabgesetzt. Die ursprüngliche Burganlage geht auf den letzten Babenbergerherzog Friedrich II. (1230–1246) zurück. Ein Erdbeben zerstörte den Gebäudekomplex, der dann unter Kaiser Friedrich III. einer Generalsanierung zugeführt wurde. 1756 trat Major Anton von Zadubsky in den Dienst der Anstalt. Durch Widmung seiner eigenen, mit ausgewählten Werken und vorzüglichen Handbüchern ausgestatteten Sammlung, schuf er die Grundlage für die Akademiebibliothek. Feldmarschall Anton Graf Colloredo, seit 1766 Oberdirektor, erbat von Maria Theresia eine Anzahl von Dubletten aus der Hofbibliothek; Ankäufe und Schenkungen vermehrten die Bestände beträchtlich. Auch Generalmajor Franz Joseph Graf Kinsky, Oberdirektor von 1785 bis 1805, gelang es, den Bestand mit Dubletten aus der Hofbibliothek zu erweitern. Schon während seiner Zeit als Unterdirektor (1779–1785) hatte er sich mit organisatorischen Fragen der Bibliothek befasst. Generalmajor Ignaz Freiherr von Reinisch (1832–1843) führte schließlich eine für seine Zeit zweckmäßige Bibliotheksordnung ein.

Im ausgehenden 19. Jahrhundert erhielt der Bücherbestand neue Räumlichkeiten zugewiesen, und es erfolgte eine moderne Katalogisierung. Ca. 20.000 Bände umfasste die Bibliothek zu dieser Zeit, womit sie den Zöglingen eine breite Basis für deren Studien bot. Bei Schenkungen an die Militärakademie wurde immer wieder auch die Bibliothek bedacht; der Untergang der Monarchie bedeutete jedoch auch für die Akademie das Ende. Bei der Übergabe des Gebäudes an das Staatsamt für Unterricht war aber, laut Ministerratsbeschluss vom 16. Juni 1920, die Bibliothek der Akademie ausdrücklich ausgenommen. Sie konnte in ihren Räumen verbleiben. Oberst Ritter von Schlachta, ein ehemaliger Lehrer der Akademie, übernahm die Aufsicht.

Schöne Stilmöbeln sorgen für ein elegantes Ambiente in dieser stimmungsvollen Fachbibliothek.

Ihm ist es letztlich zu verdanken, dass der Bücherbestand nicht aufgeteilt wurde.

Bis zur Wiedererrichtung der Akademie am 1. September 1934 konnte die Bibliothek unbeschadet in der Wiener Neustädter Burg verbleiben. In den Jahren nach 1937 wuchs der Bücherbestand allmählich auf 37.000 Bände an. Während des Zweiten Weltkrieges konnten der Gemäldebestand, die kostbaren Glasfenster der St.-Georgs-Kathedrale und die Exponate des Museums planmäßig und zeitgerecht verlagert werden. Es scheint, als ob für die Rettung der Bücher aus der Bibliothek nicht mehr genügend Zeit geblieben war – eine einzige Lkw-Ladung mit 16 Kisten wurde weggebracht. Der zurückgebliebene größere Teil sowie der Katalog fielen der Plünderung oder den Flammen zum Opfer. 1958 erfolgte die Wiederinbetriebnahme der Akademie; der ausgelagerte Bücherbestand kehrte jedoch erst 1962 zurück.

Heute besitzt die Bibliothek, deren Leseräume mit schönen Stilmöbeln und einer höher gelegenen Empore ausgestattet sind, den Status einer Studienbibliothek und steht dem Lehrkörper, den Absolventen und den Angehörigen der Militärakademie für Unterrichts- und Studienzwecke zur Verfügung. Die Entwicklung der Militärwissenschaften während zweier Jahrhunderte wird in der hier gesammelten Fachliteratur eindrucksvoll vor Augen geführt.

Nach wie vor liegt der Schwerpunkt der Sammeltätigkeit in der Militärwissenschaft und den damit verknüpften Wissensgebieten. 1959 waren 897 Bände vorhanden, im Laufe der Zeit steigerte sich die Zahl auf etwa 21.000. Die ältesten Bücher stammen aus dem 16. und 17. Jahrhundert. Das große *Zedler-Lexikon* aus dem 18. Jahrhundert gilt als das wertvollste Werk dieser stimmungsvollen Fachbibliothek.

Stiftsbibliothek Zwettl

In Bibliotheken fühlt man sich wie in der Gegenwart eines großen Kapitals, das unberechenbare Zinsen spendet.

Johann Wolfgang von Goethe

Von den vielen Welten, die der Mensch nicht von der Natur bekam, sondern sich aus dem eigenen Geist geschaffen hat, ist die Welt der Bücher die größte." So drückte der Dichter Hermann Hesse seine Ehrfurcht vor den großartigen Bibliotheken dieser Welt aus. Einen kostbaren Stein im Mosaik dieser „Bücherwelt" bildet die Bibliothek des Stiftes Zwettl, die zu den prächtigsten Schöpfungen barocker Innenarchitektur in Österreich zählt.

Der Legende nach soll in der Neujahrsnacht des Jahres 1138 die Mutter Gottes selbst Hadmar I. aus dem Geschlecht der Kuenringer beauftragt haben, eine grünende Eiche zu suchen und dort ein Kloster zu errichten. Bald darauf wurde mit dem Bau der ersten Anlage begonnen und 1159 die Kirche eingeweiht. Die ersten Mönche berief Hadmar aus dem Kloster Heiligenkreuz. Bereits 1173 bestand im Stift Zwettl ein eigenes Skriptorium, in dem nicht nur wichtige liturgische Texte aus wertvollen älteren Handschriften abgeschrieben wurden, sondern das auch eigenständige Schöpfungen hervorbrachte. Da die Mönche ab dem Jahre 1177 Annalen führten, wissen wir über die Ereignisse in jener Zeit gut Bescheid. Hadmar II. stiftete den Kreuzgang, der 1210 begonnen wurde, das Brunnenhaus, die Johanneskirche und ein Spital, das dreißig hilfsbedürftige Menschen aufzunehmen vermochte. Ebenfalls in dieser Ära entstand das Abts- und ein Gästehaus. Im 13. Jahrhundert musste das Kloster auch einige Rückschläge verkraften, die schließlich in einer wirtschaftlichen Krise mündeten. Mit Abt Ebro (1273–1304) kam es an der Wende vom 13. zum 14. Jahrhundert zu einem neuerlichen Aufschwung, der das Stift zu einem der blühendsten des Mittelalters werden ließ. Der gotische Hallenumgangschor der Kirche wurde 1343 begonnen, der Kapellenkranz bis 1348 vollendet. Währenddessen schritten die Arbeiten im Skriptorium bestens voran und einige sehr bedeutende Manuskripte gingen aus der Zwettler Schreibstube hervor. Die Unruhen im 15. Jahrhundert brachten die Entwicklung des Klosters zum Stillstand: 1426/27 hinterließen die Hussiten eine Spur der Verwüstung. Den Mönchen gelang es allerdings, die wertvollen Handschriften und Urkunden sowie den Klosterschatz in die nahe gelegene Burg Lichtenfels zu retten. Da

Hochburg des Zisterzienserordens im Waldviertel: Stift Zwettl

Ein von Joseph Munggenast meisterhaft komponierter Bibliotheksraum:
Die eingeschnittenen Fensternischen harmonisieren eindrucksvoll mit den mächtigen Bögen des Gewölbelaufes.

die Zeiten immer unsicherer wurden, war die Errichtung einer eigenen Befestigungsanlage notwendig geworden. Das Stiftsareal wurde mit einer gewaltigen Ringmauer umschlossen, die das Kloster nahezu uneinnehmbar machte. Auch Abt Koloman Bauernfeind (1490–1495) galt als baufreudiger Stiftsherr, der sich vor allem der Erneuerung des romanischen Langhauses annahm. Bis zum Einsetzen der Gegenreformation blieb die Klosteranlage im Wesentlichen unverändert. Unter Abt Kaspar Bernhard (1672–1695) wurde schließlich die neue Prälatur geschaffen, die den repräsentativen Westflügel mit der *galeria magna,* den Gästetrakt im Süden, die Schule im Norden und die Wohnung des Abtes im Osten umfasste. In der Südostecke entstand die große Tafelstube – der heutige Festsaal.

Der Geist des Humanismus hatte die Klosterbastion längst erobert, und große Denker entfalteten in Zwettl ihre Wirkungskraft. Einer der Großen unter den vielseitig gebildeten Zisterziensern war Abt Melchior Zaunagg, der von 1706 bis 1747 die Geschicke des Stiftes lenkte. Er stand in engem Kontakt mit vielen Künstlern seiner Zeit und berief die Baumeister Matthias Steinl und Joseph Munggenast nach Zwettl, ebenso den Bildhauer Matthias Götz und den Maler Paul Troger. Diese Zeit war die fruchtbarste für das Waldviertler Stift und zugleich der Beginn glanzvoller Repräsentation.

Nach einer Zeit der wissenschaftlichen und geistlichen Blüte war das Stift unter den Nationalsozialisten schwerwiegenden Eingriffen ausgesetzt. Das Kloster konnte der Aufhebung zwar entgehen, erlitt allerdings schweren wirtschaftlichen Schaden, von dem es sich nur langsam erholte.

Vieles wäre über die Geschichte des Stiftes noch zu erzählen – der Interessierte findet in der Zwettler Stiftsbibliothek manches bemerkenswerte Schriftwerk, das ihm die wechselvolle Vergangenheit des Hauses vor Augen führt. Das Buchwesen spielte schon früh eine tragende Rolle. Die Bibliothek wurde im Laufe der Jahrhunderte immer wieder verlegt: Um 1500 war sie im Bereich der romanischen Fraterie untergebracht. Abt Kaspar Bernhard ließ an der Stelle der heutigen Sakristei 1675 einen Neubau errichten. Schon wenige Jahrzehnte später, 1706, verlegte Abt Robert Schöller den Bücherbereich an das Ostende. Doch bald erkannte man, dass sich dieser Platz durch die Feuchtigkeit und die starke Sonneneinstrahlung für das Aufbewahren der Bücher nicht eignete. Zwischen 1730 und 1732 entschloss man sich schließlich zu einem Neubau. Noch heute sind einige Entwürfe des Hofbaumeisters Munggenast erhalten, die mehrere sehr interessante Varianten zeigen. Schlussendlich setzte sich jener Raumtypus durch, der saalartig von einer Empore umschlossen wird. Die Bibliothek wirkt wahrhaft monumental und einmal mehr ist Munggenasts Gefühl für Raumwirkung unter Beweis gestellt. Die eingeschnittenen Fensternischen harmonieren mit den Bögen, die der Gewölbelauf beschreibt. Durch kräftige Gurte unterbrochen bilden sich auf diese Weise Abschnitte innerhalb der Wölbung, die den Raum nach oben nahezu tonnenartig abschließen. So genannte „Platzlgewölbe" – sie zeigen den Einfluss aus Böhmen – bestimmen den einzigartigen Reiz dieser Deckenform.

Der Stammbaum der Kuenringer im Traditionscodex von Stift Zwettl, der berühmten „Bärenhaut"

Diese Gliederung hat nachhaltigen Einfluss auf die Programmatik der Malerei. Nicht ein riesiges Zentralfresko dominiert, sondern es werden einzelne Abschnitte gebildet, die thematisch nacheinander zu lesen sind. Zunächst waren es die Belichtungsnischen, die ein Raumkonzept vorgaben, das sicher auf praktischen Überlegungen beruhte. In den Fensternischen befanden sich Arbeitsplätze, die für das Studium der Mönche vorgesehen waren. Obwohl der Gedanke der Zweckmäßigkeit nicht geleugnet werden kann, hat die Bibliothek dennoch starken Repräsentationscharakter, der durch die gediegene Einrichtung und die hohe Qualität der Ausstattung getragen wird. Die Rhythmisierung des Saales wird durch die vor- bzw. zurückgeschobenen Blöcke der Bücherregale aufgegriffen. Daraus ergibt sich eine Lebendigkeit, die im Kontrast der dunklen Regale und der hellen Decke weitergeführt wird. Der Schwung der Gewölbegurten setzt sich in der Beschreibung der Bögen der Konsolen fort, auf denen die umlaufende Empore aufliegt. Durch ihre Vergoldung wird die Wirkung der Bögen noch unterstrichen, die sich als weitere dynamische Elemente in das Gesamtwerk einfügen. An den Konsolen symbolisieren paarweise angeordnete Köpfe die Völker der Erde. Das aus Edelholz gearbeitete Galerie-Geländer ist an bestimmten Stellen ausgebaucht und mit Bücherstellagen versehen. Kunstvoll geschnitzte, durchbrochene Rankwerke bilden die Hauptfläche der Brüstung.

Tiefe Nischen, die als Kontrapunkte zu den Fensterbereichen fungieren, dienen der Aufnahme tausender Bücher. Über eine verdeckte Doppelwendeltreppe an der West-Stirnseite gelangt man auf die Empore. Dieser Bereich ist mit vorschwingenden, intarsierten Holzpaneelen verkleidet und setzt einen äußerst attraktiven architektonischen Akzent. Die kräftigen Gewölbegurten sind mit beigefarbenen Ornamenten geschmückt, die eine Auflockerung der strengen Freiflächen bewirken. In den Ansätzen sind die reliefartigen Darstellungen der Allegorien der Wissenschaften zu erkennen. Zwischen den Ornamenten entstanden die Felder, die Paul Troger 1732/33 mit prachtvollen Gemälden versah. Troger lieferte fünf Bozetti, die ikonografisch kaum von den tatsächlich ausgeführten Werken abweichen.

Wie die Bibliothek an sich, so unterscheidet sich auch das Bildprogramm der Zwettler Bibliothek von jenem der großen barocken Bibliotheken. Die Betonung liegt hier nicht auf dem theatralischen Hintergrund, der innerhalb der Malerei durch geschickte Licht- und Farbführung separate Höhepunkte schafft und in Form eines Terrassenprinzips letztlich in einem höchsten Ziel gipfelt. Schon bei den Zugängen zur Bibliothek verzichtete man auf übertriebenen Pomp, um die fast sakrale Bedeutung des Bibliotheksraumes zu vermitteln. Der Zugang erfolgt durch die südliche Langhausseite des Konventes, wobei der Blick des Besuchers zunächst auf das Mittelbild mit der Allegorie der göttlichen Weisheit gelenkt wird, umgeben von den Tugenden der Gottesfurcht und des Eifers.

„Die Mocobier besauffen sich“. Kolorierte Handzeichnung aus dem Zwettler „Codex Paucke“ (Cod. Zwetl. 420, nach 570).

Die vier weiteren Schöpfungen von Trogers Hand greifen als Thematik die Figur des Herkules auf. Obwohl der Herkulesmythos für ein Kloster nicht unbedingt üblich war, schien Troger selbst eine Vorliebe dafür zu haben – schon in Melk ließ er Herkules zu einer Zentralfigur seiner Malerei heranwachsen. Als Grundlage des Gemäldeprogrammes gilt der *Conceptus pingendi,* dessen Urheberschaft nicht eindeutig geklärt ist. Es wird vermutet, dass Abt Melchior selbst als Verfasser anzusehen ist.

Das zweite Freskenfeld im Osten zeigt Herkules auf dem Scheideweg. Rechts die Allegorie des leichten und angenehmen Lebensweges: Flora, Blumen streuend, eine bacchische Tänzerin, ein Mädchen, das Rebensaft in eine Schale drückt und ein Satyr mit einer Sphinx. Über dem Helden weist Pallas Athene, die Göttin der Weisheit, Herkules den dornigen Weg zum Tempel der Unsterblichkeit. Im nächsten Feld erschlägt Herkules den Höllenhund Zerberus. Darauf folgt seine Krönung durch den Genius des Ruhmes. Schließlich gelangt Herkules auf dem schwierigen Weg des Lebens zur Krone der Unsterblichkeit, mit der er im letzten Fresko gekrönt wird. Das Freskenfeld im Osten ist der Erfüllung gewidmet: Athene geleitet den Heros zu der auf Wolken thronenden göttlichen Weisheit.

Etwa 70.000 Druckwerke gehören zum gegenwärtigen Bücherbestand des Stiftes Zwettl. Dazu kommen 420 Handschriften und 177 Inkunabeln. Zu den bedeutendsten Werken zählen ein Psalter aus der ersten Hälfte des 13. Jahrhunderts, das *Graduale Cisterciense* von 1280, und schließlich das berühmte *Buch der Stifter* aus der ersten Hälfte des 14. Jahrhunderts. Es handelt sich dabei um eine Schilderung der Stiftsgeschichte, die damals schon den Zeitraum von zwei Jahrhunderten überspannte. Bemerkenswert ist auch der Einband dieses Buches: Er ist aus der Haut eines Ebers gearbeitet, allgemein berühmt geworden ist das mit kostbarer Buchmalerei ausgestattete Werk als „Bärenhaut“. Ein besonders wertvolles Objekt für die ethnologische Forschung bildet der 1770/74–1780 im Skriptorium des Klosters entstandene *Codex Paucke* (Cod. Zwettlensis 420), ein mit 13 kolorierten Handzeichnungen versehener Bericht des aus Schlesien stammenden Jesuitenpaters Florian Paucke (1719–1780) über seine 17 Jahre währende Missionstätigkeit bei den Mocobi-Indianern im heutigen Paraguay. Bedeutsam sind u. a. auch zwei Codices, die Schriften des Gelehrten Ulrich von Wien, des ersten namhaften Rektors der Stadtschule zu St. Stephan, zum Inhalt haben: *Sententia super Priscianum* (Cod. Zwettlensis 292), *Lectura super Apocalypsim* (Cod. Zwettlensis 9). Charlotte Ziegler, die Bibliothekarin der Stiftsbibliothek Zwettl, hat den Handschriftenbestand erschlossen und in einem vierbändigen Katalog vorbildlich dokumentiert – ihr sind auch neue, Aufsehen erregende Funde zu verdanken, so ein *Nibelungenlied*-Text, ein *Erec*-Fragment und Texte Walthers von der Vogelweide.

Stiftsbibliothek Kremsmünster

Was mir allein schwer fällt zu verlassen, ist meine eigene und die öffentliche Bibliothek. Ohne Bücher auf der Welt wäre ich längst verzweifelt.

Arthur Schopenhauer

Viele Geschichten wurden rund um bedeutende Bücher geschrieben – manche davon spielen sogar in altehrwürdigen Bibliotheken. Spätestens die Lektüre von Umberto Ecos fesselndem Roman *Der Name der Rose* wird die Leidenschaft des Bücherliebhabers entfacht haben und ihn immer wieder in die Klosterbibliotheken treiben, um den Geheimnissen dieser Orte auf die Spur zu kommen.

Eines der größten Klöster Österreichs ist das Stift Kremsmünster, dessen Gründung mit einer wunderbaren Legende verbunden ist: Nach dem tödlichen Jagdunfall seines Sohnes Gunther gelobte der Bayernherzog Tassilo die Stiftung einer Abtei. Im November 777 wurde von Tassilo die Stiftungsurkunde ausgestellt, die am Beginn einer glanzvollen Geschichte steht. An den großen Herzog erinnern heute noch der Tassilokelch und die beiden Leuchter, die aus dem Ahnenstab des Herzogs gearbeitet sind; sie zählen zu den kostbarsten Kunstgegenständen des österreichischen Frühmittelalters.

Die ersten Mönche kamen aus dem nahe gelegenen Mondsee und brachten die Regel des heiligen Benedikt nach Kremsmünster mit. Als Karl der Große das Stift zur Reichsabtei erhob und das Kloster damit sich selbst unterstellte, war die erste große Blütezeit erreicht. Die Zeit des Aufschwungs währte allerdings nicht lange, denn die stete Bedrohung durch die nach Westen vorstoßenden Ungarn setzte dem Stift schwer zu. Nach dem Zurückdrängen der Magyaren gelangte Kremsmünster schließlich in den Machtbereich des Passauer Krummstabes.

Das Herzstück der gewaltigen Klosteranlage Kremsmünster: der Prälatenhof mit der Stiftskirche

Unter dem kunstsinnigen und hoch gebildeten Abt Friedrich von Aich (1275–1325) erlebte das Skriptorium eine Hochblüte; die romanisch-gotische Stiftskirche wurde fertig gestellt und der berühmte Bernardus Noricus hielt seine Klostergeschichte auf

Ein majestätischer Bibliotheksraum mit großartiger Tiefenwirkung: eine gleichsam unendliche Flucht von Büchern …

Pergament fest. Die Pflege der Wissenschaft brachte dem Stift hohes Ansehen und der Abt selbst bemühte sich um die vorzügliche Bildung der Mönche. Nicht nur die geistig-geistliche Entwicklung erfuhr im Mittelalter eine Festigung, auch baulich veränderte sich die Anlage zu einer beeindruckenden Festung. 1346–1349 entstand die älteste Turmanlage und gegen Ende des 16. Jahrhunderts erhielt das Mauerwerk der Klosteranlage festungsartigen Charakter. Mit der Melker Reform gelangte Anfang des 15. Jahrhunderts der Humanismus nach Kremsmünster, der von den Mönchen des Klosters begeistert aufgenommen wurde. Letztlich führte die Annahme der Melker Reform auch dazu, dass die Reformation dem Stift nichts anhaben konnte. Abt Gregor Lechner gründete 1549 ein Gymnasium, dessen guter Ruf heute noch weit über die Landesgrenzen hinausreicht. Die umsichtige Pflege von Musik und Literatur, der Naturwissenschaften, der Mathematik und anderer Disziplinen war vom benediktinischen Geist geprägt und förderte das Ansehen des Stiftes. Zwar waren die allgemeinen Symptome der Zeit der Glaubensspaltung und der Bauernkriege auch in Kremsmünster spürbar, doch der Tatkraft tüchtiger Äbte ist es zu verdanken, dass der Aufstieg in geistiger, wirtschaftlicher und baulicher Hinsicht fortgesetzt wurde.

Im 17. und 18. Jahrhundert erlebte das Stift seine Glanzzeit. Die Abtei war ein Zentrum der Kunst, des religiösen Lebens und der Wissenschaft. Unter dem geistreichen Abt Alexander a Lacu aus Lugano (1601–1613) war der bedeutende Baumeister Francesco Silva im Stift tätig. Während der Zeit des Abtes Anton Wolfrath (1613–1639), des späteren Fürsterzbischofs von Wien, wurde mit großzügigen Baumaßnahmen begonnen, die dem Stift Kremsmünster schließlich das heutige Aussehen verliehen. Unter seinen Nachfolgern Erenbert Schreyvogel (1669–1703) und Alexander Strasser (1709–1731) wirkten große Vertreter des Barock, wie Carlo Antonio Carlone, Giovanni Battista Barberini oder – ab 1710 – Jakob Prandtauer im Stift. In dieser Zeit erhielt die Kirche ihr barockes Gepräge, der äußere und der innere Prälatenhof mit den anschließenden Gebäuden und Trakten wurden vollendet. Und auch die skurrilste architektonische Schöpfung in der Abtei nahm Gestalt an: der berühmte Fischkalter mit fünf Wasserbecken nach der Fantasie Carlo Antonio Carlones; die beiden östlich gelegenen Becken wurden von Jakob Prandtauer gebaut. Mit der Errichtung der Sternwarte, des ersten „Hochhauses" Europas, unter Abt Alexander Fixlmillner (1731–1759) kamen die Arbeiten zum Abschluss. Ein Meisterwerk barocker Theatralik und Machtentfaltung war geschaffen. In der glanzvollen und aufwändig zelebrierten Tausendjahrfeier 1777 erfuhr der barocke Zeitgeist seine Krönung.

Glanz und Glorie gingen mit dem Zeitalter Josephs II. und den Wirren der Napoleonischen Kriege zu Ende. Eine Periode des Niederganges folgte, der erst eine Neubesinnung auf monastische Ideale um die Mitte des 19. Jahrhunderts Einhalt gebieten konnte. Nach dem Ersten Weltkrieg geriet das Kloster mit der Weltwirtschaftskrise in große finanzielle Schwierigkeiten, die ihm beträchtliche Opfer abverlangten. Doch der Tiefpunkt seiner Geschichte folgte erst 1941, und zwar mit der Aufhebung des Klosters durch die Nationalsozialisten. Nach dem Ende des Zweiten Weltkrieges kehrten die Mönche 1945 in das Stift zurück und nahmen unter dem Abt Ignatius Schachermair ihr klösterliches Leben nach dem Leitsatz des heiligen Benedikt von Nursia wieder auf: *Ora et labora et lege!* (Bete, arbeite und lies!). Heute ist Kremsmünster eine der großen touristischen Attraktionen und ein Mekka vieler Kunstkenner. Der Geist der Gründer ist hier gegenwärtig, im steten Bemühen um Fortschritt und geistige Impulse.

Vollendete Ästhetik: Schlanke Ecklisenen gliedern die Bücherkästen.

Schon früh begann man im Stift ein eigenes Buchwesen aufzubauen. Die ersten Schriften wurden in unmittelbarer Nähe der Sakristei aufbewahrt. Es ist anzunehmen, dass sich der frühe Bücherbestand des Klosters vorwiegend aus geistlicher Literatur zusammensetzte. Im Mittelalter entstand in Kremsmünster eine eigene Schreibstube, die sich insbesondere um die Vervielfältigung liturgischer Texte bemühte. Auch eine Bibliothek gab es bereits, die gegen Ende des 16. Jahrhunderts in den Oberstock der ehemaligen Marienkapelle verlegt wurde. 1675 dürfte der Bücherbestand schon so umfangreich gewesen sein, dass sich Abt Erenbert Schreyvogl im Zuge des Stiftsumbaues zu einem Neubau der Bibliothek im dem Markt zugewandten Teil der Klosteranlage entschloss. Abt Erenbert wollte eine Bibliothek schaffen, die in erster Linie ein Ort des Studiums und der Meditation sein sollte. Keineswegs stand der Repräsentationsgedanke, der den Bau anderer Bibliotheken maßgeblich beeinflusste, im Vordergrund. Heute freilich stehen die Besucher staunend vor einem der größten Büchersäle Österreichs: Der 64 Meter lange, fast zehn Meter breite und fünf Meter hohe Bibliotheksbereich wird durch drei aneinander gereihte Säle und ein Zwischenabteil gebildet. Dabei erfolgt die Verbindung der Räume durch korbbogige Öffnungen, die den Gesamtraum noch majestätischer wirken lassen. Die erreichte Tiefenwirkung ist vergleichbar mit den großartigen Bühnenkonstruktionen barocker Festspielhäuser, die durch übereinander geschobene Kulissen eine gleichsam ins Unendliche gehende Raumflucht vortäuschen. Auch in der Aussparung von Kuppeln und Marmorfußböden wird die Intention von Abt Schreyvogl, die Bibliothek nicht ihrem Zweck zu entfremden, deutlich. Trotzdem gereichte der Lesesaal von Kremsmünster zum Vorbild für andere monumentale barocke Klosterbibliotheken.

Opulentes Schnitzwerk ergänzt die kunstvollen Stellagen.

Die relativ niedrigen Räume werden von reich mit Stuck und Fresken geschmückten Spiegeldecken abgeschlossen. Die Stuckausstattung des ersten Bibliotheksraumes im Osten – genannt „Saal der Griechen" – erfolgte, wie Rechnungen aus dem Jahre 1684 belegen, durch Girolamo Alfieri und Wolfgang Grintzenberger. Dabei besteht die Dekoration aus profilierten rechteckigen Rahmen mit eingelegten Fruchtschnüren für die drei großen Deckenfresken. Akanthusgirlanden und verschiedene kunstvoll gestaltete Ornamente bilden in den Hohlkehlen den Rahmen für die gemalten Medaillons. Die drei großen Fresken stammen aus der Hand des Meisters Christoph Lederwasch, der 1692 seinem Werk ein in sich geschlossenes Programm zugrunde legte. Dargestellt sind die Übergabe der Gesetzestafeln an Mose, der Turmbau zu Babel und die Übersetzung der Bibel ins Griechische durch 70 Gelehrte in Alexandria. Besonders interessant erscheint ein Detail aus der Darstellung des Turmbaus: Der Bauherr Nimrod erhält den Grundriss des Petersdomes zu Rom, gleichsam als Hinweis darauf, dass die Überheblichkeit seines Vorhabens einzig und allein durch die wahre Kirche Christi überwunden werden kann. Die Farben sind sehr kräftig und kontrastreich eingesetzt und greifen die Dramaturgie der Szenen interpretierend auf. Die Darstellung der Gelehrten beim Lesen von Büchern in der Szene von Alexandria ist ein deutlicher Hinweis auf den Bibliothekssaal und wohl als Empfehlung zu verstehen, die wertvollen Bücher gut und in der richtigen Absicht zu nützen. Die Brustbilder berühmter Männer in den Hohlkehlen sind Werke von Melchior Steidl (1696): im Osten Gregor der Große, Thomas von Aquin, Hippokrates, Aristoteles, im Süden Demosthenes; im Westen Palaemon; im Norden Homer, Archimedes, Plato und Kaiser Justinian.

Der Schöpfer des Stuckes in den anschließenden Räumen ist nicht bekannt. Obwohl sich die Dekoration im Wesentlichen am östlichen Bibliotheksraum orientiert, erreicht die Ausstattung keinesfalls dessen Qualität. Auch die Themen der Fresken greifen hier nicht die Beziehung zum Sinnbereich „Bibliothek" auf, sondern reflektieren auf die göttliche Weisheit, deren Allegorie von alttestamentarischen Gestalten umgeben ist. Die beiden Deckenfresken im größeren mittleren Raum – dem „Saal der Lateiner" – stellen die Königin von Saba vor König Salomo und das

Gebet Salomos um Weisheit dar. Die Medaillons zeigen hier bedeutende Gestalten aus der römischen Literatur und Politik. Der letzte Raum der Bibliothek trägt den Namen „Saal der Benediktiner". Die beiden großen Deckenmalereien, Werke des Melchior Steidl und seines Schülers Joseph Ruffin, zeigen Paulus im Areopag und den zwölfjährigen Jesus im Tempel. Bedeutende Benediktiner in den Medaillons verweisen auf das Ideal der Wissenschaft und sollen den Mönchen, die in diesen Räumen studieren, zum Vorbild gereichen.

Die einheitliche Einrichtung rundet die ästhetische Raumwirkung ab. Der Schöpfer des Interieurs ist, wie einem Vertrag vom 28. Juni 1707 zu entnehmen, der aus Enns stammende Tischlermeister Balthasar Melber. Daneben waren der Schlosser Peter Ögg sowie die Bildhauer Johann Urban Remele und Johann Meinrad Guggenbichler als Ausführende tätig. Vier Jahre lang wurde an der Einrichtung gearbeitet, ehe die Bibliothek 1711 als vollendet galt. Die Bücherkästen werden durch Ecklisenen gegliedert und von reich verzierten Aufsätzen nach oben hin abgeschlossen. Der obere Teil korrespondiert mit der aufwändigen Stuckatur und schafft ein harmonisches Gepräge. Das geschnitzte und vergoldete Laub- und Bandlwerk umschließt jeweils eine Kartusche, auf der das jeweilige Sachgebiet in Latein angeführt ist. Verschiedene edle Hölzer fanden Verwendung und unterstreichen die Bedeutung der Bibliothek als eines der wichtigsten Räume des Klosters.

Als Ergänzung der kunstvollen Stellagen verstehen sich die prächtigen Tischkästen, die der Aufnahme von übergroßen Exemplaren dienen. Die opulente Marketerie der Tischblätter besteht aus Laubwerk und ist von gerippten Bändern durchwirkt. Die durchbrochenen Füllungen der Türen an den Tischen zeigen das gleiche Motiv: eine in der Mitte gebündelte, breit auswuchernde Blatt-Band-Kombination. Neben Tischen, die der ursprünglichen Ausstattung später beigefügt wurden, befindet sich ein besonders beeindruckendes gotisches Lesepult, das aus dem dritten Viertel des 15. Jahrhunderts stammt. Das aus Lindenholz gefertigte Pult zeigt an den Wangen sowie an der Vorder- und Rückseite Flachschnitzereien mit Resten einer Chromierung.

Zum Bibliotheksbereich gehört auch das so genannte Handschriftenzimmer, das mit einer schönen Stuckdecke ausgestattet ist. Als Bildner dieser grazilen Schöpfungen kommen die Stuckateure Giovanni Battista Amadeo und Antonio Cassati in Frage. Nicht unerwähnt soll auch der Kachelofen bleiben, der aus der zweiten Hälfte des 18. Jahrhunderts stammt.

Die berühmteste Handschrift der Stiftsbibliothek ist zweifellos der *Codex Millenarius,* ein Evangeliar aus der Zeit um 800, das vermutlich im Stift Mondsee entstanden ist und in zwei prachtvollen Folianten vorliegt, die seit jeher bewundert wurden. Der päpstliche Legat soll anlässlich der Tausendjahrfeier 1777 beim Hereintragen eines der Bücher ausgerufen haben: *Vere Codex Millenarius!* (Wahrhaftig ein tausendjähriges Buch!) Die Metalleinbände der Welser Goldschmiedewerkstatt Hein-

Der Codex Millenarius, *ein Evangeliar aus der Zeit um 800, entstanden vermutlich in Mondsee, ist die berühmteste Handschrift der Stiftsbibliothek. Die Miniatur zeigt einen Löwen, das Symbol des Evangelisten Markus.*

rich Vorraths (Ende 16. Jh.). Die ältesten schriftlichen Dokumente in der Stiftsbibliothek von Kremsmünster stammen vom Ende des 8. Jahrhunderts. Ob es damals schon eine eigene Bibliothek gegeben hat, bleibt im Dunkeln.

Offensichtlich ist allerdings, dass sich insbesondere die Benediktiner des Buchwesens sehr angenommen haben. Schon in der 529 verfassten Regel des heiligen Benedikt wird von der Bedeutung der Bücher und des Lesens gesprochen. Der erste Bibliothekskatalog stammt aus dem 11. Jahrhundert und verzeichnet 60 Bücher. Dabei handelte es sich vorwiegend um biblische Texte und deren Kommentare, hinzu kamen liturgische Schriften und solche der Kirchenväter. Im frühen 14. Jahrhundert, während der Amtszeit des Abtes Friedrich von Aich, bildeten bereits an die 400 Bücher einen sehr ansehnlichen Bestand, wobei die verschiedenen Sachgebiete bereits vertreten waren. Heute jedoch ist kaum noch ein Viertel dieser auf Pergament geschriebenen Bücher erhalten. Die meisten gingen verloren oder wurden für buchbinderische Zwecke verwendet. Teilweise aus den Fälzen von Bucheinbänden gelöste Fragmente befinden sich heute in einer eigenen Sammlung. Erst ab der Mitte des 14. Jahrhunderts setzte sich in unseren Breiten das Papier zunehmend durch. In Kremsmünster befinden sich etwa 300 Papierhandschriften, deren Entstehung am Ende des 14. bzw. Beginn des 15. Jahrhunderts anzusetzen ist.

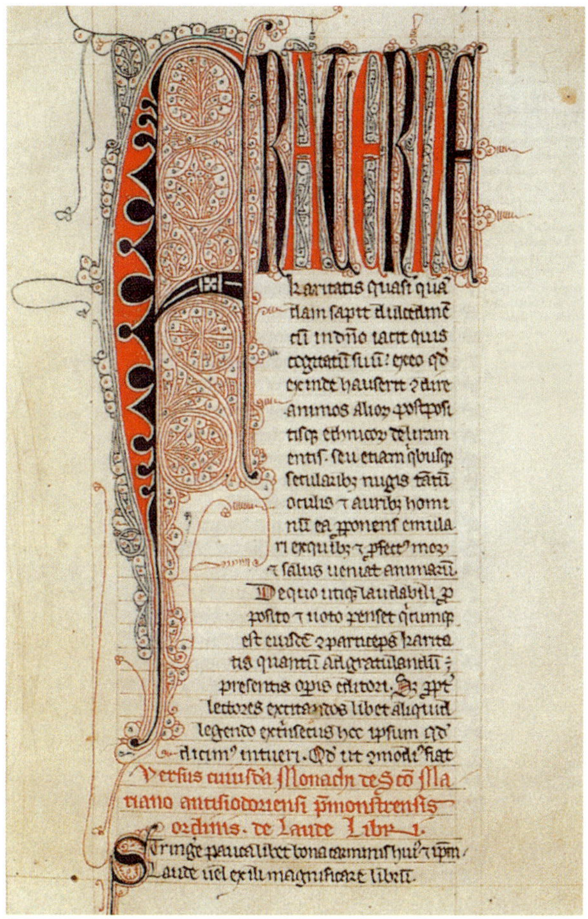

Ein Hauptwerk des Skriptoriums von Kremsmünster: prachtvolle Fleuronnée-Initiale in der Aurora *des Petrus de Riga, frühes 14. Jahrhundert, Codex 129*

Heute beherbergt die großartige Bibliothek von Kremsmünster mit ca. 160.000 Druckschriften, 824 Inkunabeln und 440 Handschriften eine der bedeutendsten Sammlungen Österreichs. Ein Ort, erfüllt mit dem Wissen vieler Jahrhunderte! Neben dem *Codex Millenarius* ist vor allem der Codex 309 hervorzuheben – eine Sammelhandschrift von Texten aus dem 11. und 12. Jahrhundert –, ferner der *Codex Fridericianus A,* der 1302 von Bernardus Noricus verfasst wurde. Interesse wecken weiters so bedeutende Werke wie ein Psalter von 1465, ein marianisches Stundenbuch von 1349, ein Reisemessbuch von 1514, ein Heilsspiegel von 1330 und ein vor 1485 in Kremsmünster geschriebenes Stundenbuch, das als einziges so genanntes „Beutelbuch" Österreichs gilt.

Wie viele Menschen mögen wohl in den Büchern nach Wahrheit gesucht und zuletzt wie Christian Morgenstern gesagt haben: „Es gibt kein größeres Hindernis, zur Wahrheit zu gelangen, als – schreiben zu können. Vergiss deinen Stil, vergiss allen Stil, überlass dich ganz dem Rhythmus der inneren Stimme, überlass alle ‚Kunst' denen, die mehr Künstler sind als Wahrheitssucher."

DIE ADELSBIBLIOTHEK IM SCHLOSS LAMBERG

Lesen ist immer auch ein intellektuelles Erlebnis;
man hat das Gefühl, dass man sich umgräbt beim Lesen.
Es ist ein besonderer Weg zu sich selbst.

SIEGFRIED UNSELD

Am Ufer der Enns, im Zentrum der Statutarstadt Steyr, liegt Schloss Lamberg, das in seiner Baustruktur einzigartig und zugleich sonderbar ist. Das barocke Erscheinungsbild vermag den Besucher zunächst über die Tatsache hinwegzutäuschen, dass die Geschichte des Schlosses in wesentlich früherer Zeit beginnt. Allein der unregelmäßige Grundriss der Anlage spricht dafür, dass vorhandenes Mauerwerk in den prachtvollen Barockbau einbezogen worden ist. Tatsächlich finden sich bei genauer Betrachtung alte Bauteile, die sich harmonisch in das Gesamtbild einfügen.

300 Jahre lang befand sich das Bauwerk in Besitz der Familie Lamberg. Erstmals erwähnt wurde eine *Stira Purgh* im Jahre 985. Der Römerturm, der Bergfried der alten Burg, stammt vermutlich aus dieser ersten Bauphase. Die Bezeichnung des Turmes leitet sich vom verwendeten Baumaterial ab, von den Quadersteinen aus dem ehemaligen Legionslager Lauriacum (Lorch).

Die imposante Größe des Schlosses weist auf eine herausragende historische Bedeutung hin. Als Verwaltungs- und Zentralsitz der größten Grundherrschaft Oberösterreichs diente das Gebäude nicht nur administrativen Zwecken, sondern auch der Repräsentation. Die Herrschaft Steyr übte über die weitläufigen Gebiete die Rechtssprechung als Landesgericht aus und besaß die so genannte „Blutgerichtsbarkeit". Der Galgen stand in der Freising, unterhalb des Ortes St. Ulrich an der Eisenbundesstraße.

Ein Kupferstich aus dem Jahre 1584 zeigt den wehrhaften Charakter des Schlosses Steyr, das mit Erkern, Zinnen und befestigten Wehrtürmen ausgestattet war. Als Erbauer der mächtigen Anlage gelten die Traungauer. Auf sie folgten die Babenberger und später die Habsburger. Die rasch wechselnden Eigentumsverhältnisse erreichten erst mit der Besitzübernahme der Grafen und späteren Fürsten Lamberg eine Stabilität, die von 1641 bis 1938 andauerte. 1727 verwüstete ein verheerender Brand das Schloss. In der Folge erhielt das Bauwerk nach Plänen des Linzer Meisters Johann Michael Prunner ein neues Aussehen. Die hohe Verschuldung der Familie Lamberg führte letztlich 1938 zum Verkauf des Schlosses samt den umfangreichen Waldbesitzungen im Enns- und Steyrtal. Heute ist das Anwesen im Besitz der Österreichischen Bundesforste, die es als Verwaltungsgebäude nutzen.

Einer der prächtigsten Räume des Schlosses ist die Bibliothek. Schon am Beginn des 17. Jahrhunderts wurde der Grundstock der Büchersammlung angelegt: Johann Maximilian Graf von Lamberg, der im diplomatischen Dienst ausgedehnte Reisen unternahm, brachte von diesen zahlreiche Bücher mit, die er der Schlossbibliothek einverleibte. Überhaupt war die Familie Lamberg bibliophil ver-

Kündet vom Glanz der versunkenen feudalen Welt: die größte Schlossbibliothek Österreichs

anlagt, was schließlich auch zur Schaffung der reizvollen Bibliothekseinrichtung aus dem 18. Jahrhundert führte. Die in der Manier von Tabernakelschränken angelegten Regale und Schränke zeigen Rokoko-Ornamente und vergoldete Putti, die dem Interieur einen lebhaften Charakter verleihen. Nach einer gründlichen Restaurierung ist die Bibliothek heute auch der Allgemeinheit zugänglich.

Die Kulturgeschichte des Schlosses reicht bis in die Anfänge der alten *Styraburg* zurück. Schon damals war dieser Ort ein Zentrum der Künste. Unter den späteren Besitzern, den Grafen von Lamberg, wurde das Schloss endgültig zu einem Mittelpunkt für Dichter, Künstler und Gelehrte. Graf Siegmund von Lamberg, Burggraf zu Steyr (1614–1631), legte eine Büchersammlung an, die schon damals umfangreich gewesen sein muss und wohl mannigfache Wissensgebiete abgedeckt hat. Die Franzosenkriege sowie der große Brand von 1824 setzten der Bibliothek schwer zu. Nachdem die Bestände ziemlich dezimiert worden waren, konnten in der zweiten Hälfte des 19. Jahrhunderts die Lücken durch Ankäufe wieder geschlossen werden.

Diese größte Schlossbibliothek Österreichs ist im östlichen Zwickel der „Burg" gelegen und besteht aus zwei großen hellen Räumen. Die prachtvolle Holzeinrichtung und die flachen Decken mit reichem Stuck verleihen der Bibliothek ein herrschaftliches Gepräge. Türen und Parkettböden runden den Gesamteindruck ab. Besonders wertvoll sind die spätbarocken Bücherschränke mit ihren Aufsätzen und Putti, die mit dem offenen Kamin und dem Porträt des Gründers ein glanzvolles Ensemble ergeben.

Heute umfasst die Büchersammlung etwa 12.000 Bände, erschienen vom 17. Jahrhundert bis heute. Einige wenige Handschriften werden heute im Oberösterreichischen Landesarchiv in Linz verwahrt. Aus den Anfängen des 19. Jahrhunderts haben sich die Bücherkataloge Karl Eugens von Lamberg erhalten, die einen guten Einblick in den damaligen Bücherbestand erlauben. Besonders interessant ist die reichhaltige Kupferstichsammlung, die ebenfalls im Bibliotheksbereich untergebracht ist.

STIFTSBIBLIOTHEK REICHERSBERG

Muße ohne Bücher ist der Tod und des lebenden Menschen Grab.

LUCIUS ANNAEUS SENECA

Das Augustiner Chorherrenstift Reichersberg ist ein Juwel österreichischer Klosterarchitektur. Das hoch über dem Inn gelegene Stift ist das Wahrzeichen der gesamten Region. Einst hat hier ein gewisser Reicher oder Richer eine Burg errichtet, die als wichtiges Bollwerk entlang der Wasserstraße galt. 1084 ist der Überlieferung nach ein Kloster gegründet worden: Der Edle Werner von Reichersberg und seine Gemahlin Dietburga haben nach dem frühen Tod ihres einzigen Sohnes Gebhard ihre Burg den Augustiner Chorherren zur Verfügung gestellt.

Heftige Erbstreitigkeiten trübten die Anfänge der jungen klösterlichen Gemeinschaft. Erst Erzbischof Konrad I. von Salzburg gelang es, das Stift auf eine tragfähige Basis zu stellen. 1132 berief er den berühmten Magister Gerhoch *(Gerhochus)* von Rottenbuch als Leiter des Klosters nach Reichersberg; dieser gilt heute noch als eine der großen führenden Gestalten der Stiftsgeschichte. Sein Wirken ermöglichte dem Stift einen geistigen Aufstieg, der nicht nur in wissenschaftlichen Errungenschaften und theologischen Leistungen gipfelte, sondern auch eine solide Grundlage für die wirtschaftliche Gebarung des Stiftes schuf. Reformation und Kriegswirren schienen das Kloster an den Rand seiner Existenz zu bringen. Doch immer wieder gelang es, das Stift aus Zeiten des Niedergangs zu neuerlicher Blüte zu führen.

1126 ist die Stiftskirche eingeweiht worden; zwischen 1268 und 1281 entstanden die Stiftsgebäude. Dass Feuer- und Naturkatastrophen kaum ein Kloster verschonten, belegt auch die Chronik des Stiftes Reichersberg. 1624 züngelten Flammen aus den Dächern und legten die Anlage in Schutt und Asche. Bei diesem Brand wurde nahezu der gesamte Bücherbestand vernichtet; lediglich das Archiv konnte gerettet werden. Zwischen 1629 und 1644 ging man an den Wiederaufbau der Kirche, und von 1663 bis 1685 an eine vollkommene Neugestaltung der Stiftsgebäude. Aus dieser Zeit stammen auch die niedrigen Wirtschaftsgebäude, die dem Kloster vorgelagert und um den äußeren Stiftshof gruppiert sind. Carlo Antonio Carlone, ein berühmter Meister des Barock, schuf zwischen 1691

Ein Juwel österreichischer Klosterarchitektur: Stift Reichersberg

Eine ästhetisch ansprechende Raumwirkung stimmt den Besucher schon beim Betreten der Bibliothek auf die weite Welt der Wissenschaft ein.

und 1695 das Sommerrefektorium mit dem achteckigen Vorraum, der von seinem Bruder Giovanni Battista Carlone mit graziösen Stuckornamenten versehen wurde. Carlone liebte die Überschwänglichkeit des Barock, verzichtete jedoch auf schwülstige Formen und übertriebenen Pathos. Freundlich und hell präsentieren sich jene Teile, die auf seinen schöpferischen Geist zurückgehen. Neben dem Sommerrefektorium dürfte der Meister wohl auch für die Konzeption der vorgelagerten Wirtschaftsgebäude sowie für das später angelegte Ensemble des Südtraktes verantwortlich gezeichnet haben. Der äußere Stiftshof mit den lang gezogenen, zweigeschossigen Arkadengängen, den zwiebelbekrönten Erkern, dem dominanten Michaelsbrunnen und dem eigenwillig gekrönten Kirchturm versetzt die Besucher in eine eigene Stimmung: Einerseits wirkt die Architektur gediegen, andererseits klingt eine gewisse Ignoranz strenger Formen an, die wohl als Freiheitsliebe einer Stilepoche zu verstehen ist. Neben dem genannten Sommerrefektorium ist vor allem die Sakristei mit dem ungemein beschwingten Rokokostuck von Franz Joseph Holzinger bemerkenswert.

Nachdem das Kloster sieben Jahrhunderte lang unter die Schutzherrschaft bayerischer Regenten gestellt war, gelangte es 1779 durch den Frieden von Teschen an Österreich. Außer den großen wirtschaftlichen Umstellungen, die der Wechsel der Regenten mit sich brachte, wirkten sich die Klosterreformen Kaiser Josephs II. auf das Ordensleben aus. Den kirchenpolitischen Neuerungen und der

Für die Ewigkeit in Schrift gegossen: die Lebens- und Glaubenswelt des Mittelalters

damit verbundenen Schließung zahlreicher Stifte fielen die benachbarten Chorherrenniederlassungen Suben und Raningshofen zum Opfer. Reichersberg entging zwar der Aufhebung, musste allerdings zusätzliche Pfarren seelsorglich betreuen, was letztlich zu einer „Entvölkerung" des Stiftes führte. Die einst hoch gehaltene Pflege der Wissenschaft und auch das religiöse Leben verkümmerten zugunsten der Pfarrseelsorge. Am Beginn des 19. Jahrhunderts überschatteten die Franzosenkriege mit ihren Schrecken das Donaukloster. Die Franzosen fielen plündernd über die Gottesburg her. Nach dem Tod des Propstes Ambros Kreuzmeyer (1770–1810) übernahm die bayrisch-französische Landesregierung die Administration des Stiftes. In dieser Zeit wurden leider wertvolle Bestände verschleudert oder vernichtet. Eine zweite große Durststrecke erlebte das Haus in der NS-Zeit. Da das Kloster kaum über wirtschaftliche Mittel verfügte, war es für die neuen Machthaber als Geldquelle kaum interessant; doch wurden die Gebäude zur Einquartierung hunderter junger Soldaten verwendet. Eine Fliegerschule entstand. Lange Zeit hindurch litt Reichersberg an den zugefügten Schäden – erst in den sechziger Jahren des 20. Jahrhunderts stellte sich ein neuerlicher Aufschwung ein.

Neben den prächtigen Räumen der Kirche, der Sakristei, dem Sommerrefektorium, dem Festsaal und den Fürstenzimmern gilt die Stiftsbibliothek als einer der Höhepunkte jeden Rundganges. Die alte Bibliothek wurde, wie bereits erwähnt, 1624 beim Großbrand zur Gänze vernichtet. Bis 1770 waren die spärlichen Bücherbestände in einem rechteckigen Raum im Obergeschoss des südlichen Stiftsflügels untergebracht. 1770 wurde unter Propst Ambros mit der Errichtung eines eigenen großen Bibliothekssaales im Erdgeschoss des Konventtraktes begonnen. Am Gebäudeäußeren ist der bauliche Eingriff nicht erkennbar. Doch im Kreuzgang weist ein virtuos komponiertes Marmorportal des Salzburger Meisters Jakob Mösl (1771) mit der in Stein gehauenen Inschrift *Bibliotheca* auf die große Bedeutung des Raumes hin; es öffnet den Zugang zur Bibliothek. Der ziemlich lang gestreckte, niedrige Raum ist mit einem flach lagernden korbbogenförmigen Tonnengewölbe ausgestattet, dessen Stichkappen sich im Mittelscheitel fast zu vereinen scheinen. Obwohl der Raum auf den Besucher zunächst etwas gedrungen wirkt, zieht die Deckenmalerei das Gesamt optisch in die Höhe. Sieben tiefe Fensternischen in der Südwand erhellen den Raum. Das Licht wird an den relativ einfach gehaltenen Bücherregalen reflektiert und schimmert an Boden und Decke wider. Dadurch wird eine sehr ästhetische Raumwirkung erzeugt, die den Nutzer der Bibliothek schon beim Betreten des Raumes auf die Welt der Wissenschaft einstimmt. Die Ruhe, die der Saal ausstrahlt und die in vielen Details mitschwingt, überträgt sich auf den Besucher.

Die bis zur Decke reichenden Bücherregale, die von geschnitzten Lisenen flankiert werden, gliedern den Raum auf unaufdringlich vornehme Weise. Auch die Stirnseiten sind von Repositorien vollständig verdeckt. Dadurch erhält der 27 Meter lange Raum eine wohl proportionierte Erscheinung und ein schlauchartiger Charakter wird vermieden. Die Höhenwirkung des Saales wird zusätzlich durch Dreiecksgiebel unterstrichen, die wiederum die kräftig geschnitzten Ausläufer der Bücherregale betonen. Der in verschiedenen hellen Schattierungen gehaltene Fußboden ergänzt dabei harmonisch die von Hell nach Dunkel wechselnden Bücherrücken. 26 Bücherschränke, die vom Grazer Josef Stöger angefertigt wurden, reihen sich hier aneinander. Freie Wandflächen, Fensterlaibungen und Decke zeigen heitere Malereien. Der Tiroler Meister Johann Nepomuk Schöpf schuf die gediegenen Bildwerke, die dem Raum eine edle Atmosphäre verleihen. Dargestellt sind im Mittelbild der heilige Ordensvater Augustinus als Bekämpfer der Häresien. Im Feld rechts davon sind die Geschichte der Gründung des Stiftes und die Ankunft der ersten Chorherren aus Sachsen zu sehen, links davon die Schenkung des Zehents in den niederösterreichischen Pfarren Bromberg und Pitten 1144 durch Erzbischof Konrad von Salzburg. An der westlichen Schmalseite ist ein Porträt des berühmten Propstes Gerhoch gemalt, während an der östlichen Thomas von Kempen dargestellt ist. Die Fensterlaibungen sind mit Fantasieporträts von berühmten antiken Philosophen und Schriftstellern geschmückt. Die Räume zwischen den großen Fresken werden von Darstellungen bedeutender Kirchenlehrer und Theologen eingenommen. Darunter die großen lateinischen Kirchenfürsten Gregor, Ambrosius, Hieronymus und Augustinus.

An der Mittelachse des Saales stehen zwei niedrige, rund abgeschlossene, offene Bücherschränke, auf denen pultartige Vitrinen angebracht sind. Darin sind bedeutende Werke der Büchersammlung ausgestellt. In der Münchner Staatsbibliothek hat sich ein Katalog aus dem Jahre 1610 erhalten, der im Bibliotheksbestand von Reichersberg 250 Codices ausweist. Den Brand von 1624 haben jedoch nur wenige überstanden, so etwa acht Bände mit Werken von Propst Gerhoch. Da das Archiv und die Prälatur beim Großbrand von 1624 vor den Flammen gerettet werden konnten, besitzt Reichersberg heute noch etwa 2.000 alte Urkunden, von denen die älteste aus dem Jahre 1137 stammt. Die Buchbestände umfassen insgesamt etwa 25.000 Bände – bescheiden im Vergleich zu anderen Häusern, dennoch stellt die Stiftsbibliothek von Reichersberg ein Denkmal großer Gelehrter und aktiver Wissenschaftspflege dar. Heute ist das Kloster durch das Bemühen der Chorherren nicht nur ein touristisches Zentrum, sondern auch ein Mittelpunkt gepflegter Geistlichkeit. Zahlreiche Seminarveranstaltungen und Angebote innerhalb der Klostermauern halten den Geist, der seit der Gründungsphase den Aufbau des Stiftes bestimmt, lebendig. Aus dieser Tradition leben und wirken die Reichersberger Chorherren.

Schmuckinitialen mit Rankenwerk in einem kostbaren Psalter der Stiftsbibliothek Reichersberg

STIFTSBIBLIOTHEK ST. FLORIAN

Es gehört sich, dass der Leser an ein zu lesendes Buch so herangeht, wie der wohlerzogene Gast zu einem Gastmahl zu gehen pflegt.

ERASMUS VON ROTTERDAM

Einer der volkstümlichsten Heiligen Österreichs ist der heilige Florian. Ob auf Feuerwehrhäusern oder an Brücken – die Gestalt des römischen Söldners mit dem Krug in der Hand ist berühmt geworden. Seinen Namen trägt das herrschaftliche Stift St. Florian in Oberösterreich, das zu den großartigsten Klosterpalästen Europas zählt. In dem Buchenwäldchen, in dem der Leichnam St Florians einst bestattet wurde, liegen den schriftlichen Urkunden zu Folge, auch die Wurzeln des Stiftes. Schon um 800 wird die Ruhestätte des Heiligen erwähnt und aus einem Erbschaftsbrief des 8. Jahrhunderts geht hervor, dass eine gewisse *Prunnihill* ihr gesamtes Vermögen dem Stift vermachte. Das Kloster dürfte in dieser Zeit sehr arm gewesen sein, denn immer wieder sorgten durchziehende ungarische Streifscharen dafür, dass die Arbeit der Ordensleute zunichte gemacht wurde. Die meiste Zeit dürfte das damals noch bescheidene Klösterchen leer gestanden sein. Denn immer wieder mussten die Brüder in der massiven Ennsburg Zuflucht suchen. Erst die berühmte Schlacht am Lechfeld 955 sorgte für gesicherte politische Verhältnisse und damit für ein Gedeihen des Klosters. Während der Zeit des Investiturstreites und in den Jahrzehnten zuvor dürfte auch St. Florian von der allgemeinen Krise der Klöster betroffen gewesen sein. Solche düsteren Zeiten riefen immer wieder Reformatoren auf den Plan, die eine „Bekehrung der Sitten" forderten. Cluny war eines der großen Zentren. Auch der mächtige Passauer Bischof Altmann wurde von diesem Geist ergriffen und leitete im 11. Jahrhundert eine grundlegende Reform des Stiftes St. Florian ein. Gegen Ende des 13. Jahrhunderts löste eine gotische Kirche den romanischen Sakralbau ab, aber auch diese erlebte 1630 eine Umwandlung in ein barockes Gotteshaus. Gerade in der Zeit des Dreißigjährigen Krieges, da Europa der Verwüstung anheim gefallen war, erfuhr das Stift St. Florian einen gewaltigen Aufstieg. Die Wissenschaft blühte und die Augustiner Chorherren beschäftigten sich mit den schönen Künsten und übten sich in allerlei wissenschaftlichen Disziplinen. Unmittelbar nach der zweiten großen Türkenbelagerung Wiens 1683 entschied sich Propst David Fuhrmann zum Neubau

Monumentales Barock: die Westfassade von St. Florian

Ein prachtvolles Bücherparadies, das in Buchstaben und Worten den Atem vergangener Generationen lebendig erhält.

einer gewaltigen Klosteranlage. Den Gesamtplan erstellte der aus Mailand stammende Carlo Carlone, der von 1686 bis 1708 das neue Stiftsgebäude und die Kirche errichtete. Ein zweiter großer Architekt, Jakob Prandtauer gestaltete von 1708 bis 1726 die 204 Meter lange Westfront und das imposante über drei Geschosse reichende Portal. Dem genialen Geist Prandtauers entsprang auch das eindrucksvolle Stiegenhaus mit den offenen Stiegenläufen und Loggien, das im Rohentwurf allerdings auf Carlone zurückgeht. Obwohl mehrere Meister an St. Florian arbeiteten, wirkt das Werk nicht zerrissen, sondern mündet in eine grandiose Komposition. Zwischen 1744 und 1747 erfolgte schließlich die Vollendung der Stiftsanlage durch die Errichtung der Bibliothek. Meister Gotthart Hayberger zeichnete für den aufwendigen Zubau verantwortlich. Auch die Kirche erlebte mehrere Ausbauphasen, die ihre Krönung schließlich in der Errichtung der riesigen Orgel im Jahre 1770 unter Propst Matthäus Bogl fanden. Im 19. Jahrhundert spielte an dieser Orgel der berühmte Anton Bruckner, dessen Name das Instrument heute trägt. Das 19. Jahrhundert gilt als ein Zeitalter der Wissenschaften und theologischen Leistungen, aber auch der Musik. Neben Anton Bruckner waren es vor allem die Stiftsherren selbst, die sich in ihrem musikalischen Wirken hervortaten.

Pracht und Glanz der St. Florianer Bibliothek erstaunen nicht nur den Kunstkenner, der sich auf die Spuren barocker Architektur begibt, sondern auch den interessierten Laien, der schließlich gebannt vor den Ergebnissen eines sprühenden menschlichen Schöpfergeistes steht. Er taucht gleichsam ein in eine andere Welt, die in Buchstaben und Worten den Atem vergangener Generationen lebendig erhält. Einmal mehr bestätigt sich hier das Buch nicht bloß als ein Relikt vergangener Zeiten, sondern als ein Dokument menschlichen Bemühens um das Erfassen von Natur und Kosmos. Eine Symphonie der Universalität schwingt sich von einem zum nächsten Bücherregal, erfüllt mit leisen Klängen den prachtvollen Bibliotheksraum. Und über all dem gesammelten Wissen, das säuberlich geordnet in bis auf den letzten Platz gefüllten Regalen dargeboten wird, spannt sich der Himmel Bartolomeo Altomontes, der 1747 das Deckengemälde schuf. Als eine Hochzeit zwischen Tugend und Wissenschaft mag dieses kunstvolle Werk aufgefasst werden. Hinter der scheinbaren Offenbarung einer grenzenlosen Phantasie steht allerdings ein detailliert durchdachtes Programm: Die Wissenschaft soll sich zwar entfalten, jedoch nicht frei von aller moralischen Verpflichtung sein. Wofür diese Vermählung mit der Tugend garantiert. Und angesichts dessen, dass diese Vermählung vor dem Schöpfergeist und der personifizierten Kirche stattfindet, wird der menschliche Forschergeist eingebunden in eine christliche Glaubenslehre und eine damit unzertrennbare Wertvorstellung. Der „Ehebund" wird vor der Religion geschlossen und die personifizierten Tugenden bringen ihre Brautgeschenke: Der Glaube präsentiert das brennende Herz des Kirchenlehrers Augustinus, die Weisheit dessen Feder, die Liebe die Brautringe. Mit den Brautkränzen eilen Hoffnung und Fama herbei und setzen sie den Vermählten aufs Haupt. Die wichtigsten Tugenden und Wissenschaften sind als Gratulanten versammelt und lockern in bewegten Allegorien die Szene auf. Der Irrtum wird durch die Klugheit gestürzt, ebenso der Müßiggang und die Unwissenheit. Der strahlende Himmel soll durch dunkle Gestalten nicht verdunkelt werden und alle Laster werden daraus verbannt. Schwebende Genien schütten das Füllhorn der Segnung aus. Um das Mittelbild versammeln sich die verschiedenen Wissenschaften in allegorischen Gestalten (Heraldik, Sammeleifer, Poesie, Pflanzenkunde, Zeitrechnung, Geschichte, Beredsamkeit, Sprachwissenschaft, Chemie, Astronomie, Erdkunde und Mathematik) und die Brustbilder herausragender Persönlichkeiten. Dass von außen nach innen an Licht gewinnende Kunstwerk gipfelt schließlich im hellsten Punkt in der Darstellung der Taube, dem Symbol des Heiligen Geistes. Durch die Darstellung des Geistes als göttliche Weisheit, soll der Zielpunkt allen irdischen Strebens zum Ausdruck gebracht werden. Die reizvolle Architekturmalerei, die den Spiegel der Decke umgibt, stammt von Antonio Thassi und ist mit 1747 bezeichnet. Ein Bozetto in der Gemäldegalerie aus der Hand von Altomonte diente als Vorlage für diese grandiose Deckenmalerei.

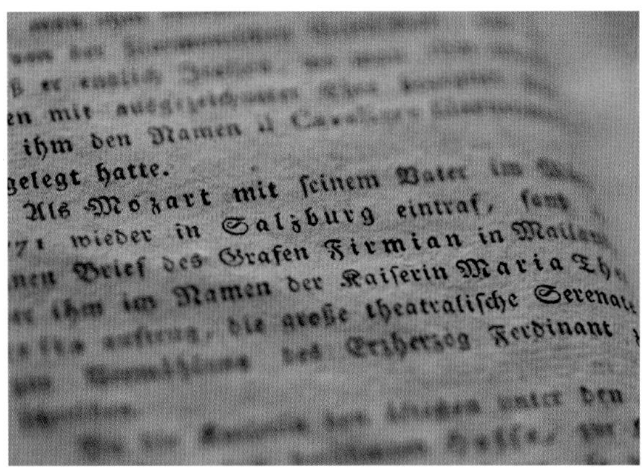

Aus vergilbten Seiten sprechen Namen und Schicksale.

Durch eine an der Stirnseite in den Regalen verborgene Türe gelangt man in den Bereich der Galerie; die Brüstung ist mit kraftvollen spätbarocken Ornamenten ausgestattet und wirkt in ihren Durchbrechungen nicht aufgesetzt, sondern kunstvoll integriert. Die reich intarsierten Bücherregale, Werke des Tischlermeisters Johann Christian Gegg (1747–1750), reichen bis an den Ansatz des Gewölbes und überschneiden diesen. Die Vergoldungen von Ornament und mit Buchstaben versehenen Aufsätzen an den Regalen betonen die herrschaftliche Wirkung des Lesesaales. Bei der Aufstellung der Bücher wurde keine Rücksicht auf unterschiedliche Buchrücken genommen geworden, sehr bewusst akzentuieren die verschiedenen Farben und Formate eine unrhythmische Bewegung. So hat der Bücherfreund beim Betreten des Saales nicht den Eindruck, als ob er ein

Museum der Schreibkunst betrete, sondern vielmehr fühlt er sich angesprochen von der Lebendigkeit der Bibliothek. Der diagonal verlegte Kehlheimer Steinboden wirkt in einer warmen Graubraunschattierung, die durch das Spiel des Lichtes in bezaubernde Aktion versetzt wird. Über fünf durchlaufende große Fenster erhält der Raum so viel Licht, dass er freundlich wirkt. In der Mitte des Saales sind vier barocke Bücherschränke in Tischhöhe zur Unterbringung größerer Formate aufgestellt. Im zweiten Obergeschoss befindet sich in räumlichem Zusammenhang mit dem Hauptsaal der sogenannte „Bildersaal" für die Unterbringung der Gemäldesammlung. Dieser Saal, sowie sieben weitere kleine Räume sind heute für Studierzwecke reserviert.

Gegen Ende des 13. Jahrhunderts war St. Florian ein bedeutendes Zentrum der Buchmalerei. Aus dieser Zeit haben sich im Donauraum kaum Beispiele erhalten, umso interessanter ist es, dass St. Florian über einige Prachtfolianten aus dieser Zeit verfügt, die eindrucksvolle Höhepunkte mittelalterlicher Buchkunst darstellen. Das älteste St. Florianer Missale aus der zweiten Hälfte des 13. Jahrhunderts lehnt sich stilistisch an die Arbeiten süddeutscher Skriptorien an und führt diese Tradition zu einem neuen Höhepunkt. Ein Meister, der offensichtlich von Frankreich beeinflusst war, wandte sich dann in seinen Honorius-Illustrationen von 1301 (Cod. XI, 80) dem gotischen Figurenstil westlicher Prägung zu und bestimmte den Stil einer ganzen Buchmalergeneration.

Die reich intarsierten Bücherregale reichen bis an den Ansatz des Gewölbes.

Der hohe Stellenwert der St. Florianer Malerschule wird schon allein in der Berufung des Honorius-Meisters nach Stein deutlich. Durch Empfehlung zahlreicher Kirchenfürsten kamen die Maler aus St. Florian weit herum. Der Kremsmünster Abt Friedrich von Aich, ließ 1310 eine so genannte „Riesenbibel" in St. Florian malerisch verzieren. Fünf Jahre später wandten sich die Chorherren von St. Nikola in Passau an das Stift St. Florian und ließen hier eine weitere prachtvolle Bibelhandschrift anfertigen, die heute im Wawel-Museum zu Krakau bewundert werden kann. 1320 malte der Meister der Passauer Bibel das Kanonbild des berühmten Missales von Wilhering, das heute als eines der Hauptwerke der österreichischen Buchmalerei bezeichnet werden kann. Durch die Aufnahme von Malern, die aus der Gegend um Bologna stammten, gelangten dann kurz vor 1320 italienische Einflüsse nach St. Florian, die sich auch in der Buchmalerei niederschlugen. Bereits das Wilheringer Messbuch ist mit italienischen Dekorelementen geschmückt und zwei St. Florianer Prachtmissale dokumentieren den Höhepunkt dieser „italienischen" Schaffensperiode. Obwohl in St. Florian der italienische Stil noch eher unterschwellig ist, wird eine Anlehnung an die Kunst Giottos dennoch sehr deutlich. In den 30er-Jahren des Jahrhunderts verlor die Malerschule von St. Florian an Bedeutung und kam schließlich ganz zum Erliegen.

Insgesamt verfügt die St. Florianer Bibliothek heute über 130.000 Bände, dazu 800 Handschriften und etwa 800 Inkunabeln. Der älteste Druck, eine Bibel, stammt aus dem Jahre 1473. Die ältesten handgeschriebenen Codices sind dem 9. und 10. Jahrhundert zuzuordnen. Zu den weiteren Zimelien zählen u. a. eine *Biblia pauperum* aus der Zeit um 1310, ein Kaiserchronikfragment (um 1200) sowie das so genannte *St. Florianer Steinbuch* vom Anfang des 15. Jahrhunderts.

STIFTSBIBLIOTHEK SCHLÄGL

Ein Buch ist wie ein Garten, den man in der Tasche trägt.

ARABISCHES SPRICHWORT

Weltbekannt ist das Bier, das in Schlägl gebraut und dessen alte Rezeptur sorgsam verwahrt wird. Doch nicht nur das aus Hopfen und Wasser gewonnene kühle Getränk, das schon viele Genießer berauschte, sondern auch das Ensemble der Stiftsanlage, das sich über mehrere Höfe erstreckt, macht trunken durch die überschäumende Stilgewalt des Barock.

1218 kamen die ersten Prämonstratenser Chorherren aus Niederbayern und errichteten am linken Ufer der Mühl eine Klosteranlage. Die erste Klosterkirche nahm sich bescheiden aus und war, aus Stein errichtet, dem romanischen Ideal entsprungen. An der Südseite der Kirche schmiegte sich das Kloster an einen kleinen Kreuzgang.

Grenzgebiete entpuppten sich im Laufe der Geschichte immer wieder als schwer umfehdete Zonen. Die kriegerischen Ereignisse gingen auch hier im oberen Mühlviertel an Land und Leuten nicht spurlos vorüber und zogen auch die Gebäude in Mitleidenschaft. Drohende Einfälle der Hussiten waren in der ersten Hälfte des 15. Jahrhunderts Anlass dafür, dass man das Kloster zu Verteidigungszwecken mit einer Wehranlage ausstattete. Aus dieser Zeit erhalten ist der Rundturm. Ende des 16. Jahrhunderts machte die Baugeschichte der Abtei einen gewaltigen Schritt voran. Damals kamen gewisse feudale Elemente hinzu, wie die so genannte „Alte Propstei", die die herausragende Stellung des Propstes unterstreichen sollte. Ebenfalls in dieser Zeit wurde die dem heiligen Vitus geweihte spätgotische Kapelle errichtet. 1626 überrannten die aufständischen Bauern das Kloster und brandschatzten alle dazugehörigen Gebäude. Im Zuge des Wiederaufbaus fanden einige grundlegende bauliche Veränderungen statt.

Obwohl noch mehrmals – nach den Bränden von 1702, 1739 und 1801 – in das Erscheinungsbild der Klosteranlage eingegriffen wurde, konnte sich das Stift bis heute eine gewisse Atmosphäre aus der Gründungszeit erhalten. Zuletzt brannte es 1850. Diesem Feuer fielen alle Dächer zum Opfer. Im Anschluss an die Renovierungsarbeiten wurden der erste und der zweite Stock des Westtraktes erweitert. Die Ausbauarbeiten wurden in der zweiten Hälfte des 19. Jahrhunderts fortgesetzt. Nicht nur die wiederholten Brände setzten dem Kloster zu, sondern auch die allgemein wirtschaftlich

Geistiges Zentrum des oberen Mühlviertel: Stift Schlägl

Zehn berühmte Gestalten der christlichen Geistesgeschichte wachen über die Bücherschätze in Stift Schlägl.

schwierige Lage im 16. und 17. Jahrhundert hinterließ im Stift Schlägl Spuren. Ähnlich wie bei anderen Abteien kam das klösterliche Leben beinahe zum Erliegen. Erst unter Prälat Crispin (1609–1622) erfolgte der weitgehende Neubau der Klostergebäude.

Nach den Wirren der oberösterreichischen Bauernaufstände war es Abt Martin Greyssing aus Mellau im Bregenzer Wald (1627–1665), der sich als „zweiter Gründer" um das Stift verdient machte. Einerseits bemühte er sich, die bestehende Bausubstanz zu erhalten, indem er diese fachgerecht sanieren ließ, andererseits versuchte er seine eigenen Ideen und Vorstellungen umzusetzen. Unter seine Regentschaft fällt auch die Gründung einer Glashütte im Einflussbereich des Stiftes. Nach dem Brand von 1702 entstand ein neuer Südtrakt. 1941 erfolgte die Enteignung durch die Nationalsozialisten; nach dem Abzug der sowjetischen Besatzung konnten die Chorherren 1946 in das Kloster zurückkehren.

Ein eigener Raum für die Büchersammlung wurde erstmals am Ende des 15. Jahrhunderts geschaffen, als das Klostergebäude wesentlich vergrößert werden sollte. Die unzähligen kriegerischen Auseinandersetzungen und die damit verbundenen Unruhen dezimierten in der folgenden Zeit die Bücherbestände stark, einige wertvolle Codices gingen verloren. Die Büchersammlung dürfte fortan niemals sehr bedeutend gewesen sein, und auch das diesbezügliche Interesse der Chorherren scheint durch zahllose Probleme, mit denen sie konfrontiert waren, eher ins Hintertreffen geraten zu sein.

Erst Ende der 20er-Jahre des 19. Jahrhunderts griff man den Gedanken eines eigenen Bibliotheksraumes auf und schuf im Obergeschoss des östlichen Traktes einen Lesesaal von 25 Meter Länge, 10 Meter Breite und 8 Meter Höhe. Durch Gurten wird der Saal in fünf Joche gegliedert. Dazwischen entstanden zehn muldengewölbte Felder, die der Aufnahme berühmter Gestalten aus der christlichen Geistesgeschichte dienten, für die der Münchner Maler August Palme die Entwürfe lieferte. Zur Ausführung gelangte diese Konzeption 1817 durch den Maler Ferdinand Weiß aus Ried im Innkreis. Erst 1852 wurde die barocke Einrichtung vollendet. Die offenen Wandregale mit tiefen Fensternischen sowie die umlaufende Galerie sind Werke des damaligen Stiftstischlers Anton Simmel. Der Raum kann nicht verleugnen, dass große Stiftsbibliotheken wie jene von St. Florian für ihn Pate standen. Besonders kunstvoll gearbeitet sind die beiden an den Stirnseiten des Saales angebrachten Tafeln, die mit kostbaren Intarsien ausgestattet sind. Sie schließen zugleich die Bücherregale zu den Schildbögen hin ab und zeigen jeweils das Klosterwappen und das persönliche Wappen des Abtes. Die Bücherschränke erhalten durch flache Lisenen, die an den Lichtöffnungen übereck gestellt sind, eine vornehme Gliederung. Die Lisenen mit vergoldeten Kapitellen setzen sich auch im oberen Bereich der Galerie fort.

Der berühmte Dominikaner Albertus Magnus ist einer der von Ferdinand Weiß zitierten Ahnherrn mönchischer Gelehrsamkeit.

Heute umfasst die Schlägler Stiftsbibliothek etwa 90.000 Bände, die Genese des Bücherbestandes lässt sich jedoch nicht genau rekonstruieren. Die ältesten Werke stammen sicher aus dem Mutterkloster Mühlhausen und sind den Mönchen für die Neugründung mitgegeben worden. Wie bei Klostergründungen üblich, war der Erstbestand der Bücher für den liturgischen Gebrauch bestimmt: Texte für die Feier der Heiligen Eucharistie und das Chorgebet. Da sich die Mönche in den Anfängen vor allem der Kultivierung der Landschaft widmeten, ist anzunehmen, dass wissenschaftliche Tätigkeiten zunächst hintangestellt waren. Erst als sich um die Mitte des 15. Jahrhunderts die wirtschaftliche Gebarung des Klosters stabilisiert hatte, kam es zu einer Erweiterung des Horizonts, und das Interesse an der Pflege der Wissenschaft rückte zunehmend ins Blickfeld. So erwarb Propst Andreas I. Rieger die gesamte Bibliothek des Humanisten Johann von Rabenstein. Außer dieser Sammlung kaufte der Propst noch einige Codices, die von ihm eigenhändig signiert wurden. Wie andere Klosterbibliotheken erfuhr auch jene von Schlägl bedeutende Zuwächse durch Schenkungen.

Das 16. Jahrhundert war geprägt von einem häufigen Wechsel der Stiftsvorsteher. Propst Andreas Schueschitz besaß eine stattliche Anzahl von Büchern, wurde aber 1568 abgesetzt und starb 1577 als Pfarrer von Raabs in Niederösterreich. Dass damals einige Bücher aus der Bibliothek verschwanden, ist wahrscheinlich. Visitationsberichte aus dem 16. Jahrhundert bestätigen den Verdacht, dass Bücher zu dieser Zeit in den Stiften nicht besonders geschätzt wurden. In einem Inventar von 1576 findet sich eine Nachricht über die Schlägler Stiftsbibliothek: Der größere Teil der Bücher war in der oberen Sakristei untergebracht, wo sieben Stellagen mit geschriebenen und gedruckten Werken standen; ein kleinerer Teil wurde in einer Stube neben der Sakristei, die liturgischen Bücher in der unteren Sakristei verwahrt. In den Räumlichkeiten des Propstes befand sich ebenfalls ein Bücherschrank – *darynn allerley Pucher.* Von Propst Mathias Schuemann, der ein großer Liebhaber der Buchkunst war, ist ein detaillierter Bericht über seine Sammlung erhalten.

Der Stiftstischler Anton Simmel schuf die offenen Wandregale sowie die kunstvoll gearbeitete umlaufende Galerie.

Während die Bibliothek von 1576 zusammen mit den wertvollen Paramenten und dem Kirchensilber in der oberen Sakristei noch deutlich den Charakter einer Schatzkammer trägt, wird 1608 schon von einem Gebrauchsraum gesprochen. Am Beginn der Gegenreformation entfaltete man in Schlägl eine rege Sammeltätigkeit. Wie aus Vermerken hervorgeht, wurden zahlreiche Bücher angeschafft. Eine bedeutende Rolle für das Aufblühen der Bibliothek spielte Propst Wenzeslaus Zypser, der sich besonders bemühte, den Wissenshorizont seiner Konventualen zu erweitern. Man sagt, dass es kein Buch in der Bibliothek gegeben habe, das er nicht gelesen hätte. In vielen Büchern finden sich Randanmerkungen, die von seiner Hand stammen. Der Propst war auch ein strenger Zensor, der alles, was ihm nicht hieb- und stichfest schien, aus den Büchern entfernte. Ein gutes Beispiel dafür gibt eine Handschrift mit Werken des Ovid.

Aus einem Inventar der kaiserlichen Inventurkommission von 1608 geht hervor, dass sich damals 364 Bücher in der Bibliothek befanden. Durch die Bauernunruhen fand die Sammel- und Aufbautätigkeit ein jähes Ende: Am 21. Oktober 1626 stürmten die aufständischen Bauern das Kloster und plünderten und raubten, was ihnen wertvoll erschien; das Gebäude brannte vollkommen nieder. Auch Bücher wurden von den Bauern gestohlen, doch sicherlich nicht aus Wissbegierde – es ist vielmehr anzunehmen, dass die Miniaturen und Initialen aus den Büchern herausgeschnitten und als Trophäen an Hüte oder Kleider geheftet wurden. Für den Bücherfreund eine wahrlich schmerzliche Vorstellung! Als das Heranziehen der aufständischen Bauern bekannt geworden war, war der damalige Abt Martin Greyssing nach Böhmen geflohen und hatte die wertvollsten Dinge mit sich genommen, darunter waren wohl auch kostbare Handschriften.

Abt Greyssing, die treibende Kraft während des Wiederaufbaus, bemühte sich auch um die Neuerrichtung einer Bibliothek. Die Zahl der Bücher nahm stetig zu – so gelangten 1818 etwa 4.500 Bände aus dem Nachlass des Pfarrers Anton Freiherr von Berchen in den Besitz des Klosters. Erbschaften und Zukäufe trugen dazu bei, dass der Bücherbestand rasch wuchs. Heute sind in der Stiftsbibliothek Schlägl neben den 90.000 Druckwerken 280 Handschriften und 390 Inkunabeln vorhanden. Zu erwähnen sind zwei schöne Erdgloben des bedeutenden altösterreichischen Militärkartografen Joseph Jüttner (1775–1848) aus dem Jahre 1839, die in den Bibliotheksräumen aufgestellt sind.

STIFTSBIBLIOTHEK SCHLIERBACH

In Büchern liegt die Seele aller vergangener Zeiten.

THOMAS CARLYLE

Es ist keine Seltenheit, dass aus den stolzen Burgen großer Rittergeschlechter Klöster geworden sind. Eine solche Ritterburg war einst auch das Stift Schlierbach – der letzte Besitzer der Festung, Graf Eberhard von Wallsee, errichtete 1355 eine Stiftung zugunsten der Zisterzienserinnen.

Das Kremstal war schon früh besiedelt worden: von den Illyrern, den Kelten, den Römern. Um 700 geriet das Gebiet in den Einflussbereich der bayerischen Kolonisation. Mit der Schenkungsurkunde von Kaiser Heinrich II. (1002–1024) übernahm 1006 der Salzburger Erzbischof die Oberhoheit über das Territorium. Im 12. Jahrhundert setzte sich jedoch der Bamberger Erzbischof immer mehr durch und drängte Salzburg in den Hintergrund. Der Besitz Schlierbach war zunächst von Salzburg einem freien Geschlecht übertragen worden; 1353 gelangte die Herrschaft schließlich nach mehrfachem Besitzerwechsel an Eberhard von Wallsee. Der Einfluss des Bamberger Hochstiftes muss damals bereits sehr schwach gewesen sein, denn in der Stiftungsurkunde vom 22. Februar 1355 ist von diesem nicht mehr die Rede.

Die Nonnen von Schlierbach kamen aus der schwäbischen Heimat des Stifters, aus dem Kloster Baindt bei Ravensburg. Wenig wissen wir über die Gestalt des damaligen Gebäudes. Dass es in der Burg bereits eine Kirche gegeben hat, kann urkundlich nachgewiesen werden. In der ältesten Geschichte des Klosters Schlierbach aus dem Jahre 1676 findet man eine Zeichnung vom Kloster und von der Kirche. Die Blütezeit des Frauenklosters war jedoch bald vorüber. Nach 1500 setzte der Niedergang ein – verständlich, wenn man bedenkt, dass die Reformation Martin Luthers in Oberösterreich auf fruchtbaren Boden fiel. Die auf der nahe gelegenen Burg Alt-Pernstein residierenden Jörger waren glühende Anhänger der neuen Lehre. Die Zahl der Mitglieder der Klostergemeinschaft nahm gewaltig ab, und da nun bald auch massive wirtschaftliche Schwierigkeiten auftraten, kann man ab 1556 praktisch von einer Auflösung des Konventes sprechen. Die letzte Klostervorsteherin

Aus der Ritterburg des Mittelalters wurde eine prächtige barocke Stiftsanlage.

Über der Grundform eines lateinischen Kreuzes errichtet, beeindruckt der Kuppelbau durch seine Weite und großzügige Architektur.

Margaretha Fridtbergerin wurde niemals bestätigt und war ab 1556 vollkommen entrechtet; trotzdem nannte sie sich bis zu ihrem Tod 1563 Äbtissin. Das Kloster stand fortan unter der Administration verschiedener umliegender Stifte.

64 Jahre lang dauerte diese Form der Verwaltung, ehe 1620 der Prior von Rein mit zwei Patres nach Schlierbach entsandt wurde, um hier ein Kloster der Zisterziensermönche zu errichten. Unter mehreren baufreudigen Äbten erlebte das Kloster am Ende des 18. und am Beginn des 19. Jahrhunderts einen neuen Aufschwung. Der alte Bau wurde durch die Architekten Carlo Antonio und Pietro Francesco Carlone nach den „modernen" Gesichtspunkten der Barockarchitektur verändert. In dieser Zeit entstanden auch der mächtige Turm über dem Klostertor, die Kirche, der Festsaal, die Bibliothek und der Kreuzgang. Federführend bei der Ausstattung der Gebäude war die italienisch-schweizerische Künstlerfamilie Carlone.

Die Reformen von Joseph II. brachten für Schlierbach zwar nicht die Aufhebung, doch beeinträchtigte die neue Kirchenpolitik des Regenten die Moral der Gemeinschaft. Erst Abt Dr. Alois Wiesinger (1917–1955) leitete ein neues Zeitalter des Aufbruchs ein. Während seiner Zeit entstand die berühmte Käserei, deren köstliche Produkte heute noch den Namen des Stiftes Schlierbach in alle Welt hinaustragen.

Der ursprüngliche Bauplan für das Stift dürfte mehrfach verändert worden sein. In der *Topographia Austriae Superioris* von Georg Matthäus Vischer findet man eine Darstellung des alten Klosters. Ab 1672 wurde mit dem Neubau der Stiftsanlage begonnen. Nach dem Plan Carlones wären die Kirchlängsachse und die Klosterhauptachse zusammengefallen. Zwei Türme sollten die Mitte des Nord- und Südtraktes flankieren. 1685, nach der Errichtung der Kirche, hat man einige dieser Pläne allerdings nicht weiterverfolgt. 1712 wurde die neue Bibliothek vollendet. In der Mitte der Ostseite liegt der ca. 200 m^2 große Saal, der den Bücherschatz des Klosters beherbergt. Etwa 12.000 Bände befinden sich in diesem Bibliotheksraum, der durch seine Weite und großzügige Architektur beeindruckt. Er ist über der Grundform eines lateinischen Kreuzes errichtet, wirkt in sich geschlossen und ähnelt in seiner Form dem Rundbau einer Kuppelkirche. Die großzügig eingesetzten scheinarchitektonischen Elemente verstärken den räumlichen Eindruck der gewaltigen Zentralkuppel.

Spiegelt die Fantasie einer fernen Zeit wider: zoomorphe Schmuckinitiale in einem Psalterium, 11. Jahrhundert

In den Zwickeln sitzen auf Konsolen die Gestalten der vier lateinischen Kirchenfürsten Gregor der Große, Hieronymus, Augustinus und Ambrosius. Der Plan für die innenarchitektonische Gestaltung könnte durchaus von Carlo Antonio Carlone stammen, wer die Pläne des großartigen Architekten letztlich zur Ausführung brachte, wissen wir nicht bestimmt; es wird allerdings vermutet, dass Johann Michael Prunner der Schöpfer dieses Meisterstückes ist. Stuckdekorationen und Wandmalereien ergänzen sich stilvoll. Eine auf 22 korinthischen Säulen ruhende Galerie umschließt den Kuppelsaal und ist mit kunstvollen schmiedeeisernen Gittern dekoriert. In der Mitte der Kuppel gibt ein rundes Feld die Sicht zum Himmel frei. Das Blau der Himmelsdarstellung versinnbildlicht eine Verlängerung des Irdischen in den himmlischen Bereich. In einer architektonisch kunstvoll gearbeiteten

Säulenhalle, die vier fensterartige Ausnehmungen aufweist, fügte der Künstler Szenen aus dem Alten Testament ein, die in kräftigen Farben gehalten sind.

Heute zählt die Bibliothek des Stiftes Schlierbach etwa 45.000 Bände, davon sind laut Katalog 15.361 Werke der Zeit von 1500 bis 1900 zuzuordnen. Gut vertreten sind unter den Titeln des 16. Jahrhunderts protestantische Autoren – so finden sich neben einer Lutherbibel aus dem Jahre 1550 und zahlreichen Flugschriften Luthers auch einige Werke des Schweizer Reformators Johann Calvin, darunter seine Schrift gegen die Wiedertäufer *Brevis instructio muniendi fidelibus adversus errores sectae Anabaptistarum* (Straßburg 1546) und die *Institutio christianae religionis* (Lyon 1585). Einen auffallend breiten Raum nehmen in Schlierbach naturwissenschaftliche Werke ein: Die Erstausgaben von Johann Keplers *Epitomes Astronomia Copernicanae* (Linz 1620) und *Epitomes astronomicae* (Frankfurt/Main 1621) zählen ebenso dazu wie ein umfangreicher Bestand an medizinischen Werken, darunter die *Omnia opera* des Galenus (Basel 1542) und die 12 *Bücher darinn alle Geheimnüß der Natur* eröffnet (München 1570) oder Kuriosa wie eine – für Schlierbach bezeichnende – *Caseologia. Das ist exemplarische Außmusterung aller und jeder auß und inländischer Käse* (Augsburg 1666). Liebhaber philologischer Kostbarkeiten stoßen hier u. a. auf die erste deutsche Gesamtübersetzung von Homers *Odyssee* (Augsburg 1573) durch Simon Schaidenreisser oder die Erstausgabe von Adalbert Stifters Erzählsammlung *Bunte Steine* (Pest 1853).

Der Handschriftenbestand umfasst 100 Codices, wobei sich darunter so bedeutende deutschsprachige Werke wie den *Belial* von Jacobus de Theramo (Codex I 23), das *Eckenlied* mit der Dietrich-von-Bern-Sage (Codex I 25) und die *Historia trium regum* des Johannes von Hildesheim (Codex I 16) befinden. Besonders kostbar ist der prächtige Codex 28 mit der Versdichtung *Der Welsche Gast* des Thomasîn von Zerklære. Der friulanische Moralist Thomasîn schrieb dieses erste monumentale Lehrgedicht des Mittelalters in deutscher Sprache im Winter 1215/16 – in mehr als 14700 Verse bietet es eine höfische Tugendlehre in zehn Büchern für einen jungen Adligen. Sie handelt von der Erziehung der Jugend, von Tisch- und Hofzucht, von Wissenschaft und Recht im Rahmen einer gottgegebenen Ordnung – ein Tema, das sich im Mittelalter großer Beliebtheit erfreute.

Die Inkunabelsammlung der Stiftsbibliothek weist 142 Titel aus, darunter sind so bedeutende Werke wie Sebastian Brants *Varia Carmina* und der *Sachsenspiegel* (Augsburg 1481).

BIBLIOTHEK DES BENEDIKTINERSTIFTS ADMONT

Einem Haus eine Bibliothek hinzuzufügen heißt, dem Haus eine Seele zu geben.

MARCUS TULLIUS CICERO

Eingebettet in die wilde Berglandschaft des Gesäuses liegt Stift Admont, ein grandioses Denkmal menschlicher Schaffenskraft und des wissenschaftlichen Geistes. Gründer dieses ältesten bestehenden Klosters der Steiermark war der Salzburger Erzbischof Gebhard, der 1074 in der Abtei das Blasiusmünster weihte. Hemma von Gurk, die berühmte Markgräfin von Friesach-Zeltschach, bedachte das Kloster mit reichen Dotationen und legte damit den Grundstein für ein funktionierendes monastisches und wirtschaftliches Leben.

Schon im Mittelalter war das Stift ein Zentrum des geistlichen, aber auch des kulturellen Lebens der Region. Den Höhepunkt ihrer Geschichte erlebte die Abtei im Zeitalter des Barock, als baufreudige und kunstsinnige Äbte ihre Geschicke lenkten. Zu dieser Zeit entstand neben einer gewaltigen Stiftsanlage, die heute noch auf alten Ansichten zu bewundern ist, eine Bibliothek, die mit einer Länge von etwa 30 Metern zu den größten ihrer Zeit gehörte. Im 18. Jahrhundert erfolgten große bauliche Veränderungen, für die zunächst Meister Gotthard Hayberger, der bereits in den Stiftsanlagen von Seitenstetten und St. Florian gewirkt hatte, gewonnen werden konnte. Hayberger ging allerdings nicht sehr ruhmreich in die Geschichte des Klosters ein: Gravierende Fehler führten zu seiner Entlassung und zur Beauftragung des Architekten Joseph Hueber (um 1715–1787), der schließlich federführend bei der Errichtung des Osttraktes und der neuen Bibliothek war, die heute den größten klösterlichen Bibliothekssaal der Welt beherbergt. Bald jedoch kam die Bautätigkeit zum Erliegen – die gigantischen Pläne blieben ein Torso. Dennoch galt das Stift als eines der mächtigsten und in der Synthese alter und neuer Bausubstanz als eines der schönsten der Steiermark.

Der Teufel trägt die Lesebrille und ein Buch am Rücken. Holzplastik von Josef Thaddäus Stammel.

Am 26. April 1865 vernichtete ein verheerender Brand einen Großteil der Klosteranlage und legte den Traumbau der barocken Kirchenfürsten in Schutt und Asche. Einzig der Trakt, in dem sich die Bibliothek befand, blieb verschont. Gleich dem Phönix aus der Asche entstand das Kloster neu, freilich in verän-

Ein „Bücherdom" von beinahe transzendentaler Raumwirkung: der größte klösterliche Bibliothekssaal der Welt in Admont.

derter Form. Die Kirche wurde auf den Grundmauern des alten Baues im neugotischen Stil wiedererrichtet, während manche Bereiche des früher verbauten Areals sich nun zu freien Höfen weiteten.

Wer den Bibliothekssaal von Admont betritt, ist zunächst überwältigt und hat das Gefühl, von einer eigenen Welt umschlossen zu sein. Die gewaltige Dimension des Raumes mit einer Länge von 70 Metern, einer Breite von 14 und einer Höhe von bis zu 12 Metern lässt den Betrachter vorerst verstummen – die mächtige Kulisse wirkt für sich. „Achtes Weltwunder" wurde der prachtvolle Saal oft genannt und dies nicht zu Unrecht: Bei genauer Betrachtung fällt einem die Vielgliedrigkeit und das phänomenale Konzept auf, das die Komposition des Raumes trägt. 60 Fenster sorgen dafür, dass der Saal von hellem Licht durchflutet ist und beinahe eine transzendentale Raumwirkung erreicht wird.

1773 dürften die eigentlichen Bauarbeiten abgeschlossen gewesen sein. In diesem Jahr wurde mit der künstlerischen Ausgestaltung begonnen, die 1776 ihre Vollendung fand. Ursprünglich bestand der Plan – angelehnt an die großen Vorbilder der Bibliotheken von Ottobeuren und Schussenried (Schwaben) – darin, einen Saal mit einer einheitlichen, durchgehenden Wölbung und einer von Säulen getragenen, umlaufenden Galerie zu schaffen. Davon ging man später allerdings ab und orientierte sich am Vorbild der großen Hofbibliothek in Wien.

Insgesamt sieben Kuppeln öffnen sich über den drei Teilräumen. Majestätisch wirkt der Zentralraum, der die Form eines Längsovals beschreibt. Weite Bögen verbinden dieses Kernstück mit den beiden Flügeln, die von jeweils drei elliptischen Kuppeln überragt werden. Häufig ist in der barocken bzw. spätbarocken Architektur die Trias anzutreffen, die einerseits einem theologischen Programm – der Dreifaltigkeit – dienlich sein sollte, andererseits eine beliebte architektonische Möglichkeit zur Auflösung von lang gestreckten Räumen darstellt. Die elegante Farbgebung der Bücherregale – in Weiß und Gold – vermittelt einen sehr lebendigen und luftigen Eindruck. Keineswegs hat man das Gefühl, dass die Schränke in den Raum hineingestellt sind, sondern vielmehr, dass sie mit diesem zu einer Einheit verschmelzen. Dennoch tritt der Mittelraum eigenständig hervor, indem seine zentrale Funktion durch zwölf Säulen aus Untersberger Marmor, aus denen die Gewölbe zu wachsen scheinen, betont wird. Während sich in den übrigen Abschnitten die Galerie an den Seiten entlangzieht und die horizontale Wirkung des Bibliotheksraumes unterstreicht, verzichtete Hueber im Mittelraum auf dieses architektonische Element.

Nicht allein als Beispiel höchster Baukunst kommt der Stiftsbibliothek von Admont eine ganz besondere Stellung zu. Bemerkenswert ist auch die ungewöhnlich große Anzahl von Skulpturen. Neben den Bücherregalen prägen die Schöpfungen des berühmten Barockbildhauers Joseph Stammel (1695–1765) den Saal. In den vierzig Jahren, in denen Stammel für das Stift Admont tätig war, schuf er eine ganze Reihe herausragender Schnitzarbeiten, zu denen neben den Figuren der Bibliothek auch die stimmungsvolle Weihnachtskrippe gehört, deren feierliche Öffnung jährlich festlich inszeniert wird. Stammel selbst war schon acht Jahre tot, als mit der künstlerischen Ausstattung der Bibliothek begonnen wurde. Der Bildhauer dürfte die Pläne dafür nie gesehen haben. Es ist daher erstaunlich, dass sich so viele Plastiken des Meisters im Bibliotheksraum befinden. Das wirft die Frage auf, ob schon bei der Auftragserteilung daran gedacht wurde, die Skulpturen später im Lesesaal aufzustellen oder ob man sich erst später dazu entschloss – eine Frage, auf die es wohl nie eine Antwort geben wird. Klar ist heute immerhin, dass sich alle Arbeiten Stammels, mit Ausnahme der „Vier letzten Dinge" – Tod, Jüngstes Gericht, Himmel und Hölle –, bereits zum Zeitpunkt der Vollendung der Bibliothek in dieser befanden. Schon zu Lebzeiten genoss Stammel einen ausgezeichneten Ruf, und es ist wohl als Ehrerweisung an den großen Künstler zu verstehen, dass ein großer Teil seines Œuvres in einem einzigen Raum zusammengefasst wurde. Die bronzefarbene Bemalung der Lindenholzschnitzereien schafft dabei einen gelungenen Kontrast zur lichten Ausstattung des Saales. Durch die Farbgebung des Skulpturenprogramms wird die Wirkung der Schnitzarbeiten unterstrichen und ins Monumentale geführt. Während der Raum selbst bereits deutlich die Formenklaviatur des Rokoko spielt, bringen die Stammel'schen Arbeiten noch einmal die gesamte Kraft des Barock zum Klingen.

Büsten bekannter Künstler schmücken die Konsolen der großen Bücherschränke.

Oberhalb der Portale, an den Stirnseiten, sind zwei prächtige Reliefs angebracht, die biblische Szenen zum Ausdruck bringen und sich dem Thema der Weisheit verpflichten. Das südseitige Relief greift ein Motiv aus dem Alten Testament auf: das berühmte Urteil König Salomos im Streit der beiden Mütter. Die „Suche nach Weisheit" wird in dieser Szene verkörpert. Die Königin von Saba kommt, um die Weisheit Salomos zu sehen. Die sehr volkreiche Darstellung ist von einer durchkomponierten Dynamik getragen und zeigt die Königin mit einem großen Gefolge vor dem Thron des Königs. Das orientalische Ambiente der Szene wird durch die prächtig gekleideten Höflinge der Monarchin unterstrichen. Dabei werden zwei biblische Bilder, die in zwei übereinander gelagerten Ebenen stattfinden, miteinander verbunden. Bindeglied ist die Gestalt des Herrschers, die vor einem aufgeschlagenen Buch sitzt. Das neutestamentliche Pendant bildet die Darstellung des lehrenden Jesus im Tempel. Die Bundeslade und die Gesetzestafeln weisen darauf hin, dass der Gottessohn gekommen ist, um die alttestamentlichen Verheißungen zu erfüllen.

Ebenfalls im oberen Bereich der Bibliothek befindet sich eine größere Gruppe von plastisch wirkenden Hochreliefs – insgesamt sind acht biblische Figuren dargestellt, die als Repräsentanten des Alten und des Neuen Testamentes gelten. Der Mittelraum verzichtet auf biblische Gestalten und zeigt die personifizierten Tugenden der Wahrheit, der Weisheit, der Klugheit und der Wissenschaft.

Zweifellos am berühmtesten sind die „Vier letzten Dinge", die den Hauptraum der Bibliothek dominieren. Dabei ist der Mensch als greiser Pilger dargestellt, der seinen Lebensweg vollendet hat und am Scheidepunkt dem Tod begegnet. Der Tod hat die Gestalt eines geflügelten Skeletts angenommen, dessen rechte Hand das Stundenglas umfasst. Das Jüngste Gericht wird als schöner Jüngling personifiziert, der soeben zu neuem Leben aufersteht. Sein linker Fuß berührt den Grabstein, auf dem ein Totenschädel und die Jahreszahl 1760 zu sehen sind. Über seinem Haupt spannt sich ein Regenbogen, auf dem Christus thront – der Auferstandene. Zu Füßen des Jünglings kauert ein Teufel, mit Brille auf der Nase und einem mächtigen Buch auf dem Rücken. Als Ankläger des Menschen hat der Teufel dessen Verfehlungen bekannt zu machen. Der Himmel wird in Form einer prächtig gekleideten Dame, über deren Haupt das Auge Gottes schwebt, gezeigt. Engel scheinen die Figur zu tragen. Einer der Engel trägt den Schlangenreif – das Symbol der Ewigkeit. Die Hölle ist als eine Furcht erregende männliche Figur mit einem fratzenhaft verzerrten Gesicht dargestellt. Auch hier deutet der Schlangenreif, in der rechten Hand des Mannes, die Unendlichkeit an. Eine grauenhafte Gestalt mit einem bocksartigen Kopf zieht den Mann, der sich zu wehren scheint, in den Rachen der Hölle. Die Symbole der Todsünden – kleine Köpfe – umgeben die dramatische Szene.

Kostbare alte Bücher – eine Verneigung des Menschen vor dem Schatz der Weisheit

An den Konsolen der großen Bücherschränke befindet sich eine stattliche Anzahl kleiner vergoldeter Büsten. Bei den insgesamt 68 individuell gestalteten Köpfen handelt es sich um die Darstellungen der – damals – vier bekannten Erdteile, der acht Sybillen und von vier Künstlern. Darauf folgen 36 Büsten von antiken, mittelalterlichen und neuzeitlichen Künstlern sowie von 16 Dichtern, Gelehrten und Politikern der Antike und der Neuzeit.

In dieses Feuerwerk plastischer Kunst fügt sich der siebenteilige Freskenzyklus von Bartolomeo Altomonte (1694–1783) vollkommen harmonisch ein. Altomonte war schon achtzig, als er das Werk begann, das er im Spätsommer 1776 vollendete. Die rahmende Ornamentmalerei stammt von Georg Dallicher. Erstaunlich ist, dass die Farben der sieben Kuppelfresken auch heute noch in voller Frische erstrahlen, obwohl sie niemals restauriert wurden. Das Grundthema, das sich durch das Gemäldeprogramm zieht, ist die innige Verbindung der Religion mit den Wissenschaften. Von jeher praktizierten

Die vor- und zurückschwingende Empore steht mit dem kunstvollen, mit goldenen Akzenten versehenen Gitter in vollkommenem Gleichklang.

die Klöster diesen Auftrag. Wenn auch die Admonter Bibliothek dieses in barocken Lesesälen vielfach zur Ausführung gelangte Thema aufgreift, so ist hier der Gedanke der Aufklärung bereits präsent. Im Mittelpunkt steht aber unangefochten die Offenbarung als Grundlage der christlichen Religion.

Heute allerdings liest der Besucher das Programm von Altomonte verkehrt herum, denn er betritt den Raum durch das Südportal, während früher der Zugang im Norden durch das Handschriftenkabinett erfolgte. Im ersten Abschnitt widmet sich Altomonte den Künsten und Techniken: Phoebus Apollo ist als Gott der Dichtung, aber auch des Lichtes dargestellt – umgeben von den neun Musen. Er tritt als Schirmherr der schönen Künste und als Lichtbringer auf, der ganz im Sinne des aufgeklärten Denkens die Unwissenheit vertreiben und dem Triumph des Verstandes zum Durchbruch verhelfen soll. Die zweite Kuppel greift das Thema Medizin und Naturwissenschaften auf, während in der dritten Theologie und Religion Platz gefunden hat. Die personifizierte Theologie ist eine weibliche Gestalt, die mit der Sonne auf der Brust abgebildet ist, davor das apokalyptische Bild des Buches mit den sieben Siegeln und dem Gotteslamm. Neben der Allegorie der Theologie ist die Taube des Heiligen Geistes zu sehen.

Der Hauptraum der Admonter Bibliothek präsentiert die Offenbarung als unbestrittenen Höhepunkt: Im Mittelpunkt des Freskos thront die personifizierte göttliche Weisheit, ihr zur Linken Mose mit den Gesetzestafeln als Repräsentant des Alten Testamentes, auf der rechten Seite eine weibliche Gestalt mit Tiara (Papstkrone), Buch und Schlüssel; diese Figur bringt die Kirche zum Ausdruck und steht gleichzeitig als Vertreterin des Neuen Bundes. Die drei nachfolgenden Kuppeln widmen sich der Jurisprudenz, der Geschichtsforschung und ihrer Disziplinen sowie dem Erwachen des Geistes im Denken und im Sprechen.

Es ist nicht übertrieben, wenn man das Werk Altomontes als eine fulminante Predigt bezeichnet, die nachhaltig berührt und in sich ein kleines „Weltwunder" darstellt. Außer den prachtvollen Malereien und den klassischen Bücherregalen beeindruckt vor allem der brillante Fußboden, der aus zusammengefügten marmornen Rauten besteht. Schon die ältesten Beschreibungen des Saales erwähnen die „Verschwendung" von Marmor. Aus demselben rosafarbenen Marmor, aus dem die Säulen des Mittelbereiches gearbeitet wurden, wuchsen auch die Türgewände an den Schmalseiten. Am Fußboden wurden alternierend weißer Sölker-, grauer Wildalpener- und dunkelroter Adneter Marmor verwendet. Insgesamt sind 7.200 zumeist rautenförmige Steine in raffinierter Weise zu geometrischen Mustern gelegt worden: Je nach Perspektive werden andere Muster wahrgenommen – Bänder und Zickzack-Linien wechseln zu Würfeln und Stufen, die aus der Fläche in die Tiefe zu gleiten scheinen. Bemerkenswert ist auch das kunstvolle Gitter der Empore. Der Rhythmus der vor- und zurückschwingenden Empore wird durch das mit goldenen Akzenten versehene Metallgeflecht verstärkt und zu vollkommenem Gleichklang geführt.

Die Geschichte der Büchersammlung des Stiftes Admont geht bis auf die Zeit der Gründung des Klosters zurück. Schon damals galt die Pflege der Wissenschaft als eine der vornehmsten Aufgaben des klösterlichen Lebens und die Mönche bemühten sich um die gewissenhafte Pflege der Heiligen Lesung. Den kostbarsten Teil der wertvollen Bücherkollektion bilden die mittelalterlichen Codices, die teilweise sogar hier geschrieben wurden. Zu den ältesten Handschriften gehören die drei Bände einer kostbaren „Riesenbibel", die um 1070 in Oberitalien entstanden und wohl bereits durch Erzbischof Gebhard als Geschenk an die ersten Mönche nach Admont kamen. Ebenfalls aus dieser Zeit stammt ein künstlerisch sehr bemerkenswert ausgestattetes Evangeliar aus Salzburg, das vom berühmten Buchmaler Berthold mit farbenfrohen Kanontafeln und mit Blattgold hinterlegten Evangelistenbildern sowie mit prächtigen, auf Purpurgrund gemalten Titelseiten ausgestattet ist.

Schon im 12. Jahrhundert gab es im Stift eine eigene Schreibstube, in der sowohl für den eigenen Bedarf als auch für andere Klöster gearbeitet wurde. Einer der herausragendsten Schreiber war Irimbert, der eine Vielzahl von ausgezeichneten theologischen Kommentaren hinterlassen hat. Nicht nur geistliche Literatur füllt die Bücherräume von Admont, vertreten sind auch Werke antiker Klassiker, so etwa eine Prachtausgabe des Galenus. Einer der bedeutendsten Gelehrten des Klosters war Abt Engelbert, der sich um 1300 sehr intensiv um die Entwicklung der Wissenschaften im Kloster kümmerte und über 40 Traktate verfasste.

Heute umfasst der Bücherbestand des Klosters ca. 200.000 Bände sowie 1400 Handschriften und rund 500 Frühdrucke (Inkunabeln), damit zählt die Bibliothek zu den hervorragendsten Büchersammlungen Österreichs. Die Vielzahl der Bücher hat das Fassungsvermögen der Räume längst gesprengt und einige Werke mussten auf andere Bibliotheken verteilt werden.

Die Bibliothek von Admont kann als eine tiefe Verneigung des Menschen vor dem Schatz der Weisheit, der in den Büchern verborgen liegt, verstanden werden. Und jeder, der einmal von dieser Welt in den Bann gezogen wurde, wird immer wieder zu ihr zurückkehren ...

Ein berühmter Eintrag in den Salzburger Annalen *für das Jahr 881: die Erstnennung Wiens im Zusammenhang mit den Kämpfen gegen die Ungarn.*

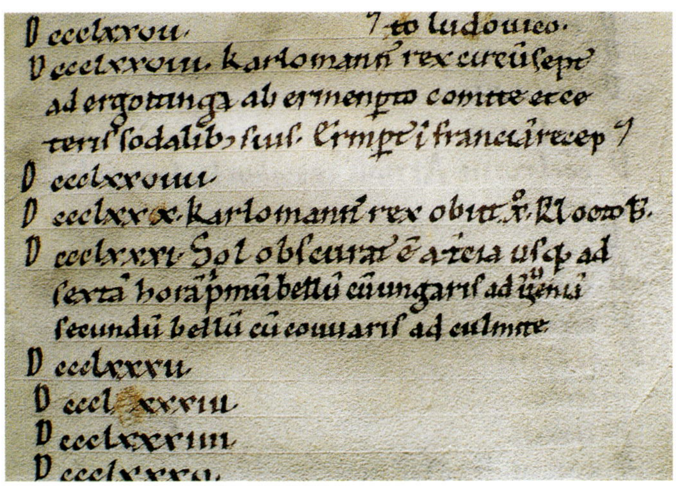

UNIVERSITÄTS-BIBLIOTHEK GRAZ

Ohne Bücher bleibt die Geschichte stumm, die Literatur sprachlos, die Wissenschaft verkrüppelt.

BARBARA TUCHMAN

Als Erzherzog Karl II. 1564 seine Regierung antrat, war das Unterrichtswesen in Graz in einem äußerst bedauernswerten Zustand. Berühmt waren in dieser Zeit die Jesuitenschulen in Spanien, Frankreich und Deutschland, die schließlich auch zum Vorbild einer vollkommenen Erneuerung des Schulwesens in der Steiermark wurden. Am 12. November 1573 wurde ein selbständiges Kollegium der Jesuiten errichtet und mit einer festgesetzten Dotation ausgestattet. Schon im Stiftungsbrief für dieses Kollegium wird eine umfassende Bibliothek erwähnt, deren Bestände teilweise noch in der heutigen Universitätsbibliothek vorhanden sind. 1585 gründete Karl II. die Universität in Graz, die er dem Jesuitenorden übergab. Vorerst gab es nur eine Artisten- (Philosophische Fakultät) und eine Theologische Fakultät. 1729 folgte die Errichtung einer Lehrkanzel für Geschichte. Nach der Auflösung des Jesuitenordens 1773 gesellte sich zu den bestehenden Fakultäten noch eine Juridische, 1863 kam es zur Gründung der medizinischen Fakultät.

Die Geschichte der Universitätsbibliothek von Graz gliedert sich in zwei große Abschnitte: in die Ära der *Bibliotheca Collegii Societas Jesu Graecii* (1573–1773) und in die Zeit der staatlichen Bibliothek (1773 bis heute). Die Unterbringung der Buchbestände erfolgte zunächst im ehemaligen Jesuitenkolleg, das heute als Priesterseminar der Diözese Graz-Seckau fungiert. Im Anschluss an dieses Gebäude entstand 1607–1609 das Haus der ehemaligen alten Universität, das abgesehen von einigen Veränderungen an der Fassade nahezu im Urzustand erhalten geblieben ist. Im ebenerdigen Bereich lagen ursprünglich die Hörsäle der Universität. Darüber befanden sich die Aula und das kleine und große akademische Theater. Die Decke der Aula war mit großartigen Fresken des Hofmalers Karls II., Johann Peter de Pomis, ausgestattet, die Wände zierten seidene Tapeten. Kaiserin Maria Theresia leitete den Umbau der alten, zweigeschossigen Aula und des Theatersaals der Jesuiten zu einem Bibliotheksbereich ein. Ein großer Bibliothekssaal (40 x 17,5 m) entstand. Über der zweischiffigen Halle, die sich in fünf Fenstern zur Hofgasse hin öffnet, spannt sich ein wuchtiges Platzlgewölbe, das neben den Wänden mit einer luftigen Seccomalerei ausgestattet wurde. Mächtige Pfeiler, an die sich Bücherregale schmiegen, gliedern den Raum; die Malereien (1779) entstammen der Hand Joseph Geblers. An den Saal angeschlossen, befand sich ein kleinerer Raum, der aber dieselbe Höhe einnahm. Weiße Bücherschränke schließen den großen Bibliothekssaal ein, die acht tragenden Pfeiler sind von Stellagen desselben Stils umschlossen. Nach klassischem Vorbild wird auch der Bibliotheksraum der alten Grazer Universität von einer Galerie im zweiten Geschoss umzogen. Heute liegen in seinen Regalen die Akten des Steiermärkischen Landesarchivs. 1895 übersiedelte die Universitätsbibliothek in das neue Gebäude im Osten der Stadt.

Geglückte Symbiose zwischen Nützlichkeit und Ästhetik: Der Lesesaal der Universitätsbibliothek Graz vermittelt durch mächtige Pilaster das Flair italienischer Hochrenaissance.

1891 wurde der Neubau der Universität genehmigt; die Pläne für das große Bauvorhaben stammen von Karl Köchlin. Die im Bereich der Nordseite angefügte neue Universitätsbibliothek bildete einen eigenen Trakt; der eigentliche Lesesaal (32 x 10 m) bot ursprünglich an 16 Tischen 128 Lesern Platz. Ein gewaltiges Lichtfeld in der Decke erhellt den Raum und lässt seine Höhe noch gewaltiger erscheinen. Zweifellos hat der Architekt eine Symbiose zwischen Nützlichkeit und Ästhetik gesucht und eine Lösung gefunden, die man auch heute noch als durchaus geglückt bezeichnen kann. Obwohl der Raum an sich doch eine gewisse Singularität vermittelt, so verrät er Anleihen an den großen Vorbildern der Sorbonne in Paris und der Universitätsbibliothek Wien. Mächtige Pilaster gliedern den Raum und vermitteln das Flair italienischer Hochrenaissance. Auf den ionischen Kapitellen ruhen mächtige Gesimse, auf denen die weite Deckenkonstruktion aufliegt. Der Grazer Tischler Anton Irschik gestaltete die Regalanlage aus Eichenholz und bewies damit Kunstfertigkeit und Gespür. Vom großen Lesesaal gelangte man in den Lesesaal der Professoren, in ein Lesezimmer, das Benützern der Handschriften vorbehalten war und schließlich in einen Raum, der für die Aufbewahrung der wertvollen Schriftdokumente bestimmt war. An den beiden Schmalseiten des Saales befanden sich ursprünglich die eigentlichen Büchermagazine, die mit hohen Metallkonstruktionen ausgestattet waren, die der Aufnahme von Bücherregalen dienten. Heute beherbergt die Universitätsbibliothek Graz einen der beachtenswertesten Bücherschätze der Steiermark. Ein Großteil der alten Bücher stammt aus von Joseph II. aufgelösten Klöstern der Steiermark wie etwa Seckau, St. Lambrecht, Neuberg oder Seitz. Insgesamt umfasst heute der Bestand der Bibliothek ca. 1.400.000 Bände, davon sind etwa 240.000 Bände dem Altbestand zuzurechnen. Unter diesen Büchern befinden sich zahlreiche wertvolle Handschriften und 1.115 Inkunabeln.

STIFTSBIBLIOTHEK REIN

Es gibt nur sehr wenige Situationen jedes menschlichen Lebens, in denen man keine Bücher lesen kann, könnte, sollte...

KURT TUCHOLSKY

Am Fuße des Ulrichsberges, nur wenige Kilometer von Graz entfernt, liegt inmitten einer reizvollen Au- und Waldlandschaft das Zisterzienserstift Rein. Es ist die weltweit älteste Niederlassung des Ordens.

Ursprünglich lebten hier slawische Siedler und bebauten den fruchtbaren Boden. Nach dem Aussterben der Eppensteiner, denen die Besitzungen rund um das Stift gehört hatten, gründete Markgraf Leopold I. der Starke 1129 das Kloster. Die ersten Mönche kamen aus der deutschen Zisterze Ebrach. Das ursprüngliche Gebäude wurde aus Holz errichtet und 1138 durch einen Bau aus Stein ersetzt. Großzügige Schenkungen vermehrten den Grundbesitz des Klosters und seinen Einfluss auf das umliegende Land. Im 13. Jahrhundert war Rein nicht nur ein kulturelles Zentrum, sondern hatte es auch zu überregionaler politischer Bedeutung gebracht: Am 19. September 1276 versammelten sich hier die steirischen Adeligen, um im „Reiner Schwur" König Rudolf I. die Treue zu geloben.

Immer wieder schrieb das Stift Landesgeschichte, und Kaiser Friedrich III. gebot dem Abt von Rein, das Kloster gegen die Türken zu befestigen. Dennoch suchten die plündernden Horden der „brennenden Reiter" die Gegend um Rein immer wieder heim und verwüsteten das Umland. Aus historischen Aufzeichnungen geht hervor, dass Stift Rein im 15. und 16. Jahrhundert eine bedeutende Kunstwerkstätte beherbergte, in der prachtvolle Altäre geschaffen wurden. Der Kaiser erwirkte beim Papst sogar ein Privileg, wonach die in Rein gefertigten Altäre auch dort geweiht werden durften. Im Mittelalter dürfte auch die Kunst der Buchmalerei eine erste Blüte erlebt haben, und ein eigenes Skriptorium beschäftigte sich mit der Vervielfältigung frommer Texte. Heute birgt die Bibliothek des Stiftes Rein 300 Handschriften, 300 Inkunabeln und 80.000 Druckwerke.

Nach den Wirren der Reformation und den daraus resultierenden Glaubensstreitigkeiten setzte am Beginn des 18. Jahrhunderts eine Zeit der Um- und Neubauten ein. Von 1710 bis 1771 dauerte die Barockisierung des Stiftes, wobei der ursprünglich im Osten angesiedelte Altarbereich der alten romanischen Kirche in den Westen verlegt und eine kunstvolle östliche Schaufront gebildet wurde. Für die Entwürfe und die Ausführung der Pläne zeichnete der Grazer Hofbaumeister Johann Georg Stengg verantwortlich.

Weltweit die älteste Niederlassung dieses Ordens: das Zisterzienserstift Rein

Die ersten Bücher dürften die aus Ebrach zugewanderten Mönche aus ihrem Mutterklo-

Säulen mit vergoldeten Kapitellen und elegant geschwungene Bücherregale verleihen dem mit prachtvollen Fresken ausgestatteten Raum eine starke Rhythmisierung.

ster mitgebracht haben. Diese frühen Schriftwerke wurden im Armarium, dessen Spuren erst kürzlich freigelegt worden sind, aufbewahrt. Um 1270 war das Fassungsvermögen dieses Raumes durch die Vielzahl der Bücher bereits erschöpft, sodass man eine zweite Bibliothek errichtete, die in einem Inventar von 1568 als *Bibliotheca inferior* aufscheint. Abt Bernhard soll in der zweiten Hälfte des 13. Jahrhunderts im so genannten Abthaus neben dem Hospiz eine eigene Abtbibliothek eingerichtet haben. 1568 wird im Inventar eine zweite Bibliothek erwähnt, die *Bibliotheca superior,* die seit Beginn der Renaissancezeit einen großen Teil des ehemaligen Dormitoriums einnahm und in den schriftlichen Aufzeichnungen über den Umbau nach 1600 noch erwähnt wird. Auch wissen wir, dass es sich um eine Pultbibliothek handelte.

Stift Rein in einer Ansicht von Georg Matthäus Vischer, aus der Topographia Ducatus Styriae ..., *1681.*

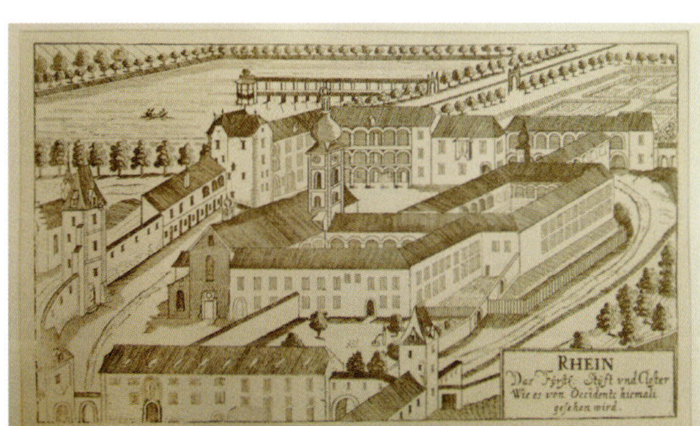

Der große Abt Placidus Mally (1710–1745) ließ die gesamte Klosteranlage – als letzte in der Reihe steirischer Stifte – nach barockem Geschmack erneuern. Nach 1753 wurde die Bibliothek in die heutigen Räume des Nordtraktes verlegt. Der Pulverturm (1511) wurde in die barocke Anlage einbezogen, er dient heute als Arbeitsraum. Mit 580 m² gilt der Bibliotheksbereich im Stift Rein als einer der größten der Steiermark.

Im Schauraum der Bibliothek befinden sich etwa 90.000 Bände; Vitrinen zeigen eine Auswahl der kostbaren Handschriften und der typischen Reiner Bucheinbände. 1753 schuf der Hofmaler Joseph Amonte die äußerst stilvolle Decke dieses Raumes. Das Programm des Freskos – einzigartig in Österreich – bildet eine Synthese aus theologischer Auffassung und zeitgenössischem Kunstverständnis: Im Mittelfeld ist das Neue Testament als Erfüllung des Alten gezeigt: Christus, an dessen Schulter ein mächtiges, weit in den Himmel hineinragendes Kreuz als Siegeszeichen lehnt, nimmt mit seinem Zepter den Schleier vom Haupt des Moses. Das damit aufgegriffene Thema versinnbildlicht eine Paraphrase auf den Inhalt des zweiten Korintherbriefes. *Ecce nova facio omnia!* (Siehe, ich mache alles neu!) steht auf einem Spruchband unterhalb der Christusgestalt. Auf der Bundeslade neben Moses steht zu lesen: *Vetera transi erunt!* (Das Alte ist vorbei!). Vier Medaillons bilden die kunstvolle Umrahmung des Freskos; zwei davon stellen acht Grazer Jesuitenmärtyrer dar, die beiden anderen enthalten ein Porträt von Papst Benedikt XIV. (1740–1758), flankiert von zwei Kardinälen aus dem Zisterzienserorden, bzw. Darstellungen des Salzburger Erzbischofs Sigmund III. von Schrattenbach, des Seckauer Bischofs Leopold III., Ernst Graf Firmians und von François Trouve, dem letzten Abt von Citeaux. In den Ecken sind die vier lateinischen Kirchenväter mit ihren Symbolen zu sehen: Gregor der Große mit der Taube, Ambrosius mit dem Bienenstock, Augustinus mit dem Herzen und Hieronymus mit dem Löwen. An der Ostseite fügt sich ein Medaillon mit der Darstellung des heiligen Johannes Sarkander, eines Jesuiten, in die Decke ein. Die Mitte des südlichen Freskenfeldes bildet ein Medaillon mit den Büsten von Kaiser Franz I. und seiner Gemahlin Maria Theresia, umgeben von Apollo mit Lyra und den neun Musen. Das nördliche Fresko stellt den heiligen Bernhard von Clairvaux vor der Mutter Gottes dar. Über ihm schwebt der heilige Benedikt, der auf seine Ordensregel deutet. Von der rechten Seite naht ein Engel mit der Heiligen Schrift. Die Fresken in den vier Saalecken sind den aus Rein hervorgegangenen Bischöfen gewidmet: Martin Urlacher (Bischof von Wiener Neustadt, 1553), Ammelreich (Bischof von Lavant, 1265–1267), Johannes Zollner (Weihbischof von Regensburg, 1531) und Anton Wolfrath (1582 in Köln geboren, 1631–1639 Fürstbischof von Wien).

Ein besonderes Prunkstück: der Kalendertisch von Andreas Plenninger, angefertigt nach Angaben von Johannes Kepler.

Die zwischen mächtigen Säulen mit vergoldeten Kapitellen geschwungenen Bücherregale verleihen dem Raum eine starke Rhythmisierung. Mächtige Vasen schließen die auf hohen Sockeln stehenden Säulen nach oben ab. Die Bücherregale entbehren zwar einer pompösen Ausstattung, entfalten in ihrer Eigentümlichkeit aber dennoch einen besonderen Reiz. Die Aufstellung der Bücher nimmt weder auf Form noch auf Farbe der Einbände Rücksicht, sondern kann als eine durchaus zweckmäßige verstanden werden. Auf den elegant geschwungenen Stellagen sind Bildnisse zeitgenössischer Zisterzienseräbte und des Generalabtes angebracht. Eine pultartige Vitrine, über einem tiefen Unterkasten errichtet, sowie zwei runde Tische dienen als Arbeitsflächen. Ein besonderes Prunkstück des Bibliothekssaales stellt der Kalendertisch des Andreas Plenninger aus dem beginnenden 17. Jahrhundert dar, der auf Entwürfen von Johannes Kepler basiert.

Wenn man den Handschriftenkatalog eingehend studiert, wird klar, dass die heutigen Bestände nur einen Torso des ehemaligen Bücherschatzes darstellen. Aus dem Gründungsjahrhundert haben sich lediglich 28 Codices, aus dem 13. Jahrhundert 16 und aus dem 14. Jahrhundert 20 erhalten. Aus dem 15. Jahrhundert stammen 46, aus dem 16. Jahrhundert 41 Manuskripte. Das Inventar aus 1568 weist noch einen weitaus größeren Bestand an alten Büchern aus. Von den dort angegebenen Handschriften waren nur sieben in deutscher Sprache, alle anderen in Latein verfasst.

Aus Rein stammende Handschriften sind an verschiedenen Orten aufgetaucht. Gewiss wurden zahlreiche Handschriften zur Liturgie als Grundbestand bei der Errichtung neuer Klöster mitgegeben. Es dürften aber auch auf anderem Wege einige Bücher aus Rein weggekommen sein, beispielsweise unter dem Vorwand, sie für wissenschaftliche Zwecke ausleihen zu wollen. Auch machten sich mit kaiserlichen Empfehlungsschreiben ausgestattete Büchersammler auf den Weg, um aus den Klöstern Teures und Wertvolles zusammenzutragen. Und nicht zuletzt dürften es auch einige Äbte gewesen sein, die mit dem Klostervermögen nicht sehr sorgsam umgingen.

Die Aufstellung der Bücherschätze folgt in Rein den Prinzipien der Zweckmäßigkeit.

1759 erwarb Abt Marian Pittreich die Grazer Hofbibliothek. In den Beständen befanden sich 20 Frühdrucke und 47 Handschriften des 16. und frühen 17. Jahrhunderts. Während des 19. Jahrhunderts sorgten tüchtige Bibliothekare für eine umfassende Erweiterung der Sammlungen. Die in dieser Zeit neu angeschafften Werke lassen auf eine intensive wissenschaftliche Betätigung der Stiftsangehörigen schließen. Die Bibliothek wurde auch mit Nachlässen bedacht – 1878 gelangten etwa die Bücher des Diplomaten Freiherr Joseph von Werner in die Sammlung. So bildete sich im Laufe der Zeit ein ansehnlicher Bücherbestand.

Doch den prosperierenden Zeiten folgten Rückschläge im 20. Jahrhundert. Die miserable wirtschaftliche Situation zwang das Stift 1932 zur Veräußerung wertvoller Bücher, und unter dem NS-Regime mussten die Bibliotheksräume ein volkskundliches Institut aufnehmen. Nach dem Krieg wurden durch die sowjetische Besatzung große Schäden angerichtet. Und der Katastrophen noch nicht genug, brachte ein Hochwasser im August 1975, das auch zwischenzeitlich ausgelagerte Bücher wegschwemmte, große Verluste.

Im Rahmen der anschließenden Sanierungsmaßnahmen im Stift wurde auch der Schausaal der Bibliothek restauriert. Seit 1985 ist man mit der systematischen Neuordnung des Bücherbestandes beschäftigt.

STIFTSBIBLIOTHEK VORAU

Lektüre stärkt die Seele …

VOLTAIRE

Die zahlreichen Stifte und Klöster verleihen der Steiermark ein besonderes Gepräge. Das einzige Augustiner Chorherrenstift, das sich in der Steiermark erhalten hat, ist das Stift Vorau, eingebettet zwischen dem Wechselmassiv und dessen Ausläufern im Norden und dem Masenberg im Süden. Es geht auf den Steirischen Markgrafen Ottokar III. von Traungau zurück, der seinen Besitz dem Salzburger Erzbischof Eberhard I. zur Errichtung eines Klosters schenkte. Aus dem Domstift St. Rupert kamen 1163 die ersten Chorherren nach Vorau und begannen hier ein Leben nach der Regel des heiligen Augustinus.

Die anfänglich sehr rasche Entwicklung des jungen Klosters fand 1237 durch einen gewaltigen Stiftsbrand ein jähes Ende. Die Zeit des Mittelalters war durch eine Vielzahl von Unruhen bestimmt, die auch das Gebiet rund um das Stift nicht verschonten. Nach dem Tod des letzten Babenbergers 1246 behinderte das sich ausbreitende Raubrittertum den Neuaufbau des Stiftes. Bis ins 15. Jahrhundert konnte sich das Stift nicht erholen, und erst Andreas von Pranpeck, der im Jahre 1433 zum Propst ernannt wurde, führte das Stift zu neuem Ansehen und wirtschaftlicher Blüte. In dieser Zeit entwickelte sich Vorau zu einer wehrhaften Klosterburg – bis heute erinnert das Erscheinungsbild der Anlage an diese Aufgabe: Mit seinen 15 Türmen gilt Vorau als das turmreichste Kloster Österreichs.

Im Laufe des 15. Jahrhunderts wurden die Befestigungsanlagen immer wieder erweitert, um der drohenden Türkengefahr Einhalt zu gebieten; der wirtschaftliche und spirituelle Niedergang war jedoch nicht aufzuhalten und erreichte im 16. Jahrhundert einen Höhepunkt: 1542 hatte sich der Personalstand des Stifts auf einen einzigen (!) Konventualen reduziert. Erst im späten 16. Jahrhundert, mit der katholischen Reform des steirischen Bischofs Martin Brenner, konnte sich das Stift von seiner misslichen Lage erholen. Propst Daniel Grundau (1615–1649) gelang es, die Zahl der Stiftsmitglieder anzuheben und durch eine umsichtige wirtschaftliche Gebarung den Fortbestand des Stiftes zu gewährleisten. Er leitete die Glanzzeit des Stiftes unter den Pröpsten Leisel (1691–1717) und Webersberg (1717–1736) ein. Dank seines Engagements im Schulwesen konnte Vorau auch der josephinischen Klosteraufhebung entkommen. Einen tiefen Einschnitt

Das turmreichste Kloster Österreichs: Stift Vorau

Stein gewordenes Credo einer von Lebenslust getragenen Epoche: der durch seine Leichtigkeit faszinierende Bibliothekssaal von Vorau.

bedeutete die Aufhebung des Stiftes am 19. April 1940 und die damit verbundene Enteignung durch die Nationalsozialisten. Nur unter schweren Opfern gelang es, nach dem Zweiten Weltkrieg das Stift wieder aufzubauen.

Im 18. Jahrhundert entstand der äußerst prachtvolle Bibliothekssaal, der im Nordtrakt des Prälatenflügels untergebracht ist. Die Vorauer Bibliothek kann ohne Übertreibung zu den schönsten Lesesälen Österreichs gezählt werden. Eine Inschrift über dem mächtigen Portal gegenüber der Nordwand der Kirche lädt den Gast zum Besuch der Bibliothek ein. Übersetzt bedeuten die lateinischen Worte: „Komm ohne Zögern herein und freu dich der friedlichen Stunden: Weisheit wird dir zuteil, komm also fleißig hierher!"

Beim Betreten der Vorauer Stiftsbibliothek umfängt den Besucher sofort das Lebensgefühl einer überschwänglichen Zeit. Was auf musikalischem Gebiet die großen Symphonien der Barockkomponisten ausdrücken, das ist hier in einem Stein gewordenen Credo für eine von Lebenslust getragene Epoche festgehalten. Die Leichtigkeit, in der die Architektur ganze Raumkonzepte entstehen lässt, ist phänomenal. Die gesamte Wölbung des Raumes ist ebenso wie die Wände mit zartem Blattwerkstuck überzogen. Johannes Maria Bistoli ist der Schöpfer dieser grazilen Meisterwerke, die die Flächigkeit der Wände und der Decke auflösen und dem Besucher nahezu das Gefühl vermitteln, inmitten eines dichten Waldes von Rankwerk zu stehen. An der Stuckierung des Saales waren auch die beiden Schweizer Künstler Dominikus und Johannes Caetan Andreu beteiligt.

Eingebettet in diesen kostbaren Schmuck liegen die aus 1731 stammenden Fresken des Hackhofer-Schülers Ignaz Gottlieb Gröll. In den drei großen Darstellungen an der Decke sind symbolisch die drei in der Büchersammlung vertretenen Wissensgebiete dargestellt: die Philosophie, die Theologie und die Jurisprudenz. Dabei werden biblische Themen aufgegriffen: Die Königin von Saba bei König Salomo als Suchende der Weisheit steht für die Philosophie; Philippus, der dem Kämmerer der Königin von Äthiopien den Propheten Jesaja erklärt, versinnbildlicht die Theologie; die Rechtssprechung kommt durch den klugen König Salomo als Richter ins Bild. Die Ost- und die Westwand sind mit mehreren kleinen Gemälden geschmückt, die christologische Szenen, Propheten, Evangelisten und Kirchenväter zeigen. Bemerkenswert sind die Darstellungen der vier – damals bekannten – Erdteile.

Erst um 1767 wurden die zierlichen Schränke mit reicher Schnitzerei – in den Stiftsfarben Gold und Blau – von den Vorauer Tischlern Johann Georg Steiner und Ferdinand Fuchs vollendet. Sie greifen die heitere Beschwingtheit des Stuckes auf und zeigen in Kapriolen schlagenden Ornamenten die ganze Kunst des Tischlerhandwerks. Hervorzuheben sind weiters die barocke Standuhr, die aus der Jahrhundertwende zwischen 17. und 18. Jahrhundert stammt, und das berühmte Globenpaar des venezianischen Meisters Vincenzo Coronelli (1650–1718) aus dem Jahre 1688. Globen sind keine Seltenheit in den großen Bibliotheken, sie entstanden aus dem Interesse des Menschen am Kosmos. Die beiden kostbaren Vorauer Globen – ein Erd- und ein Himmelsglobus – mit einem Durchmesser von jeweils 110 cm gelten als hervorragende Beispiele der Kartografie.

Eine außergewöhnliche Zimelie: das berühmte Vorauer Evangeliar *mit seinem wertvollen Buchschmuck. Im Bild der Evangelist Markus mit Buch und Feder.*

Eine skurrile Besonderheit stellen zwei Schallmuscheln dar, die zwei im Saal arbeitenden Menschen die Möglichkeit gaben, sich über größere Entfernung durch Flüstern zu verständigen, und so lautes Reden innerhalb der Bibliothek vermeiden sollten.

Über eine filigrane eiserne Doppelwendeltreppe an der westlichen Schmalseite des Saales gelangt man in das ehemalige Handschriftenzimmer. Hier befindet sich eine äußerst qualitätvolle Darstellung der Maria Immaculata des eggenbergischen Hofmalers Hans Adam Weißenkirchner (um 1684). Auf beiden Seiten fällt Licht in den Saal und vermag die heitere Architektur zu unterstreichen. Überhaupt spielte Licht in der Baukunst des Barock eine zentrale Rolle. Durch die Synthese des aus Holz, Stein oder Metall geschaffenen künstlerischen Objektes mit den Elementen der Natur, versuchte der Mensch, die Universalität des Kosmos darzustellen. Der Ausdruck eines genialen schöpferischen Geistes gewinnt in der Vielfältigkeit der Ornamentik Gestalt. Dabei ist der schöpferischen Kreativität keine Grenze gesetzt.

Die 27 Meter lange Bibliothek reicht über zwei Stockwerke, während der bereits im Jahre 1731 vollendete

Handschriftenraum nur ein Stockwerk einnimmt. 37 Embleme – eine eigene Kunstform, die sich in vielen Bibliotheken und Klöstern der Steiermark findet – bilden einen wesentlichen Bestandteil der Saaldekoration. Dabei mag wohl ein Kontext hergestellt werden – zwischen dem Bemühen um das geschriebene Wort, das durch die Bücher repräsentiert wird, und der Sprache des Bildes.

Beim Großbrand 1237 konnte Propst Bernhard II. (1235–1237) einige bedeutende Handschriften retten – er selbst kam im Feuer um. Das herausragendste Manuskript ist ein Sammelband aus dem 12. Jahrhundert, bei dem es sich um die älteste Sammelhandschrift deutscher Dichter handelt. Darin enthalten sind die *Kaiserchronik,* die als erste Weltchronik in 19.000 Versen in deutscher Sprache die Geschichte bis hin zu den Kreuzzugpredigten des Bernhard von Clairvaux erzählt, und das *Alexanderlied* des „Pfaffen Lamprecht". Darüber hinaus enthält der Codex zahlreiche Dichtungen vorwiegend geistlichen Inhalts, wie die *Vorauer Genesis,* die *Vorauer Sündenklage* und Gedichte der berühmten Ava. Sie war Reklusin des Benediktinerstiftes Göttweig und gilt als erste Frau der österreichischen Literaturgeschichte, die Gedichte in ihrer Muttersprache verfasste.

Im Vergleich zu anderen bedeutenden Klosterbibliotheken Österreichs kann Vorau auf eine beachtliche Zahl von in deutscher Sprache verfassten Texten verweisen – wie beispielsweise auf Bruchstücke des *Nibelungenliedes.* Eine Besonderheit deshalb, weil das religiöse und wissenschaftliche Schrifttum bis in die Neuzeit durch die lateinische Sprache geprägt waren. Interessant ist in diesem Zusammenhang die *Vorauer Novelle* im Codex 412. Diese thematisch ungewöhnliche Erzählung schildert den Ausbruch zweier Jünglinge aus den Klostermauern, um sich der schwarzen Kunst zu verschreiben und fortan ein Sündenleben zu führen. Die Abschrift dieses Textes könnte auf Propst Konrad II. (1282–1300) zurückgehen, der als eifriger Sammler von Büchern galt. Gewiss sind beim großen Stiftsbrand 1237 auch Handschriften vernichtet worden, einige wertvolle Werke konnten jedoch gerettet werden. So beispielsweise das berühmte *Vorauer Evangeliar* mit den bemerkenswerten Evangelistenbildern aus dem Ende des 12. Jahrhunderts. Diese Zimelie besticht nicht nur durch ihren wertvollen Buchschmuck, sondern ist auch die einzige alte Handschrift, die heute noch in Verwendung steht: Bei der ewigen Profess legen die Vorauer Kleriker den Schwurfinger auf den Johannesprolog.

In der ersten Hälfte des 15. Jahrhunderts erlebte das Buchwesen im Stift Vorau ein goldenes Zeitalter. Propst Andreas von Pranpeck begnügte sich nicht damit, Handschriften anzukaufen, sondern gründete auch eine bedeutende Schreib- und Buchmalschule. Mit seinem Namen fest verbunden ist das vierbändige Riesenantiphonar, das kunsthistorische Hauptstück aus dem 14. Jahrhundert. 1363 wurde dieses Prachtwerk im Kloster Vysehrad bei Prag geschrieben. Nach der Zerstörung des Stammklosters durch die Hussiten kam die Handschrift nach Wien, wo sie auf einem Markt zum Kauf angeboten wurde. Der Propst, der zu dieser Zeit in der Hauptstadt weilte, erstand 1435 das vierbändige Riesenwerk um wenig Geld und schleppte es unter großen Mühen nach Vorau – jeder Band wiegt immerhin 22 kg. Der Nachfolger von Propst Andreas, Leonhard von Horn (1453–1493), trat in die Fußstapfen seines Vorgängers und ließ während seiner Amtszeit 50 Codices schreiben bzw. ankaufen. So wurde etwa 1467 die *Vorauer Volksbibel* vollendet. Unter den weltweit insgesamt hundert erhaltenen Historienbibeln stellt sie ein besonders schönes Exemplar dar und ist mit 550 Miniaturen die mit Abstand am reichsten illuminierte Handschrift.

Heute umfasst die Bibliothek von Vorau etwa 415 Handschriften, 206 Inkunabeln und 50.000 gedruckte Bücher. Aus Vorau selbst, und zwar aus der Schule der Miniaturmalerei des 15. Jahrhunderts, sind 85 illuminierte Handschriften erhalten. Der Vorauer Chorherr Pius Frank verfasste in zehnjähriger Arbeit einen Handschriftenkatalog, der 1936 gedruckt wurde. Mehrere der beachtenswerten Codices wurden faksimiliert; so erschien etwa 1953 die Vorauer Handschrift mit der *Kaiserchronik* als Faksimile. Heute ist man von Seiten der Leitung des Stiftes sehr bemüht, die kostbaren Buchschätze zu hüten, sie aber auch durch wissenschaftliche Aufarbeitung und entsprechende Präsentation einem breiten Publikum zugänglich zu machen.

BIBLIOTHEK DES BENEDIKTINERSTIFTS ST. PAUL

Die Unsterblichkeit der Literaturen ist abstrakt und heißt Bibliothek.

OCTAVIO PAZ

Schon die Kelten und die Römer schätzten die Vorzüge des Unterkärntner Landes, und zahlreiche Grabungsfunde belegen, dass hier bereits in vorchristlicher Zeit ein reges Bau- und Wirtschaftsleben herrschte. Inmitten dieser Landschaft, umgeben von sanften Bergen und dicht bewaldeten Hügeln, erhebt sich auf einem Felskegel das Stift St. Paul. Seine reichhaltigen Kunstsammlungen und seine historische Bedeutung trugen ihm den Beinamen „Schatzhaus Kärntens" ein.

Das Kloster steht auf historisch bedeutendem Terrain. Ehemals thronte hier eine illyrische Burg, die durch ein römisches Kastell abgelöst wurde. Im Mittelalter besaßen die bayrischen Aribonen dort, wo heute das Stift steht, eine Burg. 1091 berief Graf Engelbert von Spanheim Benediktinermönche aus dem Kloster Hirsau und schenkte Abt Wezilo die Burg sowie Güter in der Steiermark, Kärnten und Friaul. Er folgte damit dem damals sehr modernen Gedanken, für sich und seine Familie ein Begräbniskloster zu stiften. Obwohl das Stift, das sehr bald den Namen seines Klosterpatrons erhalten hatte, nicht das älteste des Landes war, schien ihm zunehmend eine Vorreiterrolle zuzuwachsen. Schon sehr früh wurde eine Lateinschule errichtet, deren berühmtester Schüler am Beginn des 16. Jahrhunderts Theophrastus Paracelsus von Hohenheim war. Ausgedehnte Ländereien und reiche Besitzungen vermehrten das Ansehen der Abtei und machten sie schließlich zu einem geistlichen und wirtschaftlichen Zentrum. Papst Urban II. (1088–1099) stattete das Kloster mit besonderen Privilegien aus.

St. Paul im Lavanttal: eine imposant und harmonisch wirkende Gottesburg

Nach einem kulturellen Aufstieg im 12. und 13. Jahrhundert brachte das 15. Jahrhundert schlechte Zeiten für das Stift. Die Soldaten des Grafen von Cilly verwüsteten mehrfach den Ort St. Paul und die Güter des Klosters. 1476 standen die Türken vor den Toren der Abtei; sie brandschatzten die Höfe, konnten das Kloster mit seinem wehrhaften Bau aber nicht einnehmen. Nach dem Wüten der Pest und anderer Seuchen erholte sich das Stift nur langsam. Drückende Steuerlasten und hohe Kriegsabgaben bestimmten sein

Ein wunderbares Ambiente: der Bibliothekssaal von St. Paul mit der grandiosen Himmelsdarstellung von Wolfgang Bernard Veldner, 1683.

Schicksal im 16. Jahrhundert. Nicht zuletzt hatte Abt Ulrich von Pfinzing (1515–1530) das Kloster in große Schulden gestürzt.

Die Reformation war innerhalb des Klosters auf fruchtbaren Boden gefallen und sogar zwei Äbte neigten der neuen Lehre zu. Erst mit Abt Hieronymus Marchstaller konnte das Stift während des Dreißigjährigen Krieges einen bedeutenden Aufstieg erleben. Die Klostergebäude erhielten ihr heutiges barockes Aussehen und der Besitz konnte beträchtlich vermehrt werden. Auch die Nachfolger Marchstallers leiteten die Geschicke des Hauses mit Umsicht. Sie bemühten sich um eine innere Konsolidierung und setzten neue Impulse im Schulwesen.

Die positive Entwicklung fand schließlich in der Klosteraufhebung 1787 durch Joseph II. ein jähes Ende. Erst über zwanzig Jahre später erstand mit den Benediktinermönchen aus dem Stift St. Blasien im Schwarzwald, das 1806 ebenfalls aufgelöst wurde, ein neues klösterliches Leben. Jene brachten aus ihrer alten Heimat eine beeindruckende Sammlung von Schätzen und Büchern mit. Die wissenschaftlich gebildeten Mönche betreuten neben der Schule in St. Paul ein Gymnasium und ein Lyzeum in Klagenfurt. Der Geist der Wissenschaft war zu einem Höhepunkt gelangt.

1940 beendeten die Nationalsozialisten die Existenz des Stiftes St. Paul, doch bald nach dem Ende des Zweiten Weltkriegs hauchten die Mönche dem Kloster erneut Leben ein. Bis heute werden die alten Traditionen gewahrt und in vielfältigen Wirkungsbereichen wird benediktinischer Geist gepflegt.

Kurz nach seinem Amtsantritt ließ Abt Albert Reichart (1677–1727) den Südflügel an den Westtrakt anbauen. Gewiss hat er nicht daran gedacht, dass dieser Raum auf Dauer als Bibliothek verwendet werden sollte, denn es war geplant, eine große, 70 Meter lange und über 10 Meter breite Bibliothek im Südtrakt zu schaffen. Der heutige Bibliotheksraum, der unmittelbar an die ehemalige Prälatur angrenzt, war wohl als Empfangsraum gedacht und sollte dementsprechend mondän ausgestattet werden. Abt Reichart wünschte für diesen Raum eine außergewöhnliche Ausmalung. Als Vorbilder gereichten die Deckenmalereien im Palazzo Farnese, dem päpstlichen Palais im italienischen Caprarola (1573), und vor allem jene im Innsbrucker Schloss Ambras, das von Erzherzog Ferdinand II. von Tirol ab 1564 ausgebaut worden war. 1683 beauftragte Abt Albert Reichart Wolfgang Bernhard Veldner, den Bibliothekssaal mit dem Motiv des Himmelsgewölbes auszumalen. Im Gegensatz zu den Fresken im Palazzo Farnese und im Schloss Ambras werden die beiden Himmelssphären nicht von einem Oval umrahmt: Veldner entschied sich für zwei Kreise als Rahmen für die Darstellung der östlichen und der westlichen Hemisphäre. Es ist durchaus möglich, dass der Künstler dabei allegorisch auf die Alte Welt und die Neue Welt eingehen wollte. Den Nordpol markiert an der

Die prachtvolle Büchersammlung von St. Paul: ein Spiegel klösterlicher Kultur und Gelehrsamkeit

Schweifspitze des Kleinen Bären der Polarstern. Der Südpol wird real durch kein bestimmtes Sternbild gekennzeichnet. Veldner aber siedelte die „Südliche Wasserschlange“ in der Nähe des Südpols an, als Pendant zum Polarstern, ein Vorgehen, auf das der Künstler in der westlichen Hemisphäre verzichtete. Der reale Himmelskosmos weicht natürlich von der dargestellten Form ab und weist die einzelnen Sternzeichen nicht exakt einer Hemisphäre zu: In welchem Bereich der Betrachter die Sternbilder erblickt, hängt von seinem Standort ab. Diese Problematik löste Veldner, indem er die Bilder auf beide Kreise verteilte, so etwa die Sternkreiszeichen Andromeda, Großer Bär, Kassiopeia, Phönix oder Zentaur. Die Tierkreiszeichen sind entlang der grün-weiß-karierten Ekliptik angelegt. Das Tierkreiszeichen „Fische“ fungiert dabei als Bindeglied der entferntesten Punkte beider Kreise. Am Berührungspunkt beider Kreise ist die „Jungfrau“ eingemalt und verdeutlicht, dass die Kreise eine an sich geschlossene Kugeloberfläche wiedergeben wollen, ebenso die geteilten Sternbilder „Walfisch“ und „Weibliche (Nördliche) Wasserschlange“. Freskiert sind auch der Himmelsäquator (rot-weiß-karierte Linie) und die Milchstraße.

Ein Kunstwerk von höchstem Rang: Elfenbeinrelief auf gotischem Buchdeckel, jüngere Metzer Schule, 9. Jahrhundert

Es ist anzunehmen, dass Veldner einen Himmelsglobus als Vorlage benutzte, um „seine“ Sternbilder exakt zu positionieren. Das Stift war damals ein Zentrum der astronomischen Studien. Um die Jahreswende 1680/81 war ein Komet sichtbar, der Gegenstand zahlreicher Diskussionen und wissenschaftlicher Aktivitäten im Kloster war. Am 17. Februar 1681 notierte Abt Albert Reichart in seinem Diarium: „*... instrumentum Geometricem von Wien gekauft, wie es sich der Kaiser hat machen lassen ...*“ – Die Decke der Bibliothek zeugt wohl auch vom damals schon regen Interesse an den wissenschaftlich nachweisbaren Gesetzmäßigkeiten des Himmels.

Im Zwickel zwischen den beiden Kreisen platzierte Veldner das Wappen des Abtes Reichart. Darunter ist eine lateinische Inschrift zu lesen: *Anno qVo tVrCae ViennaM aLtera obslDlone frVstra tentaVerVnt* (Das Jahr in dem die Türken zum zweiten Mal Wien vergeblich belagerten). Die Großbuchstaben addiert ergeben das Jahr 1683. In den Zwickeln an den vier Ecken der Decke sind landschaftliche Motive zu sehen, in denen die vier Jahreszeiten allegorisch zur Darstellung kommen. Vier weitere Zwickel zeigen Tierkreiszeichen, die ebenfalls mit den Jahreszeiten in Verbindung stehen – ein umfassendes Werk: Von 88 Sternbildern hat Veldner 55 in die Decke eingemalt. Seit der Wiederbesiedlung des Klosters (1809) verstellen hohe Regale leider ganze Teile des Freskos.

Die einzigartige Atmosphäre der St. Pauler Bibliothek lässt Geschichte lebendig werden. Während die großen Klosterbibliotheken von Admont, Melk, Göttweig oder Altenburg durch ihre Wuchtigkeit und Größe beeindrucken, begeistert in St. Paul das Flair eines Leseraumes, der sehr bescheiden dimensioniert ist. Und der Kenner weiß, dass er es hier – nach der Nationalbibliothek – mit der zweitbedeutendsten Büchersammlung Österreichs zu tun hat. Nahezu alle im 18. Jahrhundert geläufigen Wissenschaften sind vertreten: Theologie, Medizin, Recht, Philosophie, die verschiedenen Naturwissenschaften etc. Der Bücherbestand des Klosters umfasst nicht nur die im Schauraum präsentierten Bände, sondern ist auf mehrere Bibliotheken verteilt, wobei sich in der so genannten

Archivbibliothek die ältesten Werke (u. a. Fragmente aus dem 4. Jahrhundert) – insgesamt 4.200 Handschriften – befinden, in der modernen Konventbibliothek die jüngsten. Allein im Schauraum sind an die 70.000 Bände untergebracht.

Im 11. Jahrhundert erhielt das Kloster eine Grundausstattung an Büchern, die sich vorwiegend theologischen Themen widmeten. Erzbischof Hartwig von Magdeburg, der Bruder des Klostergründers, legte großen Wert auf eine ausgezeichnete Bildung der Mönche. Nachweislich aus der alten Klosterbibliothek stammen ein *Physiologus* (ein in frühchristlicher Zeit im Vorderen Orient entstandenes Volksbuch, in dem in 48 Kapiteln Tiere, Pflanzen und Steine christlich typologisch gedeutet wurden), der sich heute in der Nationalbibliothek in Wien befindet, und das Fragment des so genannten *Spanheimer Evangeliars*. Ein weiteres Fragment (HS 2/8) in der heutigen Handschriftensammlung könnte aus dem Urbestand stammen. Das schnell wachsende Stift entsandte schon in seiner Frühzeit Mönche als Äbte nach Rosazzo (Italien) und Millstatt sowie nach Arnoldstein. – Es ist anzunehmen, dass die Kultur des Klosters schon in der Anfangszeit sehr gehoben und ein Skriptorium existent war. Die historischen Belege dafür fehlen aber. Mehrere Fragmente von vorzüglicher Qualität, die mit Sicherheit aus dem alten Bücherbestand stammen, sind vermutlich in der mittelalterlichen Schreibstube des Klosters entstanden. Als Beweis für die rege Schreibtätigkeit im 12. Jahrhundert gilt das Fragment 14/8.

Ein Meisterwerk: der kostbare Ramsey-Psalter

Das Skriptorium kam im 15. Jahrhundert zu neuer Blüte. Eine Fülle von Handschriften, die heute im Besitz der Universitätsbibliothek von Klagenfurt sind, können nachweislich St. Pauler Schreibern zugeordnet werden. Die Zahl der Manuskripte belief sich damals bereits auf 400. Das 16. Jahrhundert war für das Stift eine ausgesprochene „Wüstenzeit“. Auch Bibliothek und Archiv litten unter den prekären finanziellen Verhältnissen und verzeichneten kaum Neuzugänge. Erst Abt Hieronymus Marchstaller widmete sich wieder der Erweiterung der Bibliothek. Auf einer Romreise kaufte der Abt 1625 mehrere großformatige Psalterien und ließ als erster der Äbte sein Exlibris in die Bücher einkleben. Auch seine Nachfolger bemühten sich um einen weiteren Ausbau der Sammlungen und schafften aktuelle Literatur an. Die meisten der damals erworbenen Bücher verblieben jedoch nach der Aufhebung des Klosters 1787 nicht in St. Paul, sondern kamen in die Bibliothek der Universität Klagenfurt oder nach Wien. Ihr Verbleib ist bis heute nicht geklärt, denn in Klagenfurt befinden sich fast ausschließlich Folianten aus dem 15. Jahrhundert, eine Inkunabel und ansonsten ausschließlich Werke aus der Zeit Abt Reicharts.

Nach der Wiederbesiedelung des Klosters 1809 war eine der dringlichsten Aufgaben die Neuorganisation des Bücherbestandes. Der Bibliotheksraum wurde adaptiert und mit den mitgebrachten Büchern und Manuskripten gefüllt. Zu den Bänden aus St. Blasien kamen jene aus dem aufgelassenen Chorherrenstift Spital am Pyhrn, das den St. Blasier Mönchen von 1807–1809 als Unterkunft diente. Der so aus drei Provenienzen zusammengefügte gewaltige Bücherbestand sprengte nunmehr das Fassungsvermögen der Bibliothek, sodass auch andere Räume mit Büchern gefüllt wurden. Sehr bald ging man daran, die wertvollen Handschriften und Inkunabeln auszulagern und in den feuersicheren Gewölben des Archives unterzubringen.

Aus St. Blasien kamen Werke erster Qualität nach St. Paul. Das um 850 gegründete Schwarzwaldkloster dürfte schon im 11. Jahrhundert ein bedeutendes Skriptorium besessen haben. Der Großteil der alten Bestände aus dieser Schreibstube ist jedoch bei Bränden vernichtet worden ist.

Der regen Sammeltätigkeit des Fürstabtes Martin Gerbert (1764–1793) ist es zu verdanken, dass sich im Laufe der Zeit ein sehr beachtlicher Bücherbestand entwickelte. Seinen ausgezeichneten diplomatischen Verbindungen ist die Herkunft einer ganzen Reihe hervorragendster Manuskripte zuzuschreiben, wobei die aus der Reichenau stammenden Werke an erster Stelle anzuführen sind.

Auf die erste Hälfte des 5. Jahrhunderts reicht das heute älteste St. Pauler Buch zurück (HS 1/1). Zugleich ist es die älteste zusammenhängende Handschrift Österreichs. Der in breiter Unziale geschriebene Text basiert auf einer Vorlage des Kirchenvaters Ambrosius, der sich mit Glaubenssätzen beschäftigte. Zudem ist die Handschrift das erste Beispiel aus Reichenau, das mit Buchschmuck versehen ist: Eine ganzseitige Illustration zeigt den thronenden Christus als Weltenherrscher, neben ihm zwei weitere Personen, die als Propheten zu identifizieren sind. Die Figurengruppe ist in einen Kreis eingebunden, der den Erdkreis symbolisiert.

Bemerkenswert ist auch eine Sammlung karolingischer Kapitularien aus dem 9. Jahrhundert (HS 4/1). Gleich auf der ersten Seite ist eine ganzseitige Illustration zu sehen, mit der sich eine Vielzahl von Wissenschaftlern auseinander gesetzt hat. Angeblich handelt es sich um das älteste Bildnis Karls des Großen und seiner Gemahlin.

Aus dem Bereich der Schulliteratur haben sich in St. Paul einige Werke erhalten, vor allem Texte zur antiken Grammatik, die einen besonderen linguistischen Wert darstellen. Ein wichtiges Dokument des mittelalterlichen Schulwesens ist uns im so genannten *Reichenauer Schulschreibheft* aus dem 9. Jahrhundert überliefert. Neben einer Vokabellehre enthält es irische Gedichte.

Prachtvolle Initiale als Dekor eines Paulusbriefes, Ende 13. Jahrhundert

Die außergewöhnliche Vielzahl von Manuskripten aus dem 4. bis zum 9. Jahrhundert macht die Büchersammlung zur bedeutendsten klösterlichen Sammlung des deutschsprachigen Raumes. Zu einer Reihe von wissenschaftlichen Manuskripten, die sich mit der Konstellation der Himmelskörper beschäftigen, gehört die Hyginushandschrift (HS 16/1) aus dem 10. Jahrhundert. Mit höchster Wahrscheinlichkeit im berühmten Skriptorium von Weingarten geschaffen, gelangte diese Mitte des 18. Jahrhunderts nach St. Blasien. Bemerkenswert sind einige Traktate zur Musikgeschichte, wie beispielsweise jener des Mönches Hucbald aus dem 10. Jahrhundert, der als ältester Beleg für die Mehrstimmigkeit gilt. Berühmt ist auch ein ottonisches Sakramentar mit prächtigen Illuminationen und einem Elfenbein-Buchdeckel aus dem 9. Jahrhundert. Das Glanzstück der Handschriftensammlung ist der kostbare Psalter der Abtei von Ramsey (HS 58/1), der zwischen 1285 und 1300 in England entstand und zu den aufwändigst illustrierten Büchern des Mittelalters zählt.

Eine Fülle von französischen Stundenbüchern und reich illuminierten Manuskripten erlaubt eine lückenlose Dokumentation der Schreibkunst vom 4. bis zum 18. Jahrhundert. Neben Texten aus dem liturgischen und geistlichen Bereich sind vor allem die Werke der Minnesängerliteratur beachtenswert. Dazu zählt das älteste Drama in deutscher Sprache von Neidhart von Reuenthal. Mit dem ältesten Druck Gutenbergs, dem *Missale speciale appreviatum,* besitzt die Bibliothek des Stifts St. Paul das älteste Druckerzeugnis der Welt. Diese um 1450 entstandene Kostbarkeit kann mit Recht als eines der Glanzstücke in der Geschichte des Buches bezeichnet werden.

BIBLIOTHEK SCHLOSS LEOPOLDSKRON

Lieber barfuß als ohne Buch.

ISLÄNDISCHES SPRICHWORT

Inmitten eines malerischen Parks erhebt sich am Nordufer eines ausgedehnten Teiches im Stadtgebiet von Salzburg die ehemalige fürsterzbischöfliche Sommerresidenz Schloss Leopoldskron. Das herrschaftliche Gemäuer kann seine glanzvolle Vergangenheit nicht leugnen. Wo man einst rauschende Feste feierte und luxuriösen Lebensstil zelebrierte, tummeln sich heute zahllose Seminargäste, die sich vor der Kulisse des ehrwürdigen Bauwerks den aktuellsten Themen der Gegenwart stellen. Der an das Schloss angrenzende Meierhof hat nicht länger Versorgungsfunktion für eine unersättliche Hofgesellschaft, sondern bildet ein modernes Kongresszentrum, das allen Anforderungen einer zeitgemäßen Kommunikationsstätte entspricht.

Salzburgs Erzbischof Leopold A. Freiherr von Firmian (1727–1744) ließ den prachtvollen Bau durch den Mathematikprofessor, Architekten und Benediktinerpater Bernhard Stuart in den Jahren von 1736 bis 1740 errichten. Ursprünglich war der Palast als Sommersitz und „Musentempel" des Kirchenfürsten vorgesehen. Das Areal umfasst eine weite Parkanlage, in dem eine Vielzahl von Statuen von der Lebenslust des Kirchenfürsten und seiner Freude am Schönen zeugt. Nach dem Tod des Erzbischofs erbte sein Neffe Laktanz das Schloss mitsamt den umliegenden Ländereien.

Ende des 18. Jahrhunderts wurde Schloss Leopoldskron rigoros umgebaut, wobei viel vom ursprünglichen Reiz der Barockanlage verloren ging. Der ursprüngliche Baubestand ist in einer Zeichnung von Franz Anton Danreiter sehr genau dokumentiert. Demnach saß dem dreigeschossigen Baukörper anstelle des heutigen Attikageschosses direkt ein Mansardendach auf; über den Risaliten waren Giebelfelder eingeschnitten und in der Mitte überragte ein oktogonaler Turm mit Krone auf der Helmspitze den gesamten Baukomplex. Heute wirkt das Anwesen vielleicht nicht mehr so leicht und verspielt, dennoch wird durch den Stuck und die Gliederung der Fassaden die tiefgehende Verwurzelung im Rokoko deutlich. Harmonisch bindet sich die von Menschen erdachte Konzeption in die Natur ein und verschmilzt mit der Silhouette des Untersberges und der Wasserfläche des Teichs zu einer vollendeten Einheit. Die Fassade des Hauptgebäudes wird durch

Nostalgische Erinnerung: die Schreibmaschine Max Reinhardts

Die große Vision Max Reinhardts: ein Leseraum, der in sensibler Art und Weise die Welt der alten Klosterbibliotheken mit Neuem verbindet.

schlanke Risalite aufgelöst und in mehrere Segmente gegliedert. Die Anlage verliert dadurch an Massigkeit und gewinnt gleichsam an Höhe, eine Optik, die durch die hochgezogenen Fenster mit äußerst kunstvoller Umrahmung zusätzlich betont wird.

Im 18. Jahrhundert befand sich innerhalb der Schlossmauern eine Sammlung grandioser Gemälde. Laktanz Firmian galt als großer Schöngeist und Förderer der Künste. Nicht nur die Malerei, die Architektur und die Bildhauerei lagen ihm am Herzen, auch die Musik erfuhr durch ihn in Salzburg bedeutende Impulse – so gilt er als Förderer von Leopold und Wolfgang Amadeus Mozart. Durch zahlreiche Besitzerwechsel im 19. Jahrhundert wurden die Sammlungen schließlich zerstreut. Von 1921–1943 war der berühmte Schauspieler, Regisseur und Theaterleiter Max Reinhardt Herr über Leopoldskron. Später wurde das Haus durch das „Salzburg Seminar" übernommen, in dessen Besitz es sich nach wie vor befindet.

Im Schlossinneren überrascht die Weitläufigkeit des Gebäudes, vor allem das Treppenhaus, das zu den prachtvollen Räumen emporführt, ist großzügig angelegt. Ganz im Stil der großen Schlossanlagen findet man eine einläufige Treppe, die durch äußerst grazilen Stuck dekoriert ist. Überhaupt sind die Stuckaturen in den Räumlichkeiten von ganz besonderem Reiz. Sie stammen von Meistern aus dem Bregenzerwald und aus Wessobrunn. Heute ist an vielen Details die Handschrift Max Reinhardts zu erkennen.

Neben prachtvoll ausgestatteten Räumen und Sälen

Die dunkle Holzeinrichtung, überspannt von zartem Stuck im Stil des Rokoko, verleiht dem Raum eine heimelige Stimmung.

verdient vor allem die Bibliothek besondere Beachtung. Sogar das geschulte Auge des Fachmannes muss mehrmals hinblicken, um zu erkennen, dass die Bibliothek keine ursprüngliche Einrichtung ist, sondern erst unter der „Regentschaft" Max Reinhardts etabliert wurde. Ursprünglich war der Raum durch eine tragende Wand geteilt. Doch Reinhardt hatte die Vision, in seinem Schloss eine große Bibliothek zu schaffen, die die berühmte Klosterbibliothek des schweizerischen Stiftes St. Gallen zum Vorbild hat. Auch wenn damit einige Schwierigkeiten verbunden waren, gelang es dennoch, das Vorhaben umzusetzen; es entstand ein Leseraum, der nicht nur Atmosphäre besitzt, sondern in sensibler Art und Weise Altes mit Neuem verbindet. Der etwa 18 Meter lange Raum wird durch ein kunstvoll gearbeitetes schmiedeeisernes Tor betreten. Dessen Gitter wirkt durch seine Vergoldung sehr edel und zeigt an zentraler Stelle das Monogramm der Gottesmutter Maria, darüber einen nach unten ausgerichteten Halbmond mit aufgesetztem Stern. Allein der Blick durch dieses Gitter, das die freie Sicht auf das Dahinterliegende verwehrt, erzeugt Spannung. Schließlich steht man staunend im Bibliotheksraum, der durch seine dunkle Holzeinrichtung eine sehr heimelige Stimmung vermittelt. Vier Fenster an den Stirnseiten durchfluten den Raum mit Licht und betonen zusätzlich seine Länge. An den Seiten führen zwei mächtige Holztüren in zwei Salons, die heute zum Bibliotheksbereich gehören. Auf 18 Marmorsäulen mit korinthischen Kapitellen ruht die Galerie, die den gesamten Raum umspannt. An der Stirnseite des Raumes erinnert, gegen den Haupteingang des Schlosses gerichtet, das fürsterzbischöfliche Wappen, aus Holz geschnitzt und vergoldet, an eine ruhmreiche Vergangenheit. Zarter Stuck überspannt den Raum, und man möchte meinen, dass diese Dekoration aus der Zeit der Errichtung des Schlosses stammt. Dem aber nicht so ist: Max Reinhardt ließ in feinster Arbeit Stuckdekorationen im Stil des Rokoko nachbilden. Vor seiner Zeit dürfte der Saal kaum Stuck getragen haben. In die Stuckaturen, die Maskarone, Blumenvasen und wissenschaftliche Geräte zeigen, sind drei Kartuschen mit Ölgemälden einbezogen. An den Fensterseiten sind die drei Evangelisten Markus, Lukas und Matthäus dargestellt, während der Evangelist Johannes mit seinem Emblem, dem Adler, ein eigenes Feld ausfüllt. Das Zentrum der Bibliotheksdecke bildet die Darstellung des Erzengels Michael. Zwar nicht für Leopoldskron gefertigt, aber gekonnt in die Architektur integriert, ist der Parkettboden, der aus einem Salzburger Schloss stammt.

Die umlaufende Galerie besticht durch ihre Leichtigkeit. Sie wird über eine Wendeltreppe, die hinter einer Geheimtüre ansteigt, erreicht. Schlanke, reich verzierte Holzsäulen tragen die Brüstung, die sich lebendig und stark gewunden der unteren Säulenordnung anpasst. Diese Bewegung wird von den Bücherregalen aufgegriffen und an die Wände weitergegeben. Durch dieses Interieur erhält die gesamte Raumwirkung eine Dynamik, die keine Langeweile aufkommen und den Raum zu einer gelungenen Hommage an die Wissenschaft werden lässt.

Heute noch tragen die Regale mit vergoldeten Rahmen eingefasste Tafeln der einzelnen Wissensgebiete, denen die jeweiligen Schriftwerke zugeordnet sind. Nach oben werden die Regale durch kräftig geschwungene Voluten abgeschlossen, deren Mittelpunkt an den Seitenwänden von fröhlichen Putti gebildet wird. Mit ihrer hellen Farbe durchbrechen diese Engelsgestalten die Strenge des Raumes und schaffen eine befreiende Heiterkeit, die in vielfältigen Verzierungen weiterschwingt. Zur Zeit Max Reinhardts war hier eine umfassende Büchersammlung zur Theaterkunde aufgestellt. Heute sind diese Bände nicht mehr im Schloss untergebracht. Seit der Übernahme des Hauses durch das „Salzburg Seminar" wird hier großteils englische Fachliteratur aufbewahrt: *Law, Political Science, American Literature, English Magazines* u. a. m. Die Gesamtzahl der Bücher beläuft sich heute auf etwa 15.000.

Max Reinhardt betrachtete die Bibliothek als eine Art „Wohnzimmer", in dem er sich nicht nur dem Studium widmete, sondern auch so manche freie Minute genoss. Oftmals diente der Lesesaal als Ort für gesellschaftliche Ereignisse. Auch kam es nicht selten vor, dass sich der Hausherr, wenn ihn Langeweile überkam, durch eine Geheimtüre in seine Privatgemächer zurückzog.

Gartenseitig gelegen schließt an den Lesesaal das so genannte „Chinesische Zimmer" an, in dem bemalte Tapeten an den Wänden das Leben am chinesischen Hof zeigen. Die in zartem Grün und Blau gehaltenen Malereien werden durch bunt gekleidete Figuren aufgelockert, die sich in üppigen Gärten der Muse hingeben. Bunte Vögel und eine reiche Vegetation lassen paradiesische Bilder erstehen, die dem Raum eine vornehme Eleganz verleihen. Zwei tiefe Nischen in den Wänden dienen der Aufnahme zweier weißer Porzellanfiguren, die chinesische Gottheiten darstellen. Genauso ist der vielgliedrige Luster dem Land China verschrieben. Inmitten der Verzweigungen der Lichtarme steht eine klassisch gekleidete chinesische Prinzessin. Die Helligkeit des Raumes wird durch Spiegel, die sich in den Fensterlaibungen befinden, verstärkt. Über den gesamten Raum spannt sich in Rosa und Weiß prachtvoller Stuck, der verschiedene Blumen, Bandlwerk und orientalische Vögel zeigt. Bis zur Höhe der Fensterbänke wird der Raum durch niedrige Bücherregale umsäumt, die der Aufnahme diverser Zeitschriften dienen.

Universitäts-Bibliothek Innsbruck

Was man für's Lesen ausgibt, ist niemals verloren, zehntausendfach Gewinn ist vielmehr Bücherlesen!

Wang Chin-Kung

E*ine gute Bildung ist für die Jugend ein Zuchtmittel, für das Alter ein Trost, für den Armen Reichtum und für den Reichen ein Schmuck* – so umschreibt der griechische Denker Diogenes die Bedeutung von Wissen für die antike griechische Gemeinde. Der Erwerb von Wissen hat aber auch in unserer Gesellschaft zu Recht einen hohen Stellenwert – dokumentiert durch die Vielzahl der Bildungsstätten in unserem Land.

1669 erfolgte in der Tiroler Landeshauptstadt Innsbruck mit der Eröffnung der Philosophischen Fakultät die Gründung einer Universität. 1671 folgten die Theologische und die Juridische, 1673 die Medizinische Fakultät. Damit war der Grundstein für ein reichhaltiges Bildungsprogramm gelegt, das eine universelle Ausbildung ermöglichte. Wie andere Universitäten, so erlebte auch jene von Innsbruck eine sehr bewegte Geschichte. Kaiser Joseph II. wandelte 1782 die Universität in ein Lyzeum um, womit das Promotionsrecht verloren ging. Neun Jahre später gab es wieder eine Universität, die ihren Lehrbetrieb bis 1810 ununterbrochen aufrechthielt. Nach den Wirren der napoleonischen Kriege kam Tirol an Bayern; 1810 stellte die Universität neuerlich den Lehrbetrieb ein. 16 Jahre standen daraufhin die Uhren still, bis 1826 neues Leben einkehrte – vorerst mit der Philosophischen und der Juridischen Fakultät; 1857 konnte man in Innsbruck wieder Theologie studieren und seit 1869 auch Medizin. Als neuer wissenschaftlicher Zweig wurde 1969 ein Institut für Bauingenieurwesen und Architektur eröffnet. Ursprünglich befand sich die Universität im so genannten „Neugebäude", dem Regierungsgebäude in der Herrengasse; seit der Aufhebung des Jesuitenordens, von 1773 bis 1923 wurden die Räumlichkeiten in der heutigen „Alten Universität" genutzt. 1923 konnte der Neubau, die „Neue Universität" am Innrain, bezogen werden. Damit setzte für die Universität Innsbruck ein enormer Aufschwung ein.

Wissensvermittlung ohne Bücher ist nicht vorstellbar. Trotzdem gab es zum Zeitpunkt der Gründung der Innsbrucker Universität noch keine eigene Bibliothek. Da das Etat für Bücher sehr knapp bemessen war, wurden diese nur sehr zaghaft angeschafft. 1745 wurde eine eigene Universitätsbibliothek gegründet, die jedoch zugleich die Funktion einer öffentlichen Bibliothek übernehmen musste. Eine *bibliotheca publica* war nicht in erster Linie dafür bestimmt, die Lehrenden und die Studierenden mit der nötigen Literatur zu versorgen, sondern hatte mit ihrem Angebot der breiten Öffentlichkeit zur Verfügung zu stehen. – Das Bestreben, die Wissenschaft für jedermann zu öffnen, erreichte unter Maria Theresia zweifellos einen Höhepunkt.

Dem ersten Bibliothekar, Anton Roschmann (1694–1760), ist es maßgeblich zu verdanken, dass per kaiserlichem Erlass vom 22. Mai 1745 der Errichtung einer eigenen Universitätsbibliothek zugestimmt wurde. Die ersten 4.000 Bände stammten aus dem Schloss Ambras, wo

Die grazilen Jugendstilgeländer der beiden Galerien lösen die Seitenwände spielerisch auf und vermitteln Lebendigkeit und Harmonie.

bereits 1726 mit der Inventarisierung der Bücher begonnen worden war. Dabei handelte es sich vorwiegend um Druckwerke aus der Bibliothek von Erzherzog Ferdinand II. von Tirol. Dieser ließ im letzten Drittel des 16. Jahrhunderts das Schloss zu einem feudalen Herrschaftssitz ausbauen und legte neben den berühmten Sammlungen auch eine bedeutende Bibliothek an. Der Erzherzog war ein begeisterter Büchersammler, der sich über teure Buchgeschenke freute oder aber selbst Bücher bei verschiedenen Buchhändlern einkaufte. Viele Bücher aus Ambras sind an ihrer typischen Rückensignatur unschwer zu erkennen. In den Werken selbst befinden sich – abgesehen von den persönlichen Widmungen an den Erzherzog – kaum Hinweise auf Schloss Ambras. Im 19. Jahrhundert wurden die alten Signaturen leider teilweise entfernt, sodass es heute nicht mehr eruierbar ist, wie viele Bücher aus Ambras erhalten sind. Zu den Ambraser Beständen kamen etwa 3.000 Bände aus der Innsbrucker Hofburg. Die Bücher dieser beiden Provenienzen bildeten den Grundstock für die neue Universitätsbibliothek. In vielen ist heute noch der Vermerk „Urbestand" sichtbar. Da dieser Urbestand aus verschiedenen Häusern zusammengetragen wurde, ist er nicht homogen. Nicht nur aus Ambras oder aus der Hofburg in Innsbruck kamen Bücher, sondern auch aus der Hofbibliothek zu Wien. Dabei handelte es sich vorwiegend um Dubletten, die in der *Palatina* nicht benötigt wurden. Einige Bücher stammen sogar aus der Privatbibliothek Maria Theresias. Heute noch zeigen zahlreiche Buchdeckel das Wappen des Hauses Habsburg und verweisen so auf die Herkunft der Werke. Durch Zukäufe und andere Erwerbungen wuchs der Bestand auf etwa 12.000 Bände an, für die im so genannten „Neugebäude“ ein eigener Saal errichtet wurde.

Mit der Auflösung des Jesuitenordens 1773 durch Papst Clemens XV. wurden die jesuitischen Büchersammlungen Tirols der Universitätsbibliothek einverleibt. Betroffen waren die Niederlassungen in Innsbruck, Hall und Brixen; für alle drei Bibliotheken galt es, die Bücher an die damals staatliche Bibliothek abzuliefern. Im Rahmen der rigorosen Klosteraufhebungen unter Kaiser Joseph II. wurden zahlreiche Stifte und Klöster Tirols und Südtirols geschlossen. Auch ihre Bücherbestände kamen, sofern sie nicht „Opfer“ von Verbrennungen wurden, in die Universitätsbibliothek. Neuerlichen Zuwachs erhielt diese nach der Aufhebung weiterer Klöster durch die bayrische Regierung 1806. Erst nachdem Tirol 1815 wieder zu Österreich gekommen war, wurden viele Klöster wiedererrichtet und die Bücherbestände teilweise rückerstattet. Damals umfasste die Bibliothek einen Bestand von etwa 27.000 Bänden, der bis zum Jahre 1900 auf 172.000 anwuchs.

Noch vor dem Ersten Weltkrieg erfolgte der Spatenstich für die Neue Universität am Innrain. Doch der Krieg verzögerte den Abschluss der Arbeiten bis 1923. Das neue Gebäude verfügt über einen großen Lesesaal, der insgesamt 144 Studenten Platz bietet. Der große Saal ist dreißig Meter lang, elf Meter breit und ca. acht Meter hoch. Über einem durchgehenden Bücherregal öffnen sich mächtige Rundbogenfenster, die dem Raum eine freundliche Atmosphäre verleihen. An den fensterlosen Wänden umlaufen zwei Galerien die Bibliothek. Zarte Jugendstilgeländer durchbrechen die Nüchternheit des Raumes und lösen die Seitenwände nahezu spielerisch auf. Dadurch wirken die bis zur Decke reichenden Bücherregale auf den Besucher keineswegs drückend, sondern ordnen sich harmonisch der Architektur unter. Eine schwere, in rechteckige Felder gegliederte Decke überspannt den Raum. Aufgrund der Raumhöhe wirken die archaischen Formen nicht zu wuchtig, im Gegenteil: Die Klobigkeit der Deckenkonstruktion verbindet sich harmonisch mit den Regalen und den davor laufenden Galeriegittern. Im Anschluss an den alten Magazintrakt wurde bis 1966 ein neuer Buchspeicher errichtet, der eine Million Bände aufnehmen kann.

Der Globus des Tiroler Kartographen Peter Anich

Wer im Lesesaal sitzt, wird kaum vermuten, dass sich in seiner unmittelbarer Umgebung eine Vielzahl von höchst interessanten Handschriften befindet, die zum Wertvollsten gehören, das Tirol zu bieten hat. Darunter die berühmte Liederhandschrift des Minnesängers Oswald von Wolkenstein mit dessen legendärem Porträt. Der Codex enthält den größten Teil seines Lebenswerkes, das sich aus religiösen Liedern, Liebes- und Trinkliedern, aber auch Naturschilderungen und Darstellungen politischer

Die älteste Handschrift der Universitätsbibliothek Innsbruck: das bedeutende Innicher Evangeliar, *9./10. Jahrhundert*

Ereignisse zusammensetzt, wobei Oswald sich selbst immer einbezog und aus seiner Sicht sprach. Die Handschrift dürfte im Kloster Neustift bei Brixen entstanden sein, zu dem der Minnesänger eine besondere Beziehung unterhielt. Die prachtvolle Ausstattung zeugt vom Bemühen, der Nachwelt ein würdiges Dokument vom bedeutenden Schaffen großer Menschen zu hinterlassen. Das in der Handschrift enthaltene Brustbild des Künstlers, gemalt in Temperafarben, wird oft als „das erste authentische Dichterporträt nördlich der Alpen" bezeichnet, lässt aber leider die Frage nach der Urheberschaft offen.

Die älteste in der Universitätsblibliothek Innsbruck erhaltene Handschrift kann als ältestes Manuskript Tirols bezeichnet werden: Das *Innicher Evangeliar* lässt sich zeitlich zwar nicht eindeutig zuordnen, doch wird als Entstehungszeit das ausgehende 9. bzw. das beginnende 10. Jahrhundert angenommen. Die Bedeutung der Handschrift liegt nicht allein in ihrem Alter, sondern ergibt sich auch aus der hochwertigen Qualität der Buchmalerei. Die spätkarolingische Malerei scheint stark durch das Kunstschaffen im Gebiet um St. Gallen beeinflusst zu sein; auch die Insel Reichenau kann als Entstehungsort nicht ausgeschlossen werden.

Herausragende Zimelien sind u. a. eine Handschrift mit dem Text von *De gestis Alexandri Magni* des Curtius Rufus mit Initialen und Randleisten in Deckfarbenmalerei aus dem Florenz des 15. Jahrhunderts, eine theologische Sammelhandschrift aus St. Mang bei Füssen aus der 2. Hälfte des 15. Jahrhundert (Codex 88) und eine *Bayerische Chronik* mit sieben aquarellierten Vollbildern, Stammbäumen der bayerischen Herzöge und zahlreichen Wappenabbildungen (Codex 95, nach 1546). Ein Autograph des bedeutenden Tiroler Arztes und Polyhistors Hippolytus Guarinoni zählt ebenso zu den Kostbarkeiten wie ein Stundenbuch *(Livre d'heures)* für Frère Jean Bourgeois, den Beichtvater König Karls VIII. von Frankreich, aus der Werkstatt des Jean Bourdichon, geschmückt mit zahlreichen Intialen und Zierseiten, erschienen 1490/95 in Tours.

Ebenfalls zu den großen Bücherschätzen gehört ein Psalterium, das vermutlich aus dem 13. Jahrhundert stammt. Das alttestamentarische *Buch der Psalmen* kann mit den enthaltenen 150 Dichtungen zu den wichtigsten Gebetsbüchern der Weltliteratur gezählt werden. Die Buchmalerei verlässt hier die übliche Art szenischer Darstellungen und beschränkt sich auf Schmuckinitialen. Von den Drucken, die in der Universitätsbibliothek Innsbruck aufbewahrt werden, ist der *Theuerdank* von Kaiser Maximilian I. besonders hervorzuheben. Dieses Werk, das die Brautfahrt Maximilians nach Burgund im Jahre 1477 schildert, wurde 1517 gedruckt. Es ist keineswegs als Autobiografie zu verstehen, sondern vielmehr als ein Gleichnis dafür, dass Gott den wahren Helden aus jeder Gefahr errettet. Das außergewöhnlich schöne, auf Pergament gedruckte Exemplar stammt aus dem Stift St. Paul im Lavanttal und wurde 1521 von Abt Ulrich von Pfinzing dem Erbtruchsess Jörg von Puchhaim geschenkt.

STIFTSBIBLIOTHEK WILTEN

Ich habe Ruhe gesucht überall und habe sie am Ende gefunden: in einem engen Winkel bei einem kleinen Buche.

FRANZ VON SALES

Inmitten der majestätischen Berge, die Innsbruck umschließen, erhebt sich am Schnittpunkt der römischen Via Claudia Augusta mit dem Inntal das Prämonstratenser Chorherrenstift Wilten. Einer alten Sage nach soll der Riese Haymon das Stift um das Jahr 878 gegründet haben. Ein furchtbarer Drache, so erzählt die Sage weiter, habe das Kloster immer wieder zerstört, bis der tapfere Riese den Drachen tötete und ihm die Zunge herausschnitt. Heute noch erinnert eine riesige Statue in der Vorhalle des Hauptgebäudes an die außergewöhnliche Erscheinung Haymons. Im Laufe der Zeit erweiterte die Chorherrenniederlassung ihren Besitz erheblich und wurde recht wohlhabend. Im Mittelalter erblühte das Leben im Stift Wilten.

Neben einer großen Bibliothek gab es ein eigenes Skriptorium, und die Erzeugnisse, die daraus hervorgingen, erlangten Berühmtheit. Im 16. Jahrhundert durchlebte das Stift eine Krise, die allerdings weniger auf die Reformation als vielmehr auf schlechte Wirtschaftsführung und Naturkatastrophen zurückzuführen war. Wie viele andere Klöster, so erlebte auch das Chorherrenstift Wilten die Epoche des Barock als goldenes Zeitalter, das mit seiner Überschwänglichkeit an den Stiftsgebäuden unverkennbare Spuren hinterließ. Und da umsichtige Äbte die Geschicke des Hauses lenkten, ist es kaum verwunderlich, dass mit der baulichen Blüte eine geistig-geistliche einherging.

Auf einer spätmittelalterlichen Holztafel ist eine alte Ansicht des Stiftes überliefert. Schon in der Romanik dürfte die dreischiffige Pfeilerbasilika mit erhöhtem Mittelschiff die Ausmaße der heutigen Kirche eingenommen haben. Unter dem Innsbrucker Hofbaumeister Christoph Gumpp (1600–1672) erfolgte ein großzügiger Umbau nach italienischen Vorbildern. Auch wenn das Stift wesentlich bombastischer geplant war, so ist die heutige Klosteranlage dennoch sehr eindrucksvoll und zeugt vom barocken Streben nach Herrschaft und Repräsentation.

Denkmal des Hochbarock: Stift Wilten

Auch die Konzeption des Klosterinneren versetzt den Besucher in Staunen: Eine Vielzahl von prachtvoll ausgestatteten Räumen und Sälen schafft ein ungemein vornehmes Ambiente. Eindrucksvoll ist vor

Ein heller Raum für wache Geister: Der Lesesaal in Stift Wilten zeichnet sich durch vornehme Raumkomposition aus.

allem auch die große Bibliothek. Zweifelsohne befindet man sich hier in einem der schönsten Lesesäle des Barock.

Im 17. Jahrhundert, im Zeitalter des allgemeinen Aufbruchs, widmeten sich die Klöster der Restauration, aber auch der intensiven Pflege der Wissenschaft und der Kunst. Abt Andreas Mayr (1621–1650) leitete das Stift als eine äußerst umsichtige Führungspersönlichkeit. Zu seiner Zeit reifte auch der Wunsch nach guten Büchern, und viele Neuanschaffungen ließen die bestehende Bibliothek mit der Zeit zu klein werden. Abt Martin Stickler entschloss sich, daher im Zuge eines Stiftsumbaus eine neue Bibliothek zu konzipieren. Zunächst wurde der Osttrakt des Stiftes unter Einbeziehung älterer Bauelemente nach Norden verlängert. Dort entstand neben den Zellen für die Chorherren der neue Bibliothekssaal. Dass ein wacher Geist in einem hellen Raum studieren sollte, wussten schon die großen Denker der Antike, und das wurde auch hier in Wilten berücksichtigt – die Lage der Bibliothek kann als nahezu ideal bezeichnet werden: ruhig, sonnig und mit Ausblick ins Grüne. Der lang gestreckte Raum wird von einem fünfjochigen Tonnengewölbe mit Stichkappen überspannt. Dabei kontrastieren das Weiß und die bläuliche Marmorierung der Regale vorzüglich mit dem Gelb der Wände und Gewölbe. Geradezu vornehm wirkt die Raumkomposition, die durch eine umlaufende Galerie mit schlanken Balustern aufgewertet wird. Eine grazile Wendeltreppe windet sich zu ihr hoch.

Insgesamt befinden sich in den polychrom marmorierten Regalen etwa zehntausend Bände. Obwohl der Raum in sich geschlossen wirkt, scheinen die freien Felder der Decke nach Fresken zu verlangen, was aber nicht weiter stört. Der Raum beeindruckt durch seine farbliche Schlichtheit, ist äußerst meditativ und dennoch heiter. Die Stirnseite wird im oberen Bereich von zwei Fenstern durchbrochen. Überhaupt ist der Besucher verblüfft vom strahlenden Licht, das sich durch mehrere Öffnungen in den Raum ergießt.

An den großen Bibliothekssaal grenzt ein 31 m² großer Raum mit gotischem Gewölbe: die *bibliotheca minor.* Daran angeschlossen sind ein großes Büchermagazin und ein kleiner Arbeitsraum für den Bibliothekar.

Der heutige Bücherbestand des Stiftes Wilten wurde über mehrere Jahrhunderte gesammelt und umfasst etwa 55.000 Drucke und ca. 250 Inkunabeln. Wie für eine gute Klosterbibliothek obligat, steht natürlich die Theologie im Vordergrund. Besonders die Neuzeit brachte aber auch eine Öffnung für andere Disziplinen und so hielten auch weltliche Themenbereiche Einzug.

Bücher waren in den Klöstern mit heiligem Altargerät gleichgesetzt und galten als Kostbarkeiten von hohem ideellem Wert.

Die Anfänge der Bibliothek reichen bis zu den Wurzeln der Klostergeschichte zurück. In einer Schenkungsurkunde von 1140 wird eine Reihe von Büchern angeführt, die heute allerdings nicht mehr in der Bibliothek vorhanden sind. Aus dem „Urbestand" der Sammlung sind heute noch acht Handschriften aus dem 11. bis 13. Jahrhundert erhalten. Aus dem 15. und 16. Jahrhundert werden insgesamt noch 37 Handschriften im Stift verwahrt. Schon um die Mitte des 15. Jahrhunderts war der Bücherbestand derart umfangreich, dass sich der Konvent unter Abt Ingenuin Mösl (1458–1464) entschloss, einen neuen Bibliotheksraum anzulegen. Dabei handelte es sich um eine für diese Zeit typische Pultbibliothek, in der die Bücher auf schrägen Pulten aufgelegt oder aus Sicherheitsgründen – die Bücher besaßen bereits dazumal einen ungeheuren Wert – sogar an diese gekettet waren. Unter Abt Alexius Stoll (1470–1492) wurde der bestehende Bibliotheksbereich um einen Raum erweitert. Die Lage beider Räume lässt sich allerdings wegen der mehrfach erfolgten Umbauten nicht mehr eruieren. Es ist aber anzunehmen, dass sich der Bibliotheksbereich, wie sich aus dem Vergleich mit anderen Klosteranlagen ergibt, nahe der Kirche befand. Diese Vermutung wird dadurch unterstützt, dass die ursprüngliche Büchersammlung vor allem aus Werken zur Liturgie und der Bibel bestand. Den Büchern kam damals ein anderer Status zu, als er ihnen heute gewährt wird. Bücher waren mit heiligem Altargerät gleichgesetzt und galten als Kostbarkeiten, die nicht nur einen materiellen, sondern auch einen ideellen Wert hatten.

Die Dominanz der liturgischen Schriften ist durch ein frühes Inventar belegt. Dass sich im Kloster zu dieser Zeit (um 1140) auch andere Bücher befanden, ist mit großer Wahrscheinlichkeit anzunehmen. Hinweise auf Inhalte oder Beschaffenheit der Manuskripte fehlen aber gänzlich. Bei Klostergründungen war es durchaus üblich, dass die Gründerväter aus dem Mutterkloster Handschriften mitbrachten. Und so wird es auch in Wilten der Fall gewesen sein, dass die Chorherren Bücher aus der Reichsabtei Rot an der Rot nach Innsbruck mitgenommen haben.

Im Mittelalter erlebte das Buchwesen seinen absoluten Höhepunkt. Wilten war zu jener Zeit nicht nur Hort einer ansehnlichen Büchersammlung, sondern auch Sitz eines sehr aktiven Skriptoriums. Dabei ist zu bemerken, dass die Mönche sich nicht auf das bloße Abschreiben von vorhandenem Schrifttum beschränkten, sondern auch Eigenständiges verfassten. Kopiert wurden nicht nur Bücher aus dem eigenen Bestand – man lieh aus anderen Klöstern wertvolle Handschriften aus, um hier Abschriften zu machen. Dass auch Wilten zahlreiche Bücher verlieh, geht aus einer Urkunde von 1338 hervor, wonach das Kloster den Bischof von Brixen um Hilfe bei der Rückholung von entlehnten Handschriften ersuchte. Besonders regen Austausch gab es mit dem Stift Stams. Dort findet man in mehreren Handschriften Vermerke, dass das jeweilige Buch nach Wilten entlehnt worden sei. Umgekehrt diente beispielsweise die Wiltener Handschrift Cod. 300 als Vorlage für die Stamser Handschrift Cod. 287.

Abt Alexius Stoll liebte Bücher besonders. Indizien dafür sind Blindstempel, die an zahlreichen schönen Einbänden angebracht sind. Die Stempel aus der zweiten Hälfte des 15. Jahrhunderts dürften aus einer Tiroler Werkstätte stammen. Jene Bücher aus dem 12. Jahrhundert, die während der Regentschaft Stolls völlig neu gebunden wurden, beweisen, dass unter Abt Stoll eine Gesamtreform des Bibliothekswesens stattgefunden hat.

Im 16. Jahrhundert durchlebte Stift Wilten schwere Zeiten. Der Niedergang der Abtei wirkte sich auch auf die Bibliothek aus. Wirtschaftliche Schwierigkeiten machten eine geregelte Bibliotheksarbeit unmöglich, und an den regelmäßigen Ankauf von Büchern war nicht zu denken. In der Folge war der Zustand der Bücher ein äußerst beklagenswerter. Erst gegen Ende des Jahrhunderts, als Johannes Sauerwein (1585–1594) den Abtstab ergriff, zeichnete sich eine Erholung des Klosters ab. Wirtschaftlich konnte sich die Abtei konsolidieren, und auch die Zustände innerhalb des Konventes schienen sich zu bessern. Das hatte natürlich auch nachhaltige Folgen für die Bibliothek: Neue Bücher wurden angeschafft, alte Werke fachkundig restauriert. Das Bemühen um die Bibliothek gipfelte schließlich in einer kompletten Neuordnung der gesamten Bestände. Der Geist der Gegenreformation und die damit verbundenen Anstrengungen hinsichtlich einer besseren Ausbildung der Kleriker ließen die Büchersammlung anwachsen. Bei den Neuanschaffungen handelte es sich in erster Linie um theologische Literatur. Doch die Wiltener Chorherren zeigten durchaus einen sehr wachen Zeitgeist, der auch profane Werke zuließ.

In diese Zeit fällt auch die Umstrukturierung des Bibliotheksraumes. Die alte Form der Kettenbücher wurde abgeschafft. Die *libri catenati* wurden ihrer Ketten entledigt und in den Regalen an den Wänden aufgestellt; allein die Bohrlöcher geben uns Aufschluss über deren einstige Handhabung. Erstmals bemühte man sich auch um eine grundlegende Ordnung: Signaturen wurden eingeführt. Am Beginn des 17. Jahrhunderts stand man in Wilten vor allem den akademischen Studien sehr offen gegenüber. Mehrere Kleriker studierten an auswärtigen Hochschulen, und im Stift selbst wurde eine Hauslehranstalt eingeführt, die natürlich einer geordneten Bibliothek bedurfte, um den Studiosi entsprechende Weiterbildungsmöglichkeiten zu bieten.

Das 17. und das 18. Jahrhundert zeichneten sich vor allem durch das Streben nach geistiger Universalität aus. Die Mitglieder des Konventes pflegten die Sprachen und vor allem das Buchwesen. Auch in dieser Zeit entstanden einige sehr schöne Handschriften, die durch ihre Ausstattung allseits Bewunderung erfuhren. Das starke Anwachsen der Buchbestände machte es im 18. Jahrhundert schließlich notwendig, die Bibliothek neu zu ordnen und räumlich zu erweitern.

Nach der Klosteraufhebung durch die bayerische Zwischenregierung (1807) kamen die Buchbestände von Wilten in die Bibliothek der Universität Innsbruck. Etwa 1.500 Bücher wurden dort eingegliedert, darunter 34 Handschriften, 210 Inkunabeln und etwa 900 frühe Drucke (um 1500) sowie auch die kostbarsten Schätze Wiltens – drei so genannte „Blockbücher" mit dem *Liber regum.* („Blockbücher" sind mittels Holztafel- oder Blockdruck hergestellte Bücher, d. h. man verwendete das Reproduktionsverfahren des Holzschnitts.)

Während des Zweiten Weltkrieges war die Wiltener Stiftsbibliothek nach Stams ausgelagert. Das Kloster wurde bei einigen Bombentreffern schwer in Mitleidenschaft gezogen; nach den Aufräumungsarbeiten kehrten die Bücher in das restaurierte Kloster zurück. Heute ist die Bibliothek ein absoluter Höhepunkt bei der Besichtigung des Stiftes.

VORARLBERGER LANDESBIBLIOTHEK

Man ließ mich in der Bibliothek vagabundieren,
und ich stürmte los auf die menschliche Weisheit. So bin ich geworden.

JEAN-PAUL SARTRE

M*üßiggang ist der Feind der Seele ...*, schreibt der heilige Benedikt von Nursia im 48. Kapitel seiner Regel und gibt damit ein Programm für den klösterlichen Alltag vor, das durch ein gesundes Maß an Gebet und Arbeit geprägt ist. Ein wichtiger Stellenwert kommt dabei dem Studium und der heiligen Lesung zu. Die Beschäftigung mit den Schriften gilt als eine der Hauptaufgaben der Mönche in den Benediktinerklöstern.

Obwohl das benediktinische Leben im ehemaligen St.-Gallus-Stift in Bregenz schon seit dessen Aufhebung 1941 erloschen ist, ist der Geist des heiligen Benedikt in diesen Mauern noch spürbar. Zunächst wurde in der Stiftsanlage eine landwirtschaftliche Schule untergebracht, später ein Reservelazarett. Trotz Rückstellung der Konventgebäude nach dem Zweiten Weltkrieg wurde das klösterliche Leben nicht mehr aufgenommen. Seit 1986 ist hier die Landesbibliothek untergebracht, die 1977 als eigenständige bibliothekarische Institution errichtet worden war.

Die Anfänge des St.-Gallus-Stiftes reichen ins frühe 7. Jahrhundert zurück, als der heilige Kolumban hier die älteste klösterliche Niederlassung im süddeutschen Raum errichten ließ. Nach einem kurzen Aufenthalt in Bregenz zogen Kolumban und seine Gefährtschaft weiter nach Süden, wo sie sich später in Bobbio niederließen. Einer seiner Begleiter, Gallus, erkrankte (böse Zungen behaupten auch, Gallus habe die Erkrankung nur vorgetäuscht, um nicht weiterziehen zu müssen) und blieb in Bregenz zurück; er hauste unter einem überhängenden Felsen in der Nähe des heutigen Stiftsareals, bis er 613 schließlich Bregenz verließ und die berühmte Abtei St. Gallen gründete. Im 14. Jahrhundert wird eine Festung erwähnt, deren – in seiner Mächtigkeit auffallendes – Mauerwerk heute noch einen Teil des Südtraktes der Vorarlberger Landesbibliothek bildet. Aus dem 17. Jahrhundert sind bildliche Darstellungen erhalten, die einen Eindruck der Burganlage wiedergeben.

Aus mehreren Urkunden geht hervor, dass sich die Burg in Besitz des Stiftes Mehrerau befand, und mit dessen Schließung (1806) fiel der Besitz alsdann samt der so genannten „Gallensteinkirche“ an Bayern. Der bauliche Zustand der gesamten Anlage dürfte damals schon so schlecht gewesen sein, dass der Besitzer Baron Ernest von Poellnitz nach 1854 eine umfassende Neukonzeption und Renovierung beschloss. Die Pläne dafür erstellte der Baron selbst. Als im schweizerischen Kulturkampf 1874 das Kloster Mariastein aufgehoben wurde, begab sich der Konvent auf die Suche nach einer neuen Bleibe. Das Schlösschen Babenwohl in Bregenz stand damals zum Verkauf und 1906 wurde dieses Anwesen erworben und als Kloster adaptiert.

Maria Theresia beabsichtigte, für Österreich ein staatliches Bibliothekswesen zu schaffen; in allen Kronländern

Die ehrwürdige Architektur des ehemaligen Kirchenraumes verbindet sich gekonnt mit modernen Regalsystemen.

sollten wissenschaftliche Bibliotheken errichtet werden. So positiv dieses Vorhaben war, umso betrüblicher ist der letztendliche historische Verlauf: Mangels einer zentralen Bibliothek wurden wertvolle Buch- und Handschriftenbestände ein Opfer der Wirrnisse. Erst 1857 konnte sich in Vorarlberg im Zuge des erwachenden Landesbewusstseins der Landesmuseumsverein konstituieren, der sich die Sammlung heimischen Schrifttums zur Aufgabe machte.

Erst nach der Errichtung des Landesarchivs 1898 wurde der Gedanke der Schaffung einer eigenen Landesbibliothek aufgegriffen und schließlich am 31. Oktober 1904 definitiv beschlossen. Ursprünglich beherbergten die Regale der Landesbibliothek etwa 3.000 Bände, 1975 waren es 50.000 und heute umfasst der Bestand etwa das sechsfache davon.

Im Südtrakt des Gebäudes, im so genannten „Schlösschen Babenwohl" ist heute die Bibliotheksverwaltung untergebracht. Im zweiten Obergeschoss, wo sich einst die Privaträume des Baron Poellnitz befanden, liegt heute die Direktion der Bibliothek. Das bedeutendste Zimmer des Schlösschens ist der Rosensaal, der mit einer spätgotischen

Holzdecke ausgestattet ist. Obwohl Teile dieses Raumes 1945 durch die Nationalsozialisten devastiert wurden und dabei die kleinen vergoldeten Rosetten, die an den Deckenbalken angebracht waren, verloren gingen, blieb die Bezeichnung „Rosensaal“ aufrecht. In den gediegenen Holzregalen befinden sich die Bücher der Gräflich Platz'schen Bibliothek aus der ehemaligen Bregenzer Kapuzinerbibliothek. Der Raum, der in der Synthese von modernem Leben und dem geschriebenen Wort ein besonders reizvolles Ambiente bietet, wird heute gerne für kleinere Veranstaltungen genutzt.

Nach der Übernahme durch die Benediktiner erfolgte ein Ausbau des Schlösschens Babenwohl. Die beiden sich stilistisch unterscheidenden Gebäudeteile wurden durch eine gelungene Konstruktion des Architekten Hellfried Delpin miteinander verbunden, und zwar auf eine Weise, dass der individuelle Charakter der Bauelemente erhalten blieb. Der ehemalige Konventbau im klassizistischen Stil wird über den heutigen Lesesaal erreicht. Früher befanden sich in diesem Bereich der Kreuzgang und eine Kapelle, wie sich unschwer an einigen baulichen Details erkennen lässt. Von hier aus gelangt man zur so genannten Stiftsbibliothek, die als einzige original erhaltene Jugendstilbibliothek des gesamten Bodenseeraumes gilt.

Zarte Schablonenmalereien an Decke und Wänden verleihen dem Raum eine grazile Note. Sie betonen die Leichtigkeit der Architektur und schaffen eine sehr frische Raumwirkung. Die bleiverglasten Farbfenster aus Frankreich sowie der Terrazzoboden und die dezenten Eichenregale harmonieren in einer baulichen Symphonie.

Von der Bibliothek gelangt man in die ehemalige Sakristei und in die frühere Abteikirche. Der Sakralraum ist mit seinen 36 Metern der höchste des Bodenseegebietes und stilistisch im Historismus des ausgehenden 19. Jahrhunderts und im Übergang zur Moderne des Bauhauses angesiedelt. Der Architekt Adolf Gaudy stellte sich den Herausforderungen eines neuen Zeitgeschmackes, übernahm aber auch frühere Stilformen. Mit großer Geschicklichkeit schuf Gaudy einen lichtdurchfluteten Raum, der in seiner Wirkung einzigartig ist. Die Ausführung der architektonischen Entwürfe oblag dem Bregenzer Baumeister Otto Mallaun (1874–1957). Besonders beeindruckend ist der Innenraum, der sich durch zurückhaltende Ornamentik und klare Farbgebung auszeichnet. Elfenbeinweiß und Gold kontrastieren und stellen sich in den Dienst der Gesamtwirkung. Sowohl die Chorlaibung als auch der Kuppelkranz tragen lateinische Inschriften: So sind die Leitsätze des Benediktinerordens zu sehen und die Reliefs der vier großen Lehrer des Ordens: von Gregor dem Großen, Bonifatius, Beda Venerabilis und Anselm von Canterbury.

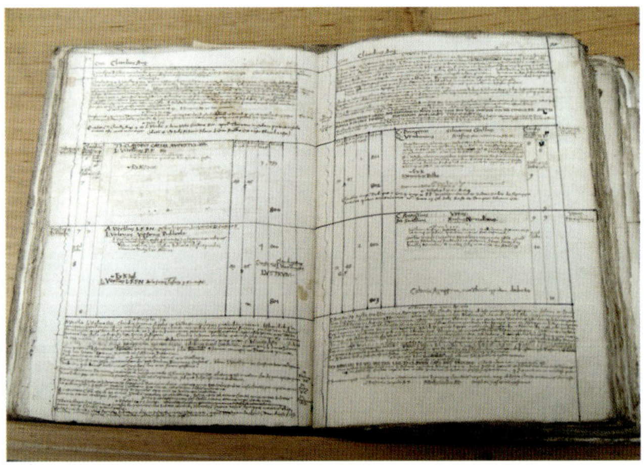

Wertvolles Quellenwerk: das Chronicon Helveticum *von Aegidius Tschudi, gedruckt 1734*

Das Zentrum der gewaltigen Kuppel bildet ein Fresko, das Gottvater darstellt. Dadurch wird die universale Weisheit ausgedrückt, die über jeder irdischen Weisheit steht. – Der Zugang zur göttlichen Weisheit erfolgt über den Glauben und kann im Irdischen nicht erlangt werden. Weitere Medaillons, die für Fresken gedacht waren, sind aus finanziellen Gründen leer geblieben. Besonders hervorzuheben sind die Farbglasfenster des Münchner Meisters Franz Xaver Zettler (1841–1916). Die modernen Regalsysteme brechen dabei keineswegs mit der ehrwürdigen Architektur des einstigen Kirchenraumes – im Gegenteil: Altes und Neues fügt sich gekonnt zueinander. Neben der Nutzung als Lesesaal steht der Raum auch für kulturelle Veranstaltungen zur Verfügung, bei denen oftmals die 1921 von Josef Dehmann errichtete Orgel erklingt.

Heute beherbergt die Vorarlberger Landesbibliothek mehr als 300.000 Bücher. Zu den wertvollsten Beständen zählen ca. 30.000 Handschriften und alte Drucke – insgesamt umfasst das historische Buchgut der Sammlung etwa 40.000 Bände.

Unglückliche Umstände führten dazu, dass beinahe der gesamte Bibliotheksbestand des Klosters Mehrerau nach der Aufhebung des Hauses 1807 im Klosterhof verbrannt wurde. Der Klosterchronist berichtet, dass „ein Haufen so groß wie eine Scheune" in den Flammen aufging. Der Großteil der erhaltenen Handschriften ist daher nicht älter als 300 Jahre. Aus der alten Stiftsbibliothek von Mehrerau sind deshalb nur etwa 60 Bände in die Landesbibliothek integriert worden, noch weniger aus anderen durch Joseph II. säkularisierten Klöstern.

Die älteste und bedeutendste Handschrift der Landesbibliothek stammt aus 1170. Es handelt sich dabei um ein Pergamentmanuskript nach Josephus Flavius. Als Ursprungsort des Codex kann die Schreibstube des Klosters Mehrerau ausgewiesen werden. Zu den kostbaren Zimelien zählt auch eine mit reichem Schmuck versehene Abschrift der *Weltchronik* von Rudolf von Ems aus dem ausgehenden 14. Jahrhundert. Ebenso kunstvoll wie bedeutend ist ein Gebetbuch, das 1572 im Klarissenkloster Valduna entstanden ist. In einer spätmittelalterlichen Sammelhandschrift aus dem Jahre 1486 sind ein Kalender und eine Reihe sehr origineller Gesundheitslehren enthalten. Unter den Handschriften befinden sich topografisch hochinteressante Werke: In zahlreichen Aquarellminiaturen hat der Kapuzinerpater Anizet Riedinger (1740–1818) Ansichten des Rheintales festgehalten. Ende des 18. Jahrhunderts entstanden die Aquarelle einer Gebetsbüchersammlung aus dem Bregenzerwald. Im Besonderen zu erwähnen sind die regionaltopografischen Werke, die sich mit der Gegend um den Bodensee befassen. Besonders interessant sind in diesem Zusammenhang auch die chronikalen Werke des Mehrerauer Mönchs Franciscus Ransperg (1609–1670).

In ihrer Farbpracht kaum zu übertreffen ist eine Reihe von Schulzeugnissen, die ebenfalls aus dem Bregenzerwald stammen. Der älteste Druck Vorarlbergs liegt in der so genannten *Emser Chronik* vor, die 1616 in der Werkstätte von Bartholome Schnell d. Ä. († 1649) entstand. Neben 200 heraldisch äußerst interessanten Wappen sind vor allem die kartografischen Holzschnitte bemerkenswert.

Mehrere historische Werke versammeln in den Regalen der Landesbibliothek das Wissen um die Geschichte und Entwicklung des Landes am Bodensee. 103 Wiegendrucke bilden den wertvollen Inkunabelbestand; sie sind mit kunstvollen Ledereinbänden und Prägemotiven aus der Spätgotik und Frührenaissance ausgestattet.

Bedeutend ist die Sammlung von Druckwerken früher Vorarlberger Autoren, die u. a. Werke des Feldkircher Humanisten Georg Joachim Rheticus (1514–1574), des einzigen Schülers des Kopernikus, und des in Bregenz geborenen Hofhistoriographen Kaiser Maximilians I. Jakob Mennel (um 1460–vor dem 6.3. 1526) enthält. Ferner findet man hier die *Opera* der in Wittenberg tätigen Reformatoren Johannes (um 1490–1534) und Bartholomäus Bernhardi (148–1551) aus Schlins, des in Feldkirch wirkenden Historikers und Genealogen Gabriel Bucelin (1599–1681) sowie des Komponisten Laurentius von Schnifis (1633–1702). Zu den Schätzen der Bibliothek zählen auch Sebastian Münsters *Cosmographey,* die in verschiedenen Ausgaben (ab 1544) vorhanden ist, Johannes Stumpffs *Gemeiner loblicher Eydgnoschafft Stetten, Landen und Völckeren Chronick wirdiger thaaten beschreybung* von 1548, Matthaeus Merians *Topographia Sueviae* aus dem Jahre 1643, die *Schwäbische Chronik* des Martin Crusius aus dem Jahre 1733 oder das zweibändige, 1734 gedruckte *Chronicon Helveticum* des Aegidius Tschudi, um nur einige zu nennen.

Eine der Sondersammlungen des Hauses gilt einem besonderen Schatz: den Nibelungenhandschriften A und C, die jahrhundertelang in der Palastbibliothek der Grafen von Hohenems aufbewahrt wurden. In ihr befinden sich auch zahlreiche deutschsprachige Ausgaben des Nibelungenliedes aus dem 18. bzw. 19. Jahrhundert.

Die großen Bücherschätze der Vorarlberger Klöster, die Opfer der Aufhebungen wurden, gingen in den Wirren der Zeit leider fast vollständig verloren. Die Idee ist aber nach wie vor originell: Eine Kirche wird zur Bibliothek, ein Kloster zum Hort gepflegter Wissenschaft. Allein im modernen Verständnis, Bücher als etwas Lebendiges zu nutzen, kann die Vorarlberger Landesbibliothek als ein Vorbild gesehen werden.

Bibliothek der Zisterzienserabtei Wettingen-Mehrerau

Wer dem Buche dient, der dient dem Geist. Wer dem Geist dient, der dient der Welt.

Ernst von Wildenbruch

Das Gebiet um den Bodensee im Westen Österreichs kann auf eine sehr belebte Geschichte zurückblicken. Inmitten dieser reizvollen Landschaft entstanden mehrere Klöster, die nicht nur den Geist des Mönchtums pflegten, sondern sich insbesondere auch der Wissenschaft verschrieben. Heute noch künden in zahlreichen Bibliotheken Österreichs prachtvolle Handschriften von der Weisheit und dem Können der Mönche jener Tage. Bedeutende Schreibstuben brachten wahre Kunstwerke hervor, die heute zu den bedeutendsten Dokumenten der Wissensvermittlung gehören. Eines der berühmtesten Skriptorien beherbergte das Inselkloster Reichenau.

1097 entstand an den Ufern des Bodensees die Abtei Mehrerau. Von Hirsau beeinflusst, trug sie das mönchische Ideal der Cluniazenser Reform weiter, sodass dieses Kloster zu einem wichtigen Zentrum benediktinischer Erneuerung wurde. Die Blütezeit der Abtei war durch ein aktives Skriptorium und reges Leben innerhalb der Klostermauern gekennzeichnet. Wie andere Stifte, so erlebte auch das Kloster Mehrerau die verschiedenen Gesichter des Chronos. 1806 erfolgte die Aufhebung und die vorläufige Schließung der Abtei. Die Kirche wurde abgerissen und die Klostergebäude wurden als Kaserne und Fabrik zweckentfremdet. 1854 fanden Zisterziensermönche der schweizerischen Abtei Wettingen, die 1841 ebenfalls säkularisiert worden war, in der Mehrerau eine neue Heimat.

Zwischen 1774 und 1781 wurden die Konventgebäude durch Johann Ferdinand Beer, den Stiftsbaumeister von St. Gallen, neu errichtet. Der Geist des Rokoko spiegelt sich in vielen Fassetten wider. Die luftig stuckierten Decken und grazil geformten Ornamente verleihen der gesamten Klosteranlage eine heitere Sinnlichkeit. Peter Anton Moosbrugger zeichnete für die Stuckarbeiten verantwortlich; er gilt heute noch als eines der größten Genies dieser Epoche. Auch an der Außenfassade des Stiftes lassen sich Elemente der grandiosen Schaffenskraft des Rokoko erkennen. Kostbare Gitter zeugen davon, dass großartige Künstler hier am Werk waren. Vieles aber wurde im 19. Jahrhundert verändert, und im Inneren des Klosters Mehrerau ist kaum noch etwas vom Glanz der Barockzeit zu spüren.

Dem alten Baubestand gehört allerdings die kleine Bibliothek an, auch „Alte Bibliothek" genannt. Der Lesesaal ist relativ klein – eine Länge von 15, eine Breite von 7,5 und eine Höhe von 4,5 Metern machen sich im Vergleich zu anderen Klosterbibliotheken sehr bescheiden aus. Schlichte Regale beherbergen zwar einige interessante Bücher, allerdings kaum alte Bestände. Über dem Raum

Ein Tempel der Wissenschaft: Auf schlanken Säulen ruhende Bögen künden vom Bemühen um Weite und Klarheit des Denkens.

wölbt sich ein Spiegelgewölbe in Rosa und Hellgrau, auf einzelnen Feldern sind die Allegorien der vier Jahreszeiten und der vier Elemente zu sehen. Bis zum Kranzgesims wird der Raum von weißen Bücherstellagen gesäumt. Fünf hohe Fenster in tiefen Nischen öffnen die Raumstruktur und tauchen das Innere in helles Licht. Dadurch kommt die Luftigkeit der Rokoko-Ornamente zum Wirken, die dem Raum eine fast spielerische Note verleihen. Ursprünglich war der Bibliothekssaal mit beweglichem Mobiliar ausgestattet, das den Mönchen für Schreib- und Inventarisierungsarbeiten diente. Von diesem alten Interieur hat sich leider nichts erhalten.

Der zweite Bibliotheksraum, der zwischen 1892 und 1894 entstand, zeigt Merkmale des Elektizismus und ist im so genannten Rundbogenstil eingerichtet. Drei hohe Rundbogenfenster durchbrechen die Stirnwand; das mittlere davon zeigt Maria, als Sitz der Weisheit, das linke und rechte die Ordensheiligen Robert von Molesme und Thomas von Aquin. Der lang gestreckte Saal ist eine Bibliothek *par excellence* – so wie man sich einen Tempel der Wissenschaften eben vorstellt. Bis obenhin mit Bücherregalen ausgestattet, zeugt er vom Eifer vergangener Mönchsgenerationen.

An der Stirnseite des Saales wachsen aus zwei Säulen mit korinthischen Kapitellen byzantinisch anmutende gemalte Friese, die nach oben hin durch ein weiteres Fries ihre Anbindung an die flache Holzdecke erhalten. In den Bogenzwickeln sind Engel zu sehen, die Spruchbänder mit den ersten Zeilen des Ave Maria tragen. Die gesamte Hauptfront wird durch lebensgroße, ebenfalls aus dem 19. Jahrhundert stammende Statuen der vier lateinischen Kirchenlehrer Hieronymus, Augustinus, Gregor und Ambrosius ausgefüllt. In der linken Ecke steht eine weitere Statue, die Johannes den Täufer darstellt. An beiden Längsseiten verlaufen in halber Raumhöhe hölzerne Galerien. Auf schlanken Säulen ruhende Bögen spannen sich durch den gesamten Saal und ziehen diesen optisch etwas in die Länge. Den unteren Bereich gliedern quer in den Raum ragende Bücherregale. Von den so gebildeten kleinen rechteckigen Lesekojen wird jede Dritte durch ein bunt verglastes Rundbogenfenster belichtet. Aus der Konstellation der Regale ergibt sich auch die indirekte Beleuchtung des Saales, die den mystischen Gesamteindruck verstärkt.

Die Galerie ist rhythmisch bewegt: Zwei Reihen mit niedrigen Bögen alternieren jeweils mit einer Reihe mit hohen Bögen. Dabei umfasst ein niedriges Segment vier Einzelbögen, während das hohe von drei gebildet wird. Durch die weiten Bögen dringt das Licht von den bunten Glasfenstern in den Raum. Nach oben hin wird die Galerie durch ein System von Bögen abgeschlossen, das aus quadratischen Pfeilern mit quadratischem Grundriss zu erwachsen scheint. Das dunkel gebeizte Holz erfährt durch grüne und blaue Dekorelemente eine willkommene Belebung. Dazwischen sind in Schwarz und Blau verschiedene Ornamente zu sehen, die das Raumbild zusätzlich auflockern.

Durch bunte Glasfenster dringt Licht in den Raum und verstärkt den mystischen Gesamteindruck der „neuen" Bibliothek.

Dank der Rundbögen wirkt die Gesamtkonstruktion der Bücherregale nicht drückend, sondern durchaus dynamisch. Der Magazincharakter des Raumes geht fast gänzlich verloren und jener des klassischen Bibliothekssaales tritt in den Vordergrund. Allein in der Raumwirkung übertrifft die neue Bibliothek die alte bei weitem; sie zeugt vom Bemühen, gesammeltem Wissen einen würdigen Rahmen zu geben.

Harmonisch mit den Dekorbändern korrespondieren die Dekorleisten des Fußbodens, der aus Stein gearbeitet ist. In der Mitte des Saales ist die Jahreszahl 1892–94 in den Boden eingelassen. Ringsum sind Sterne und die Regale umlaufendes Blattrankwerk zu sehen. An der Rückseite der Bibliothek sind in bleiverglasten Schränken die wertvollen Inkunabeln des Klosters aufbewahrt.

Eng verwoben mit dem Schicksal des Klosters ist auch jenes

seiner Bücher. Ein wichtiges Dokument zur Geschichte der Bibliothek liegt heute noch im Archiv des Stiftes: *Schicksal der Stiftsbibliothek bei der Aufhebung* lautet der Titel des Werkes, das heute eine gute Rekonstruktion der damaligen Zustände erlaubt. Vieles wurde vernichtet oder ging verloren. Aber begeben wir uns vorerst an den Beginn der Geschichte des Buchwesens in der Mehrerau: Die Chronik des Klosters Petershausen enthält die ältesten Aufzeichnungen über den Bücherbestand in der Bodenseeabtei. Abt Theoderich von Petershausen brachte Bücher nach Mehrerau, von denen sich allerdings nur ein einziges Manuskript aus dem ausklingenden 11. Jahrhundert erhalten hat – und selbst dieses befindet sich heute nicht mehr im Kloster, sondern in der Leopold- Sophien-Bibliothek in Überlingen. In der gesamten Handschrift, die die Vita des heiligen Gallus enthält, sind nur drei reich ausgeschmückte Großbuchstaben zu finden. Ebenfalls in Überlingen wird eine Abschrift des Markus-Evangeliums aus Mehrerau verwahrt, die um 1200 entstand. Hervorragende Initialen zieren das Pergament und bescheinigen dem Stift eine ausgezeichnete Pflege der Wissenschaften. Auch einige Handschriften aus dem 14. und 15. Jahrhundert, die die Wirrnisse überdauert haben, gehören nicht mehr zum Bestand der Stiftsbibliothek; sie werden im Vorarlberger Landesmuseum verwahrt.

Prachtvolle Initialen aus der Schreibstube des Klosters zeigen, dass die Kultur des Schreibens in der Mehrerau hoch entwickelt war. Heute ist die einst stattliche Anzahl von Handschriften auf fünfzig geschrumpft, darunter befinden sich kaum mittelalterliche Werke, sondern vor allem Manuskripte der Barockzeit.

Im 18. Jahrhundert noch pflegte man im Kloster Mehrerau die Buchmalerei. Pater Paulus Popelin (†1768) verfasste zwei Chorbücher, die wegen ihrer gleichmäßigen und grazilen Schrift bald Berühmtheit erlangten. Die beiden Bände haben sich aber leider nicht erhalten.

In der zweiten Hälfte des 18. Jahrhunderts wurde unter Abt Johannes von Meyenberg (1748–1782) der alte Bibliothekssaal abgebrochen und der heutige Lesesaal („Alte Bibliothek") errichtet. Nach der Aufhebung des Klosters am 26. August 1806 stand das Klostergut der Plünderung durch das Volk offen. Die Leute kamen mit Karren heran und holten Bücher. Was nicht auf diese Weise unters Volk kam, wurde versteigert. Ein erschütternder Bericht aus jenen Tagen erzählt auch von einem üppigen Fest, das nach der Säkularisierung im Klosterareal abgehalten wurde: Scharen von Menschen bevölkerten die Abtei und man feierte recht ausgelassen – die Bücher wurden aus der Bibliothek geworfen und haufenweise in den Keller verfrachtet. Dabei ging man mit den Folianten alles andere als schonungsvoll um: Man schleuderte sie in die Ecken, riss Blätter heraus und warf sie auf riesige Haufen. Die Zustände müssen schrecklich gewesen sein. Unterdessen mussten die Mönche mit ansehen, wie die Mühen und der Fleiß vorangegangener Generationen binnen kürzester Zeit vernichtet wurden. Manche Codices wurden zur Füllung der Zwischenböden in Häusern verwendet, andere bei riesigen Feuern ein Raub der Flammen.

Nach der Wiedererrichtung des Klosters entdeckten Patres bei Besuchen in den Bauernhäusern zahlreiche geplünderte Bücher – Pergamentblätter und Inkunabeln waren dort sogar zum Spielzeug der Kinder geworden. Einiges konnte wieder ins Kloster zurückgebracht werden. Vieles aber war verloren. Von den Inkunabeln gelangten nach Ende des Zweiten Weltkrieges etwa dreißig Exemplare, die ein amerikanischer Offizier in Südtirol entdeckt hatte, wieder ins Kloster zurück. Die meisten Handschriften jedoch kamen nach Überlingen, nach Wien oder ins Vorarlberger Landesmuseum. Unmittelbar nach der Wiederbesiedlung des Klosters waren wohl nicht mehr als einige hundert Bücher vorhanden. Heute umfasst der Gesamtbestand der Klosterbibliotheken von Wettingen-Mehrerau etwa 120.000 Druckwerke, 150 Inkunabeln und 50 Handschriften.

Adriani, Gert: Die Klosterbibliotheken des Spätbarock in Österreich und Süddeutschland. *Graz-Leipzig-Wien 1935*
Ausstellungskatalog: Kunst und Mönchtum an der Wiege Österreichs. *Seitenstetten 1988*
Autorengemeinschaft: Vom Codex zum Computer. 250 Jahre Universitätsbibliothek Innsbruck. *Innsbruck 1996*
Barge, Hermann: Geschichte der Buchdruckerkunst. *Leipzig 1940*
Barthel, Gustav: Konnte Adam schreiben? Weltgeschichte der Schrift. *Köln 1972*
Baur-Heinhold, Margarete: Schöne alte Bibliotheken. Ein Buch vom Zauber ihrer Räume. *München 1972*
Beuer, Konrad F.: Aventur und Kunst. *Frankfurt am Main 1940*
Borges, Jorge Luis: Die Bibliothek von Babel. *Stuttgart 1974*
Brauneis, Walter: Die Schlösser im Marchfeld. *St. Pölten 1981*
Bruckmann's Handbuch der Drucktechnik. *Hrsg. von Erhard D. Siebner. München, 5. Aufl. 1992*
Bruckmann's Handbuch der Schrift. *Hrsg. von Erhard D. Stiebner. München, 4. Aufl. 1992*
Buchholz, Erich: Schriftgeschichte als Kulturgeschichte. *Bellnhausen 1965*
Buchowiecki, Walter: Kleiner Kunstführer durch das Stift Klosterneuburg. *Wien*
Buchowiecki, Walter: Der Barockbau der ehemaligen Hofbibliothek in Wien, ein Werk J.B. Fischer von Erlachs. *Wien 1957*
Büchner, Rudolf: Bücher und Menschen. *Gütersloh 1976*
Crous, Ernst/Kirchner, Joachim: Die gotischen Schriftarten. *Leipzig 1928*
Damals. Das aktuelle Magazin für Geschichte und Kultur, *Nr. 4, Stuttgart 2000*
Degering, Hermann: Die Schrift, Atlas der Schriftformen des Abendlandes. *Berlin 1939*
Delitsch, Hermann: Geschichte der abendländischen Schriftformen. *Leipzig 1928*
Eckhard, Andre: Philosophie der Schrift. *Heidelberg 1965*
Faulmann, Karl: Illustrierte Geschichte der Buchdruckerkunst. *Wien 1880*
Gall, Franz: Die alte Universität. *Wien-Hamburg 1970*
Glassner, Gottfried: Die Melker Stiftsbibliothek, *in: Bindereport, Jg. 1980, Nr. 5*
Haidinger, Alois: Verborgene Schönheit. Die Buchkunst im Stift Klosterneuburg. *Klosterneuburg/Wien 1998*
Hajel, Hans A.: Die Geschichte der Theresianischen Akademie bis 1938, *in: Festschrift der Theresianischen Akademie 1967*
Handbuch der historischen Buchbestände in Österreich, *Band 1–4, Hildesheim 1996*
Heiderhoff, Horst: Antiqua oder Fraktur? Zur Problemgeschichte eines Streits. *Frankfurt am Main*
Held, Heinz: DuMont Kunst-Reiseführer, Kärnten und Steiermark. *Köln 1981*
Holzschuh-Hofer, Renate: Renaissance-Schloss Rosenburg. *Ried im Innkreis 1990*
Hummel, Heribert: Zur Geschichte der Stiftsbibliothek, *in: Schlägler Schriften 8*
Jakob, Sepp/Leiche Donatus: Schrift und Symbol in Stein, Holz und Metall. *München 1977*
Jessen, Peter: Meister der Schreibkunst aus drei Jahrhunderten. *Stuttgart 1936*
Kapr, Albert: Schriftkunst. Geschichte, Anatomie und Schönheit der lateinischen Buchstaben. *Dresden 1971*
Kirsch, Karl: Schloss Rosenburg. Geschichte und Beschreibung. *Wien 1998*
Kitlitschka, Werner: Historismus und Jugendstil in Niederösterreich. *St. Pölten-Wien 1984.*
Koch, Rudolf: Das Schreiben als Kunstfertigkeit. *Leipzig 1921*
Kohlbach, Rochus: Die Stifte Steiermarks. *Graz 1954*
Krause, Adalbert: Stift Admont. *Admont 1978*
Kubes, Karl: Stift Zwettl und seine Kunstschätze. *Wien 1979*
Lechner, Gregor Martin: Das Benediktinerstift Göttweig in der Wachau und seine Sammlungen. *München-Zürich 1988*
Leithe, Friedrich: Die k.k. Universitätsbibliothek in Wien. Eine historisch-statistische Skizze. *Wien 1877*
Lenge, Wilhelm: Schriftfibel. Geschichte der abendländischen Schrift von den Anfängen bis zur Gegenwart. *Wiesbaden 1953*
Lesky, Erna: Bibliothek und Bildarchiv des Institutes für Geschichte der Medizin der Universität Wien, *in: Daten, Dienste, Dokumente 2, Wien 1978*
Löffler, Karl: Romanische Zierbuchstaben und ihre Vorläufer. *Stuttgart 1927*
Löschburg, Winfried: Alte Bibliotheken in Europa. *Herrsching 1974*
May, Johannes: Die himmlische Bibliothek im Prämonstratenserkloster Schussenried
Mehling, Franz N. (Hrsg.): Knaurs Kulturführer in Farbe: Österreich. *Augsburg 1998*
Morello, Giovanni: Kostbarkeiten der Buchkunst. *Stuttgart 1997*
Mussbacher, Norbert: Das Stift Lilienfeld. *Wien 1976*
Neumann, Paul: Führer durch die Hofburg in Wien. *Wien 1966*
Neumüller, Willibrord: Zur mittelalterlichen Bibliotheksgeschichte Kremsmünsters, *in: Festschrift zum 44-jährigen Bestand des öffentlichen Obergymnasiums der Benediktiner zu Kremsmünster. Wels 1949*
Niemetz, Georg: Das Neukloster in Wiener Neustadt. *Wiener Neustadt 1959*
Oberhammer, Monika: Pustets Klosterführer. *Salzburg 1998*
Payrich, Wolfgang: Augustiner-Chorherrenstift Herzogenburg. *St. Pölten 1995*
Ponkratz, Walter: Geschichte der Universitätsbibliothek Wien, *Wien 1977*
Reclams Kunstführer Österreich, *Band II., Stuttgart 1961*
Rehberger, Karl: Stift St. Florian. *St. Florian 1963*
Renaissanceschloss Greillenstein. Führer durch das Schloss. *Greillenstein 2001*
Schardt, Alois: Das Initial. *Berlin 1938*
Schlass, Gerhard: Nachtrag zum 80. Geburtstag Abt Benno Pointners im letzten Jahresbericht, *in: Jahresbericht des Schottengymnasiums in Wien, Jg. 154, 1987/88*
Schomers, Florian Norbert: Prämonstratenser-Chorherrenstift Wilten. *Passau 1999*
Schweighofer, Gregor: Stift Altenburg. *Wien 1984*
Sitar, Gerfried: Via Imperialis. Die schönsten Schlösser, Stifte und Burgen Österreichs. *Wien 2000*
Sitar, Gerfried: Die Abtei im Paradies. *Wien 2000*
Sitar, Gerfried: Burgen und Schlösser in Österreich und Südtirol. *St. Pölten 2001*
Schreibkunst, Mittelalterliche Buchmalerei aus dem Kloster Seeon, *Hrsg. von Josef Kirmeier, Augsburg 1994*
Stenzel, Gerhard: Von Stift zu Stift in Österreich. *Wien 1977*
Stübe, R.H.: Der Ursprung des Alphabets und seine Entwicklung. *Berlin*
Sturm, Heribert: Unsere Schrift. *Neustadt an der Aisch 1961*
Thomaschek, Johann: Stiftsbibliothek Admont. *Ried im Innkreis 1997*
Thomaschek, Johann: Zisterzienserstift Zwettl. *Wien 1989*
Toman, Rolf (Hrsg.): Die Kunst des Barock. *Köln 1997*
Trost, Vera: Skriptorium. *Stuttgart 1991*
Tschichold, Jan: Geschichte der Schrift in Bildern. *Basel 1946*
Tschichold, Jan: Schatzkammer der Schreibkunst. Meisterwerke der Kalligraphie aus vier Jahrhunderten auf zweihundert Tafeln. *Basel 1959*
Wagner, Benedikt: Stift Seitenstetten und seine Kunstschätze. *St. Pölten-Wien 1988*
Wagner-Rieger, Renate: Teophil von Hansen. *Wiesbaden 1980*
Weinstein, Krystina: Leuchtendes Wort. Die mittelalterliche Buchkunst. *Augsburg 1998*
Wibiral, Norbert: Die Stiftsbibliothek von Schlierbach. Die bauliche Sicherung und Restaurierung, *in: Österreichische Zeitschrift für Kunst- und Denkmalpflege 32, 1978*
Wills, Franz Hermann: Schrift und Zeichen der Völker von der Urzeit bis heute. *Düsseldorf 1977*
Wintersteller, Benno: Stift Kremsmünster. *Linz ohne Jahr*
Wolkan, Rudolf: Zur Geschichte der Bibliothek in Heiligenkreuz, *in: Zeitschrift des Österreichischen Vereins für Bibliothekswesen 1, 1910*
Wyklicky, Helmut: Das Josephinum. *Wien-München 1985*
Zapf, Franz: Schrift in der Öffentlichkeit, *in: Gutenberg-Jahrbuch, Mainz 1976*
Zapf, Hermann: Schrift und Buch in der Welt von morgen. *Mainz 1970*
Zahlreiches Material bzw. Broschüren und Manuskripte, die dem Autor von den einzelnen Bibliotheken zur Verfügung gestellt wurden.

Österreichische Nationalbibliothek	Josefsplatz 1, 1010 Wien, 01/53410-227, Anton.Knoll@onb.ac.at, www.onb.ac.at
Bibliothek der Akademie der bildenden Künste	Schillerplatz 3, 1010 Wien, 01/5813040-116, gerda.koenigsberger@akbild.ac.at
Parlamentsbibliothek	Dr. Karl-Renner-Ring 3, 1017, Wien, 01/40100-0,
Bibliothek der Benediktinerabtei Unserer Lieben Frau zu den Schotten	Amundsenstraße 5, 1170 Wien, 01/4862484, archiv.bibliothek@schottenstift.at, www.schottenstift.at
Josephinum Wien	Breitenseer Straße 31, 1140 Wien, 01/9821343
Theresianum Wien	Favoritenstraße 15, 1040 Wien, 01/5051571-0, office@theresianum.ac.at, www.theresianum.ac.at
Universitätsbibliothek Wien	Dr. Karl-Lueger-Ring 1, 1010 Wien, 01/4277-15001, leopold.cornaro@univie.ac.at, www.univie.ac.at
Bibliothek der Fürsten Esterházy	Melinda-Esterházy-Platz 1, 7212 Forchtenstein, 02626/81212
Stiftsbibliothek Altenburg	Abt-Placidus-Much-Straße 1, 3591 Altenburg, 02982/3451-0, konvent@stift-altenburg.at, www.stift-altenburg.at
Stiftsbibliothek Göttweig	Stift Göttweig, 3511 Furth b. Göttweig, 02732/85581-359, bibliothek@stiftgoettweig.at, www.stiftgoettweig.at
Stiftsbibliothek Herzogenburg	Stiftsgasse 3, 3130 Herzogenburg, 02782/83112-0, stift@herzogenburg.at, www.herzogenburg.at
Stiftsbibliothek Klosterneuburg	Stiftsplatz 1, 3400 Klosterneuburg, 02243/411-151, www.stift-klosterneuburg.at
Stiftsbibliothek Melk	Abt-Berthold-Dietmayr-Straße 1, 3390 Melk, 02752/555-0, gglassner@magnet.at, www.stiftmelk.at
Bibliothek des Zisterzienserstifts Lilienfeld	Klosterrotte1, 3180 Lilienfeld, 02762/52420-38, p.pius@aon.at, www.stift-lilienfeld.at
Bibliothek des Neuklosters Wiener Neustadt	Neuklostergasse 1, 2700 Wiener Neustadt, 02622/3102, stift@neukloster.at, www.neukloster.at
Bibliothek auf der Rosenburg	Schlossplatz 1, 3573 Rosenburg, 02982/2911, hoyos@rosenburg.at, www.schloss@rosenburg.at
Ehemalige Stiftsbibliothek St. Pölten	Domplatz 1, 3101 St. Pölten, 02742/324-331, dioezesanmuseum.stpoelten@kirche.at, www.kirche.at/stpoelten/dm/
Stiftsbibliothek Seitenstetten	Am Klosterberg 1, 3353 Seitenstetten, 07477/42300-0, www.stift-seitenstetten.at
Bibliothek der Theresianischen Militärakademie Wiener Neustadt	Burgplatz 1, 2700 Wiener Neustadt, 02622/381-2061, schule@borgmilakwr-neustadt.ac.at, www.borgmilakwr-neustadt.ac.at
Stiftsbibliothek Zwettl	Zwettl 1, 3910 Stift Zwettl, 02822/550-41, bibliothek@stift-zwettl.co.at, www.stift-zwettl.co.at
Stiftsbibliothek Kremsmünster	Stift Kremsmünster, 4550 Kremsmünster, 07583/5270-470, stoellner@gmx.at, www.stift-kremsmuenster.at
Adelsbibliothek im Schloss Lamberg	Berggasse 2, 4400 Steyer, 07252/48675, schloss@oeenet.at
Stiftsbibliothek Reichersberg	Stift Reichersberg, 4981 Reichersberg, 07758/2313-0, www.stift-reichersberg.co.at
Stiftsbibliothek St. Florian	Stiftstraße 1, 4490 St. Florian, 07224/8902-0, biblothek@stift-st-florian.at, www.stift-st-florian.at
Stiftsbibliothek Schlägl	Hauptstraße 14, 4160 Aigen im Mühlkreis, 07281/8801-0, www.stift-schlaegl.at
Stiftsbibliothek Schlierbach	Stift Schlierbach, 4553 Schlierbach, 07582/83013, www.stift-schlierbach.at
Bibliothek des Benediktinerstifts Admont	Benediktienerstift Admont, 8911 Admont, 03613/2312, kultur@stiftadmont.at, www.stiftadmont.at
Universitätsbibliothek Graz	Universitätsplatz 3, 8010 Graz, 0316/380-3102, ubgraz@kfunigraz.ac.at, www.kfunigraz.ac.at/
Stiftsbibliothek Rein	Rein 1, 8103 Rein, 03124/51621-0, stift-rein@styria.com, www.stift-rein.at
Stiftsbibliothek Vorau	Stift Vorau, 8250 Vorau, 03337/2420, office@stift-vorau.at, www.stift-vorau.at
Bibliothek des Benediktinerstifts St. Paul	Hauptstraße 14, 9470 St. Paul, 043572019-0, schatzhaus@stift-stpaul.at, www.stift-stpaul.at
Bibliothek Schloss Leopoldskron	Leopoldskronstraße 56–58, 5020 Salzburg, 0662/83983-0, www.schloss-leopoldskron.com
Universitätsbibliothek Innsbruck	Innrain 50, 6020 Innsbruck, 0512/507-2401, ub-hb@uibk.ac.at, www.uibk.ac.at
Stiftsbibliothek Wilten	Klostergasse 7, 6020 Innsbruck, 0512/583048-0, info@stift-wilten.at, www.stift-wilten.at
Vorarlberger Landesbibliothek	Fluher Straße 4, 6900 Bregenz, 05574/511-44100, info.vlb@vorarlberg.at, www.vorarlberg.at/vlb/
Bibliothek der Zisterzienserabtei Wettingen-Mehrerau	Zisterzienserstift Mehrerau, 6903 Bregenz, 05574/31461, www.mehrerau.at/kloster

Bildnachweis:
Archiv für Kunst und Geschichte, Berlin: 10, 17
Willfried Gredler-Oxenbauer: 75
Stadtmuseum Wels (Magistrat der Stadt Wels): 11
Österreichische Nationalbibliothek Wien: 13, 29, 31
Museum im Schottenstift, Wien: 40
Stiftsbibliothek Melk: 82, 83
Stiftsbibliothek Göttweig: 20, 61, 63, 64, 65
Stiftsbibliothek Klosterneuburg: 73
Stiftsbibliothek Zwettl: 104, 105
Stiftsbibliothek Kremsmünster: 107, 110, 111
Stiftsbibliothek Reichersberg: 117
Stiftsbibliothek Schlierbach: 127 (Foto: Witzany), 128
Bibliothek des Benediktinerstifts Admont: 135
Stiftsbibliothek Vorau: 144
Harald Schmid, Lilienfeld: 6/7
Bibliothek des Benediktinerstifts St. Paul im Lavanttal: 14, 21, 22, 23, 27, 62, 139
Deutsches Buch- und Schriftmuseum der Deutschen Bücherei Leipzig: 18
Die Fürsten Esterházy. Magnaten, Diplomaten & Mäzene (Ausstellungskatalog Eisenstadt 1995): 55

Alle anderen Fotos sind Originalaufnahmen von Anna Hoffmann.
Autoren und Verlag bedanken sich für die freundlichen Abdruckgenehmigungen.